网点产能提升之道

王旭 著

企业管理出版社
ENTERPRISE MANAGEMENT PUBLISHING HOUSE

图书在版编目（CIP）数据

网点产能提升之道 / 王旭著 . — 北京：企业管理出版社，2016.10

ISBN 978-7-5164-1360-9

Ⅰ. ①网…　Ⅱ. ①王…　Ⅲ. ①企业管理　Ⅳ. ①F272

中国版本图书馆 CIP 数据核字 (2016) 第 233782 号

书　　名: 网点产能提升之道

作　　者: 王　旭

责任编辑: 陈　静

书　　号: ISBN 978-7-5164-1360-9

出版发行: 企业管理出版社

地　　址: 北京市海淀区紫竹院南路 17 号　　　**邮编**: 100048

网　　址: http://www.emph.cn

电　　话: 总编室（010）68701719　发行部（010）68701816　编辑部（010）68701661

电子信箱: 78982468@qq.com

印　　刷: 三河市嘉科万达彩色印刷有限公司

经　　销: 新华书店

规　　格: 185 毫米 × 260 毫米　16 开本　20.5 印张　369 千字

版　　次: 2016 年 10 月第 1 版　2017 年 3 月第 3 次印刷

定　　价: 45.00 元

序言

很久以前，有一对非常勤劳的夫妇。有一天，农夫用卖豆的钱买回来一只鹅，他妻子大吃一惊地说：“哎呀！哪来的鹅呀？”

丈夫回答说：“是用卖豆的钱买回来的。虽然花的钱非常多，但是，听说这鹅很会下蛋。”

妻子高兴地说：“这只鹅买得好呀！”

到了第二天，这只鹅竟然下了一个金蛋，农民夫妇兴奋无比地说：“这只鹅竟然会下金蛋！”

日子就这么一天天地过去了，农民夫妇不再是以前的农民了。他们改行做老板，也越来越富有。忽然，有一天，他们起了疑心，为什么鹅一天只能下一个金蛋，能不能多下几个金蛋呢？又过了几个星期，农夫对妻子说：“为什么不拿菜刀把鹅的肚子切开来看一下。”

“对！”妻子脱口而出。他们拿来菜刀切开了鹅的肚子，鹅的肚子里空空如也，别说金蛋了，连个鹅蛋也没有。

这个“会下金蛋的鹅”的故事也出现在斯蒂芬•柯维博士的名著《高效能人士的七个习惯》中。

斯蒂芬•柯维博士用这个故事形象地说明了高效能的真正含义就是追求产出P（业绩）和产能PC的平衡发展，而不是片面追求短期的高产出（财务业绩）。如果不顾产能的现实条件和长远发展，最终将出现像那个贪婪的农夫一样的行为——“杀鹅取蛋”，后果可想而知！

之所以会发生这样的结果，究其原因，是人们对于业绩和效能这两个概念的混淆。

人们常常将业绩和效能混淆成为一件事情。也就是人们常常从金蛋的多少（业绩）的角度来理解和衡量效能，认为只有下的金蛋（业绩）越多，效能才能越高。

若以网点的运营管理为例，我们也常常见到：无论是硬件的改善还是软件的优化，无论是岗位的设置还是团队的打造，无论是氛围的营造还是流程的优化，无论是营销活动策划还是业绩激励等，常常出现将业绩和效能混淆的现象。比如为了获得短期业绩的提升而透支客户的信任，比如只注重结果管理而忽视关键行为的过程管控，比如只注重“短平快”的项目实施而轻视长效的客户关系管理等。

“会下金蛋的鹅”的故事以及很多类似的企业现象告诉我们：效能应该包括两大核心因素：其一是产出（Production），即金蛋，也就是你希望获得的结果；其二是产能（Production Capability），即鹅，也就是你借以达到目标的资源和/或能力。唯有产出和产能的平衡，才能达到真正的高效能。

养鹅的人自然希望获得更多的金蛋，这自然是养鹅的目的及希望获得的结果；而金蛋的获得及能否持续获得，则取决于：

第一，这是一只会生金蛋的鹅吗？

第二，这只鹅生金蛋的“能力”怎样？

第三，这只鹅能否获得足够的“营养”及“照顾”以便能长时间地生金蛋？

第四，能否找到更多的能生金蛋的鹅？

第五，能否有足够的“营养”及“照顾”给予这么多的鹅？

于网点运营管理而言：

产出，即金蛋，网点的业绩，结果所在。

产能，即会生金蛋的鹅，网点为了达成业绩所匹配的资源及能力（广义的客户资源及网点人员、学习成长、财务、运营流程所构成的能力组合）。

那么，上述金蛋能否获得及能否持续地获得的五个提问则变成了：

第一，网点是否拥有有效的客户资源？

第二，这种客户资源能否转化为价值贡献的能力？

第三，网点在能力及资源上能否为客户创造价值进而创造客户？

第四，网点能否获得更多的有效客户？

第五，网点能否在能力及资源上持续健康地成长以便更多为客户创造价值进而创造客户？

网点的运营与管理，若是侧重关注网点产出的管理，本书定义为“以业绩为导向”的绩效管理（PM，Performance Management）；若是关注网点产能的管理，本书定义为“产出与产能并重”的效能管理（MBE，Management By Effectiveness）。

网点的运营与管理是“以业绩为导向”的绩效管理还是“产出与产能并重”的效能管理则可以更加具体地描述为：

1. 网点的环境设计是从服从“某种”标准出发，还是在理解客户的需求上进行针对性的改善？

2. 网点的流程设计是从便于“我的工作”出发，还是从为客户创造价值出发？

3. 网点的日常工作是从关注销售业绩出发，还是服务销售并重？

4. 网点的客户关系管理是只关注新增客户的数量，还是客户开发与维护并重？

5. 网点的服务管理是遵循“80/20 法则”的差异化服务，还是从长尾定律出发的服务整体能力提升？

6. 网点的现场管理是只强调网点服务的关键时刻，还是充分运用服务质量差距模型对客户的需求全面考虑？

7. 网点的管理目标是注重短期业绩的提升，还是关注长期产能的持续增长？

……

无论是金融行业、邮政行业、通信运营商，还是广电运营商等的营业网点，都面临着这些问题。回顾近 20 年的服务及营销培训、咨询工作的经历，我想本书的目的就在于对以上一系列问题做出回答！

在梳理各行业网点转型的历程，总结转型经验及具体操作，并通过培训咨询实战验证，我们得出这样的结论：

1. 大至营销战略的制订，小至营销团队的管理；大至营销计划的部署，小至营销活动的实施；大至营销组织机构的调整，小至营销服务流程的优化……但凡涉及企业服务营销的方方面面，均应摆脱追求短期绩效的短视，而应以持续效能提升为目标。

2. 达成产能提升目标的网点，其运营管理模式转型历程无一不是遵循从业务办理阶段转型至服务管理阶段、从服务管理阶段转型至规范管理阶段、从规范管理阶段转型至绩效管理阶段、从绩效管理阶段转型至效能管理阶段这样一个规律。

3. 网点的运营管理模式转型的关键阶段是从“以业绩为导向”的绩效管理（PM）转型至“产出与产能并重”的效能管理（MBE），并以打造高效能网点（HEO，Highly Effective Organization）为目标。

4. 只有真正实现了效能提升阶段的网点转型，网点才有可能真正走向“运营流程创造价值，客户关系逐步和谐，组织能力持续成长，财务业绩稳健提升”的良性发展道路，走上网点产能提升之道。

本书阐述的理念、方法及工具，可为服务营销转型中的企业提供产能提升的具体案例分析与方法，以便于企业能在网点产能提升的过程中真正有所收获。

易道咨询　王旭

2014 年 8 月 8 日　于长沙

目录

全书导读

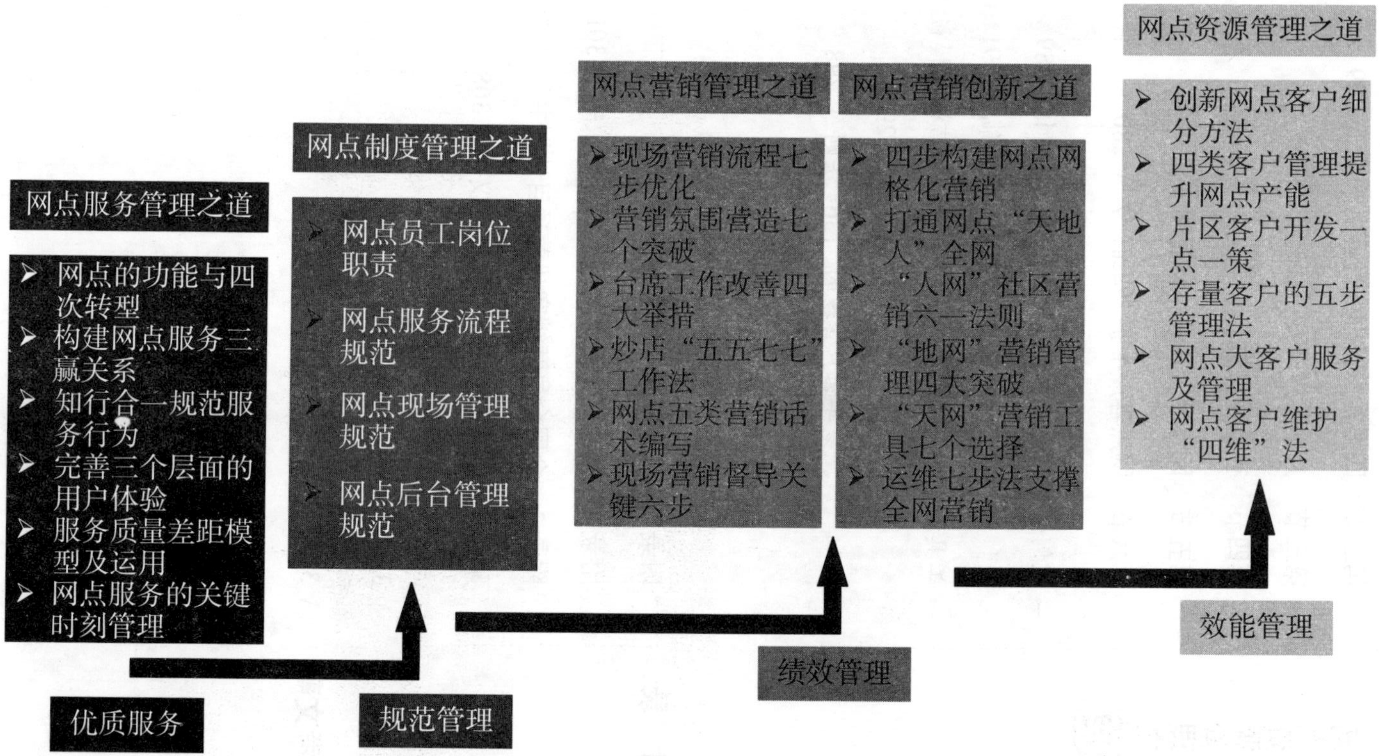
网点服务管理之道
➢ 网点的功能与四次转型
➢ 构建网点服务三赢关系
➢ 知行合一规范服务行为
➢ 完善三个层面的用户体验
➢ 服务质量差距模型及运用
➢ 网点服务的关键时刻管理
网点制度管理之道
➢ 网点员工岗位职责
➢ 网点服务流程规范
➢ 网点现场管理规范
➢ 网点后台管理规范
网点营销管理之道
➢ 现场营销流程七步优化
➢ 营销氛围营造七个突破
➢ 台席工作改善四大举措
➢ 炒店“五五七七”工作法
➢ 网点五类营销话术编写
➢ 现场营销督导关键六步
网点营销创新之道
➢ 四步构建网点网格化营销
➢ 打通网点“天地人”全网
➢ “人网”社区营销六一法则
➢ “地网”营销管理四大突破
➢ “天网”营销工具七个选择
➢ 运维七步法支撑全网营销
网点资源管理之道
➢ 创新网点客户细分方法
➢ 四类客户管理提升网点产能
➢ 片区客户开发一点一策
➢ 存量客户的五步管理法
➢ 网点大客户服务及管理
➢ 网点客户维护“四维”法
优质服务
规范管理
绩效管理
效能管理

第一章

网点服务管理之道

——从业务办理阶段转型至服务管理阶段

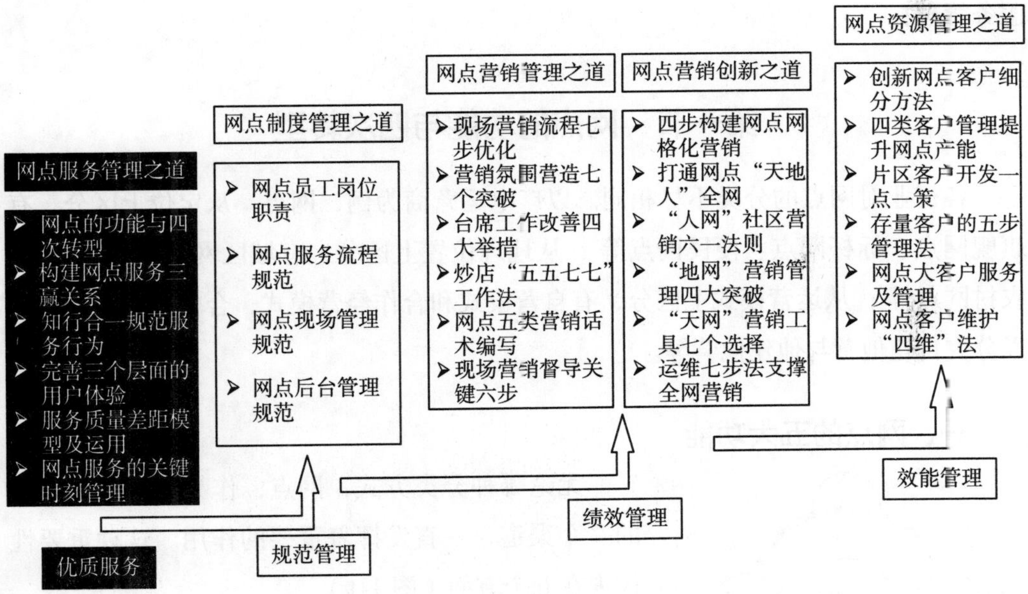

不是所有的行业，所有的网点都认为应该提供优质服务，特别是当其产品处于供不应求、处于垄断地位时，尤其如此！

于是我们看到，对于很多行业，网点最开始只是一个业务办理的窗口，其主要职能就是为客户提供企业的产品，即单纯的业务办理。网点环境、优质服务、体验营销、客户管理等，不是网点服务管理工作的重点。

但，当竞争出现，当行业垄断被打破，当客户面临着更多的选择，当企业不仅仅是应对本地企业的挑战，还要迎接境外企业甚至是跨界企业的竞争时，“优质服务”及“服务管理”的重要性则开始显现。

任何一次服务的提升、产品的完善、体验的优化、流程的精进，其直接动力都是源于竞争！

邮政、金融、通信运营商、广电运营商等，各行各业直接面对客户的网点无一不是这样！

因此，我们在本章，通过梳理网点的五大功能及网点四次转型的基本情况，介绍一种在构建网点服务“三赢”关系的基础上，通过规范的服务行为，丰富用户体验，运用服务质量差距模型检讨网点服务，并通过对网点服务的关键时刻实施精细化管理的网点服务管理方式，从而实现网点产能提升的第一步：从业务办理转型至服务管理！

第一节　网点的功能与四次转型

各行业对网点的分类不尽相同。以广电运营商为例，网点，从定位上区分，有旗舰网点、标杆网点、便民网点等；从地理位置上区分，有城区网点、社区网点、农村网点等；从运营模式上区分，有自营模式和合作经营模式，合作经营模式又可以分为自建他营与他建他营等。

一、网点的五大功能

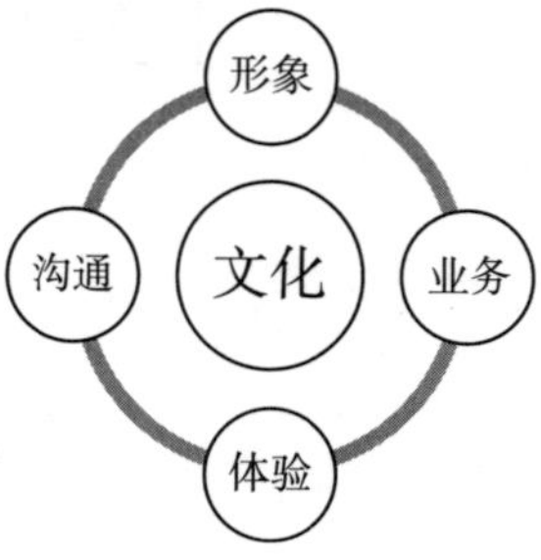

图 1-1　营业网点转型的五大功能

无论哪种分类方式，网点，作为企业最为重要的一个渠道，一直发挥着重要的作用。这种重要性体现在五个方面（图 1-1）。

首先是形象。简而言之，形象就是一种评价，一种感觉。网点对公司的各项业务进行现场宣传，并结合各种宣传单、宣传手册、海报、电视等进行业务展示。

客户对广电运营商的形象，最直观的依据来源于他能感知的网点硬件设备设施、软件服务及产品，再加上客户心目中的期盼及宣传所带来的品牌认知。这些都是构成广电运营商形象的要素。基于此，才会有旗舰网点、标杆网点的说法。很多时候，你见到的网点，地理位置佳、服务人员配备齐全、设备设施及装修也很豪华，但是好像来网点办理业务的人并不多，似乎投入和产出不成比例，其实，这是企业从品牌形象考虑出发。

其次是业务。这也是网点最基本的一个功能。目前广电运营商的营业网点的业务功能体现在以下三个方面。

第一，业务受理职能。

网点受理企业已开展的业务：目前包括有线数字电视、模拟电视、有线数字电视终端销售和有线宽带的初装、续费、报停、迁移、启用和变更等。

第二，客户服务职能。

负责解答客户提出的各种业务咨询、价格咨询和产品使用中的各种问题的客户咨询服务；负责受理客户投诉，并负责投诉的协调、解决及后期跟进工作的客户投诉处理受理服务；客户关系维系服务等。

第三，信息搜集职能。

通过客户渠道搜集和反馈竞争对手市场价格、营销活动、宣传推广等竞争信息，包括服务及营销活动、服务调整、政策调整等；搜集和反馈客户信息，包括客户意见及投诉以及大客户、集团客户信息。

随着互联网的普及及各种支付手段技术的优化，网点的业务功能在逐渐淡化。“网点客流量偏少”“网点到客率持续下滑”这也是不争的事实。因此，如何提升客户到店率，如何抓住客户到店的时机进行有效的沟通及营销，这是当下企业在网点运营管理方面最亟待解决的问题。

再次是体验。当模拟电视逐步退出历史舞台，高清互动、宽带业务已成为广电运营商的“标配”，“智慧＋广电”等增值业务成为广电的利润新来源。在网点设立“标清”与“高清”的对比演示专区，在网点设立宽带业务体验区，在网点设立“智慧医疗、智慧社区、智慧家居”等体验专区，让客户在网点通过良好的体验认识并感知这些“新”业务，是网点在体验营销方面做出的尝试。这就是“没有体验，没有认同；没有认同，没有合同”。

再者是沟通。类似于有线电视传播方式的改变一样，由以前单向的“我播你看”到现在双向的“你点我播，我播你看”，网点除了向客户提供形象展示、业务办理、体验营销的同时，也是一个与客户沟通的桥梁和平台。“你是谁不重要，客户认为你是谁，你是谁才重要。”话虽然有点绕，但道出了客户的心声。客户就是一面镜子，市场就是提要求的那一方。唯有沟通，唯有通过网点良好的沟通，才能从客户及市场的眼中认识自己，进而认识竞争对手。唯有此，才能制订出客户及市场认可的服务策略及实施动作。

最后是文化。广电网络是技术性的文化产业，其本质属性是文化。从这个角度说，网点展现的也必须上升到文化层面。网点的环境、设施、设备、产品、服务、流程及人员，这些都构成了网点文化的载体。企业的理念、愿景、使命、价值观等构成了文化的内核。通过网点这一有形的载体，企业文化得以呈现。网点文化也是在产品同质化日益严重的时代，差异化竞争最强有力的支撑是网点产能持续提升最强有力的、最根本的保障。

虽然网点是广电运营商形象展示的重要窗口、业务办理的主要渠道、新产品新业务体验的重要途径、信息资讯沟通的主要桥梁及企业文化展现的关键平台，但不争的事实却是传统线下网点正在被边缘化。

很多次在广电运营商培训的现场，我都提问“有多少位学员近一年没有去过银行网点办理过相关个人业务？”举手说“没有”的人数让你感到惊讶。其实，这种情况又何止是银行业。

一方面是企业希望通过网点来展示形象、提供服务、提升产能，一方面是市场竞争的加剧。

一方面是到访客流量的持续下滑，一方面是客户对网点服务的要求越来越高。

一方面是技术的进步及电子渠道的盛行使网点“可有可无”，一方面是企业希望通过网点能有更多的接触客户的机会。

……

简而言之，“成本”与“销售”，“能力”与“需求”，“企业愿望”与“客户习惯”之间的矛盾让人不得不反思，传统的线下网点是鸡肋还是熊掌？如果让网点真正体现“形象＋业务＋体验＋沟通＋文化”的功能，网点的服务及管理该如何转型？

二、网点转型的四个阶段

“转型”这个词，现在很流行，各行各业都在说。类似的说法还有“弯道超车”等。似乎不这样讲，就显得落伍一样。但细细想来，你会发现“转型”这个词的信息量是巨大的。

为什么要“转型”？从哪种形态“转型”到哪种形态？“转型”的目的？“转型”的路径？“转型”的考核？配套的机制？

……

这似乎都比简单的说说要复杂得多！

网点的服务及管理，也在“转型”。这不仅仅是出于“鸡肋还是熊掌”的矛盾！

以广电运营商为例，广电网络从模拟到数字、从数字到互动、从互动到互联，这个业务形态的发展历程，作为渠道支撑的网点本应与之匹配。但遗憾的是，广电运营商网点的转型远远滞后于技术及业务的发展。

下面简单回顾一下网点转型的历程，记录发生过或正在转型的趋势（图 1-2）。

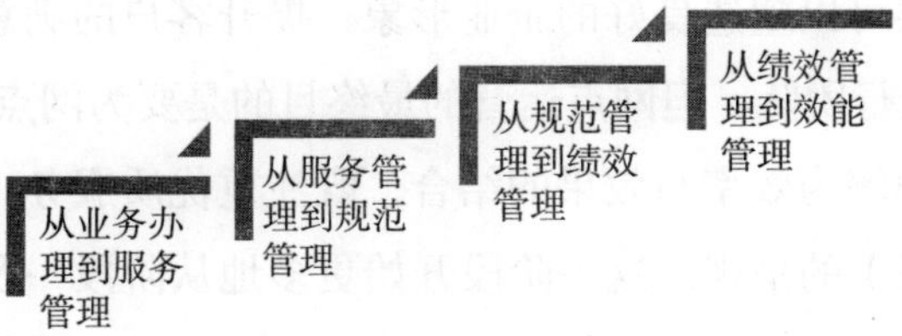

图 1-2　网点转型的四个阶段

阶段一：从业务办理到服务管理。

很难准确地界定广电运营商营业网点这一阶段转型开始及结束的时间。但可以肯定的是，营业网点从简单的业务办理转型为注重服务管理一定不是企业自觉的行为。这种转型源于竞争对手出现的压力及互联网、视频技术带来的客户观看视频方式及消费习惯的改变。

这二者的出现，从根本上改变了广电运营商在视频市场上的“地位”。以前是“皇帝的女儿不愁嫁”，以前是“我卖你买”，以前是“你不续费我就断网”，以前是“简单的功能性销售”。而当竞争对手的出现及收视习惯的改变，突然将广电运营商推到了不太熟悉的竞争的舞台，让广电运营商觉得应该要通过“提升服务”去缩小与竞争对手的差距，要通过提供优质服务使客户重新回到“客厅”，要重新找回“视频之王”的地位。

于是，网点转型开始如火如荼的进行。网点，以往是开户、缴费、维修等单纯的业务办理，现在要开始注重职业形象、礼貌用语、服务流程及环境卫生等。从业务办理转向服务管理带给广电更多的是一种竞争及服务思维的转变。

阶段二：从服务管理到规范管理。

网点管理，首先是规范、是科学，然后才是个性、是艺术。

规范及科学强调的是对事的管理；个性及艺术强调的是对人及网点资源的运用。

规范管理，离不开制度的建设。制度，不是单纯的条条框框，不是锁在抽屉里面或张贴在墙壁上的表格及文字。制度，应该成为指导网点各岗位、各项服务的指导性文件、职责与流程、培训依据及考核标准。

网点运营及管理从服务管理到规范管理，也可以称为网点从经验管理到科学管理的一次转变。

阶段二的特点是：针对广电运营商网点运营的现状，吸收三大运营商及其他行业营业网点管理制度的先进经验，从岗位工作职责、服务流程、前后台管理制度等方面，制订、完善、优化广电运营商网点管理的相关制度。

阶段三：从规范管理到绩效管理。

优质服务的提供可以塑造良好的企业形象、提升客户的满意度，规范管理的运营可以锻炼强大的执行团队，但网点运营的最终目的是要为网点的绩效做出贡献。

绩效一词可以理解为效率与效果的结合，既注重优质服务（效率）的提供，又注重销售业绩（效果）的呈现。这一阶段开始更多地从阶段一及阶段二的侧重服务管理、制度管理转型到员工职业化技能及职业习惯的管理。

无论是岗位设置、流程优化、氛围营造，还是销售管理、岗位激励、设施优化，这一切看似围绕绩效管理的网点转型系列管理动作实质是围绕着人的职业习惯展开的。

在这个阶段，广电运营商在运用服务质量差距模型、服务蓝图、关键时刻等服务及营销咨询工具提升服务的基础上，更强调主动营销、体验营销、现场（阵地）营销、客户动线管理、客户关系维护等改善绩效的“重武器”。很多网点从这些组合战术动作中尝到了甜头，网点绩效在短时间内得到了迅速的提升。

阶段四：从绩效管理到效能管理。

关于阶段四，我们先来思考下面这些问题：

问题一，网点是追求短期收益还是产能持续提升？

问题二，网点客户与网点的关系怎样实现从满意到忠诚？

问题三，网点日常工作在推行网格营维合一的营销模式下怎样实现由单兵作战到兵团作战？

问题四，网点员工有没有可能自动自发、自我激励，将日常的习惯固化并持续优化？

……

这样一系列的提问，实际上就是阶段四要回答的问题，因为，网点的根本目的就是达成卓越的效能管理，从而实现网点产能的持续提升！

可以说，广电运营商由阶段一转型至阶段二是迅速的，但由阶段二转型至阶段四则是一个漫长的过程。因为要实现网点产能的持续提升，服务及运营的管理到位、客户资源与网点能力的均衡、企业品牌打造与企业文化的持续引导，这些要素缺一不可。

而网点转型的历程也可以描述（图 1-3）为：**从侧重服务管理的由业务办理阶段转型至服务管理阶段，到侧重习惯管理的由服务管理阶段转型到绩效管理阶段，再到侧重文化管理的效能管理阶段。**

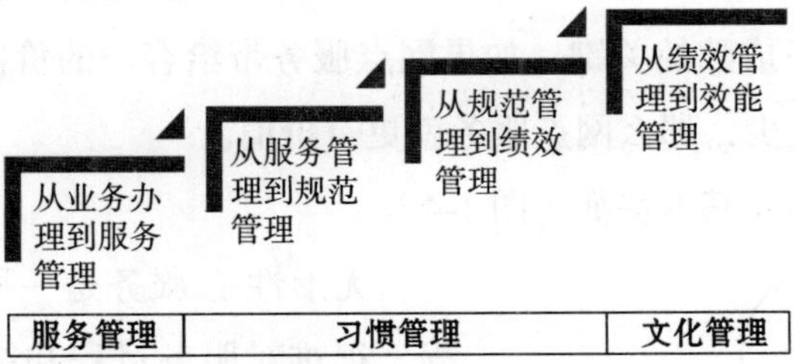

图 1-3　营业网点转型历程

这四次的转型给各行业带来的冲击是巨大的，这种冲击对于带有垄断体制背景的广电运营商可用“震撼”二字来形容。

而市场及竞争对手留给广电运营商应对资源及技术竞争的“窗口期”也是有限的，其“试错成本”也是巨大的。但欣慰的是，网点转型，虽然困难重重，却依然行在路上！

唯进步，不止步！

第二节　构建网点服务“三赢”关系

网点转型，首先是理念的转型！

“市场营销学之父”科特勒曾精辟地指出：所有的产品虽然都分为有形与无形，但所有产品的核心内容都是服务，即消费者购买产品的真正目的是购买产品所带来的服务。正是在这样的时代背景下，某种程度而言，价格因素、新产品质量因素已经没有潜力可挖，服务就成为企业提高竞争优势，获得更多客户资源的最佳选择。

许多企业纷纷打起服务大旗，除了提供顾客所期望的产品外，还结合自己的资源，在将产品提供给客户的全过程中促成顾客的有效体验，并实现顾客价值最大化。这种情况在网点运营中尤为突出。

比如通信运营商，他们的营业网点就通过给客户提供优质的、个性化的服务，提高用户的满意度，提高网络覆盖范围内的用户开通率，来降低用户流失率，提升企业在客户心目中的形象，以此吸引更多的新客户。

营业网点通过不断推出服务举措来吸引客户的眼球，刺激消费者的购买欲望，维持稳定的客户关系，树立良好的客户口碑。网点优质的客户服务成为客户价值、企业价值的创造中心。

一、网点服务的四大特性

服务是指为客户创造价值的，一方向另一方提供的可以满足某种欲望、需求而不涉及所有权转移的行为。提供服务者能否将为客户创造价值贯穿于每日与客户的接触中，将成为服务成败的关键。如果网点服务带给客户的价值比其他竞争对手要多而花费相同甚至更少，那么网点服务就更有价值。

网点服务具有四大基本特征（图 1-4）。

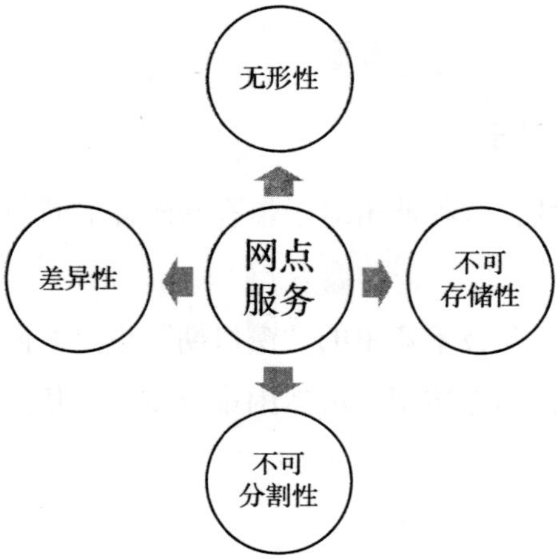

图 1-4　网点服务的四大特征

无形性：服务是一种或一系列的行为过程，很难对服务过程和结果进行准确的描述和展示。

不可存储性：服务是即时生产、即时消费、不能存储的。

不可分割性：服务的生产和消费通常是同时进行的，很难分割，服务提供者和客户共同决定服务的最终质量。

差异性：服务质量受环境、服务提供者和客户等多种因素影响，服务内容形式、效果等方面极易产生差异，也很难实行标准化的生产。

可见，网点服务就是在合适的时间、合适的场合，以合适的价格，通过适合的渠道，为适合的客户提供合适的产品和服务，使客户的合适需求得到满足、超越需求的活动过程。其中，为适合的客户提供合适的产品和服务，以合适的方式提供产品与服务，满足甚至超过客户的预期需求是客户的服务的核心。

二、网点服务的“三赢关系”

优秀的网点服务，更确切地说是一种为满足客户需求，网点员工所呈现出来的优秀的行为方式。

行为方式的养成，决非一朝一夕。网点员工的能满足客户需求、能对网点业绩产生贡献的行为方式，是一种优秀的职业习惯，而职业习惯的养成是遵循一定的规律的。

明白网点服务为什么，树立正确的服务观念，解决了态度的问题。

知道网点服务做什么，掌握相关的业务知识，解决了知识的问题。

懂得网点服务怎么做，具备相应的业务技能，解决了技能的问题。

在此基础上，再通过不断的训练及纠偏，经过美化、优化，最终才能固化，网点员工才能向客户呈现优秀的网点服务，才能真正养成优秀的职业习惯（图 1-5）。

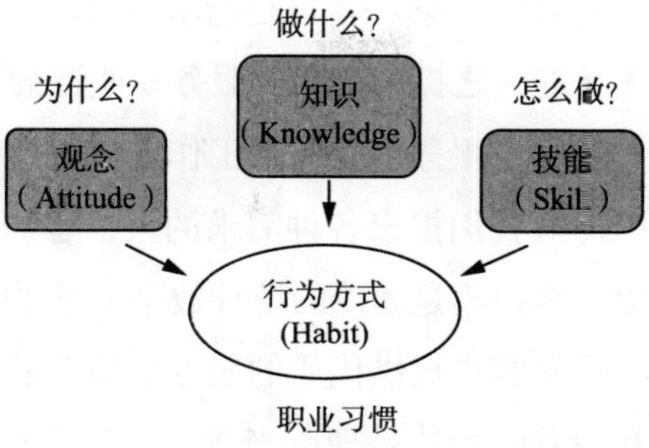

图 1-5　网点员工优质服务的养成

（一）服务态度起决定作用

知识是解决做什么的问题，技能是解决怎么做的问题，而态度是解决为什么要做及愿不愿意做的问题。这对于转型期的广电运营商而言，是要从理念上转型的首要问题。态度对于网点转型起决定作用！

态度，体现在网点服务中，即指应该抱以怎样的服务观念。

服务观念是指网点员工在与一切与网点利益相关的人或网点的交往中所体现的为其提供热情、周到、主动服务的欲望和意识，即自觉主动做好服务工作的一种观念和愿望。它发自服务人员的内心，它是服务人员的一种本能和习惯，它是可以通过培养、教育及训练养成的。

服务观念是服务人员内在心态和职业道德的外在表现。它包含了服务人员对客户、网点及服务的认识。具有服务意识的人，能够把自己利益的实现建立在服务别人的基础之上，能够把利己和利他行为有机协调起来，常常表现出“以他人为中心”的倾向；具有服务观念的人，常常会站在别人的立场上，急别人之所急，想别人之所想；为了别人满意，不惜自我谦让、妥协，甚至奉献、牺牲。缺乏服务观念的人，则会表现出“以自我为中心”和自私自利的价值倾向，把利己和利他矛盾对立起来。

（二）正确地认识客户

客户是服务的对象。对客户具有什么样的认识，就会相应提供什么样的服务行为。正确的客户意识是服务观念的基础。

客户是人，是服务人员的服务对象。他和服务人员一样有血有肉，有情有义，有着各种各样的服务需求，有着各种各样的工作和生活的烦恼。在网点服务中，他是情绪丰富而又极其敏感的，他也许会肆意表达自己的内心感受，也许会收敛自己对企业的看法；他也许会对服务人员的服务积极配合，也许会对服务人员的建议置若罔闻。但不管怎样，客户是人，是必须给予尊重的对象；客户是帮助企业提升服务，给予网点业务机会，给网点带来利润的人。

进一步而言，客户是现代人。现代人的特点是会生活，会享受，讲究产出和回报的对等关系。客户是追求时尚，享受生活，强调自尊，懂得回报，希望网点工作人员能为之提供产品及服务专业咨询、服务的人。

网点服务中，网点工作人员更要认识到：客户是网点服务工作的中心，客户是一群对我们提出各种需求的人，客户是企业的生机，客户是网点工作人员依赖的对象，客户不是冰冷的统计数字；客户的需要就是对网点工作人员的帮助；网点工作人员向客户提供优质的服务是应该的，其工作就是满足客户的需求；客户要的礼遇和殷勤的招待是理所当然的。唯有此种客户意识，才能保证网点服务到位，才能保证优质网点服务有一个好的态度基础。

（三）正确地认识自我

网点服务中，网点工作人员是服务的主体，客户是服务的客体。网点工作人员正确认识自己及其在整个网点服务过程中扮演的角色，对于调整心态、树立服务观念也非常关键。

网点工作人员只有扮演好了客户心目中的服务角色，其服务才会得到客户认可。**网点工作人员是企业形象的代表，是专业服务的提供者，是企业经营理念的传递者，是客户服务的引导者，是客户产品的专业顾问，是企业市场信息的收集者，是将客户意见及时向公司反馈的渠道。**

网点工作人员只有扮演好了上述角色，才能算是在服务沟通中，树立了服务意识。

（四）正确地认识服务工作

网点服务就是满足客户期望和需求的行动、过程及结果。

对网点工作人员来讲，只有对客户的服务发自内心，随时乐于为别人服务，并渴望为客户带来需求的满足及欢乐，这样提供的服务才是一种温馨的服务，才能给客户一种宾至如归的感觉，才能表现出热情、关心与体贴。

有一个对 SERVICE（英文本意是服务）一词的解释，很好地诠释了优质服务的七个要素。

S—Smile（微笑）：其含义是网点工作人员应该对每一位客户提供微笑服务。

E—Excellent（出色的）：其含义是网点工作人员将每一服务程序、每一微小服务工作都做得很出色。

R—Ready（准备好）：其含义是网点工作人员应该随时准备好为客户服务。

V—Viewing（看待）：其含义是网点工作人员应该将每一位客户看作是需要提

供优质服务的贵宾。

I—Inviting（邀请）：其含义是网点工作人员在每一次接待服务结束时，都应该显示出诚意和敬意，主动邀请客户再次光临。

C—Creating（创造）：其含义是每一位网点工作人员应该想方设法精心创造出使客户能享受其热情服务的氛围。

E—Eye（眼光）：其含义是每一位网点工作人员应该始终以热情友好的眼光关注客户，适应客户心理，预测客户需求并及时提供有效的服务，使客户时刻感受到网点工作人员在关心自己。

综上所述，服务意识就是网点工作人员以客户为核心开展工作，以满足客户需求，让客户满意为标准，时刻准备为客户提供优质服务的一种观念。

（五）正确地认识企业（组织）

网点服务中，网点工作人员正确认识客户、员工及企业这三者之间的关系是创造客户、员工、企业“三赢”局面的基础。

对于客户及员工，企业提供的是一个平台。客户及员工双方的信息和情感为了达成共同的协议，在这个平台上进行交流。所以，企业的意义是重大的。

同时，企业还给客户及员工提供了一个成长的空间。网点工作人员在服务工作中，自身的素质、服务经验、服务能力得到了锻炼；客户也更加明确了自己的需求，能理性地消除一些不合理的期望，让自己的需求得以满足。

（六）构建网点服务的“三赢关系”

正确地认识客户、服务及企业这三者之间的关系，既有利于营造“三赢”局面，又让感恩的氛围贯穿于网点服务的全过程。当服务的主客体以一种感恩的心态进行沟通及体验服务时，其效果一定是良好的（图 1-6）。

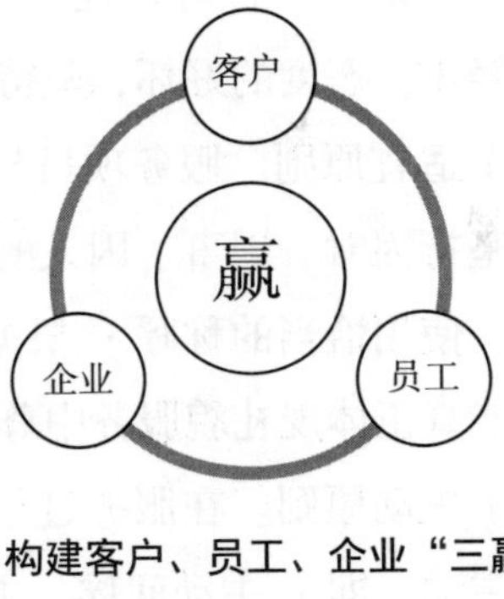

图 1-6 构建客户、员工、企业“三赢”关系

“三赢”关系中，企业与员工对应的是内部营销，员工与客户对应的是交互营销，企业与客户对应的是外部营销。

服务利润价值链理论指出：良好的网点服务营销是建立在“企业与员工”“员工与客户”两个路径实施“内部营销”和“互动营销”基础之上的。

唯有让员工微笑，才能有客户的微笑；唯有让员工满意，才能有客户的满意！

构建网点“三赢”关系，是网点产能持续提升的根本！

第三节 知行合一规范服务行为

从网点管理层面而言，“规范”的“规”指的是规矩、标准，“范”指的是示范、复制。

网点要实现从业务办理到服务管理的转型，除了要在理念上构建“三赢”关系、“以客为尊”，还应在服务行为规范上有“规”可遵、有“范”可循！

从网点服务层面而言，网点工作人员服务行为是影响服务效果至关重要的因素。服务行为一方面体现公司员工的自身素质和修养，另一方面体现公司的服务水平和公司的品牌形象。

因此，网点工作人员必须以客户为中心、以客户满意为目的，做到言谈举止文明得体、精神饱满专注热情。

下面分别从网点服务基本要求、服务形象规范、服务行为规范三方面对网点工作人员的行为规范逐一介绍。这也是营业网点工作人员手册的主要内容。

一、服务基本要求

（一）服务原则

（1）真诚原则。礼貌服务是表达情感与态度的具体形式，工作人员必须具备良好的心理素质和职业道德，热情服务，真诚待客。其言行举止应是发自内心真诚而自然的表露。

（2）一致原则。礼仪的一致性体现在对客户一视同仁，服务全过程服务标准的始终如一。对每一位客户提供主动、周到、耐心的服务。不计较客户要求的高低，言语的轻重，态度的好坏，坚持服务全过程和服务质量高标准。

（3）适宜原则。服务项目与服务对象的多样性，要求营业网点工作人员在服务过程中坚持因时、因事、因人的适宜原则，如：根据客户不同的性别、年龄、气质等特征，使用恰当的称呼；根据客户的语言习惯，采取相应的对答。只有遵循适宜原则才能真正体现礼貌服务中尊敬和友好的本质。

（4）主动原则。在服务过程中，服务行为和服务态度应该是主动热情的，要做到五个主动，即：主动问候、主动招呼、主动介绍、主动服务、主动征求意见，使客户高兴而来，满意而归。

（二）服务标准

（1）问候每一位客户，了解客户的需求。

（2）注视客户并保持微笑。

（3）保持主动热情的态度，并提供迅速的服务。

（4）应答客户的每一个提问，耐心解释。

（5）维持现场秩序和主动疏导客户。

（6）对客服务时确认客户清楚业务办理过程。

（7）工作期间使用普通话，如有必要，可使用方言。

（8）对有需要特殊帮助的客户（如残障人士、行动不便的老年人等）应主动予以帮助。

（9）服务中如有差错，应道歉并立即更正。

（10）客户提出表扬时，要谦虚致谢。

（三）服务纪律

（1）保持工作台整洁，禁止抛扔、推扔物品。

（2）严格按照工作流程办理业务，不得在为客户办理业务时处理其他事务。

（3）禁止与同事交头接耳、闲聊或说笑，严禁私自串岗，不得无故离开工作岗位。

（4）不可态度冷漠，不得轻视客户或与客户争执。

（5）严禁讥笑客户的生理缺陷，严禁泄露客户资料。

（6）严禁在工作场所大声喧哗，禁止不懂装懂、推诿、搪塞客户；

（7）禁止在场内跑动或隔着营业柜台喊人。

（8）在语言可以替代的情况下不讲技术术语和行业术语。

二、服务形象规范

服务人员的形象在很大程度上代表着企业的形象，客户往往通过对员工仪容仪表、行体姿态的感观来判断员工及企业的整体服务水平。因此，每一位员工在工作过程中都必需时刻注意自己的整体形象，确保给客户留下良好的印象。

（一）仪容规范

1. 男员工仪容规范

（1）发式。头发需勤洗，无头皮屑，且梳理整齐。不染发，不留长发，定期修剪，以前不遮额、侧不盖耳、后不触领为宜（图 1-7）。

（2）面容。忌留胡须，养成每天修面剃须的良好习惯。面部应保持清洁，眼角不可留有分泌物，鼻孔清洁，平视时鼻毛不能露于鼻孔外；如需戴眼镜，应保持镜片的清洁。

图 1-7　男员工发式规范

（3）口腔。保持口腔清洁，早、中餐不得吃葱、蒜等有异味的食物，不得饮酒或饮用含有酒精的饮料，不得在工作时间吸烟。

（4）耳部。耳廓、耳根后及耳孔应每日清洗，不可留有皮屑、灰尘，不佩戴耳饰。

（5）手部。保持手部的清洁，养成勤洗手、勤修剪指甲的良好习惯，指甲露白部分不得长于 1mm。

（6）体味。应勤换内外衣物，保持清新、干净，给客户留下讲卫生的良好的印象。

2. 女员工仪容规范

（1）发式。头发需勤洗，无头屑且梳理整齐。长发应盘于脑后并用统一配发的发夹进行装饰，短发应拢于耳后，不得遮面（图 1-8）。

图 1-8　女员工发式规范

（2）面容。面部应保持清洁，如需戴眼镜，应保持镜片的清洁。工作时应化淡妆，以淡雅、自然为宜，不得使用色彩夸张的口红、眼影。

（3）口腔。保持口腔清洁，早、中餐不得吃有异味的食物，不得饮酒及饮用含有酒精的饮料。

（4）耳部。耳廓、耳根及耳孔应每日清洗，不可留有皮屑、灰尘；如佩戴耳饰，应以佩戴一副耳钉为宜。

（5）手部。保持手部的清洁，定期修剪指甲，指甲露白部分不得长于 2 毫米，可涂用无色指甲油。

（6）体味。应勤换内外衣物，给人清新的感觉，可喷洒适量香水，但忌使用味道过于浓烈的香水。

（二）着装规范

1. 男员工着装规范

（1）工作时间身着公司统一制服，佩戴统一领带；制服、领带要干净挺括、无破损、无污迹，衣扣要完好、齐全。

（2）员工上岗统一佩戴工作牌。

（3）衬衫袖口的长度应超出西装袖口 1 厘米为宜，袖口应系上纽扣，衬衫下摆应束在裤内，领带长度以刚好盖住皮带扣为宜。

（4）西裤裤脚的长度以穿鞋后距地面 1 厘米为宜，应系黑色皮带，着黑色皮鞋，皮鞋要保持光亮、清洁，袜子要穿黑、深蓝、深灰色。

2. 女员工着装规范

（1）工作时间身着公司统一制服，佩戴统一领花；制服、领花要干净整洁、无破损、无污迹，衣扣要完好、齐全。

（2）员工上岗统一佩戴工作牌。

（3）衬衫袖口的长度应超出西装袖口 1 厘米为宜，袖口应系上纽扣，衬衫下摆应束在裤、裙内，应系黑色皮带。

（4）穿裙装时，穿着连裤肉色丝袜，丝袜不得有挑丝、破损的情况。

（5）着黑色中跟皮鞋，鞋跟高 3 ～ 6 厘米，皮鞋要保持光亮、清洁，不得配穿休闲鞋、布鞋，夏天上岗不得穿露趾露跟的凉鞋。

（6）着长裤时袜子选择黑、深蓝、深灰色及肉色。

（三）饰品规范

1. 男员工饰品规范

（1）男士可佩戴的饰品有领带夹、手表，不得佩戴其他饰品。

（2）着西装时，领带夹应夹于衬衣的第三至四粒纽扣之间；着衬衣时，领带夹应夹于衬衣的第四至五粒纽扣之间。

（3）手表不得选择电子表、运动表、卡通表及式样夸张的款式。

2. 女员工饰品规范

（1）女士可佩戴的饰品有项链、戒指、手表、耳钉，不得佩戴其他饰品。

（2）女士佩戴的饰品款式不得夸张。

(四) 形体仪态规范

1. 男员工标准站姿（图 1-9）

（1）双眼平视前方，下颌微微内收，颈部挺直。

（2）双肩自然放松，略向后收，收腹挺胸。

（3）双臂自然下垂，处于身体两侧；双手在小腹前自然相握，右手轻握于左手腕部，左手握拳，也可以同样方法自然相握于身后。

（4）脚跟并拢，脚呈“V”字形分开，两脚尖间距约一个拳头的距离，或双脚平行分开，距离保持与肩同宽。

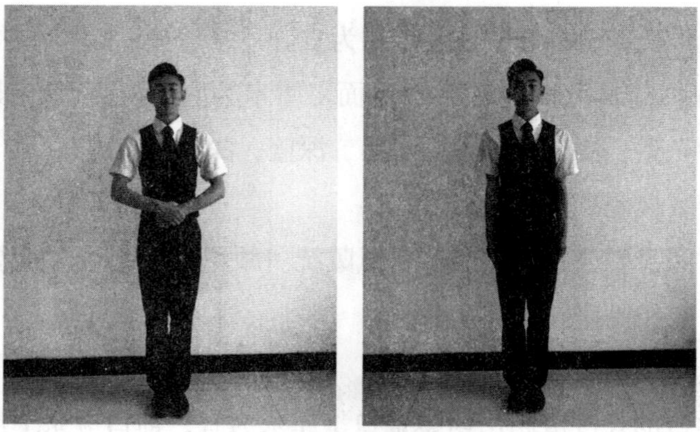

图 1-9　男员工标准站姿

2. 女员工标准站姿（图 1-10）

（1）双目平视前方，下颌微微内收，颈部自然挺直。

（2）双肩自然放松，略向后收，收腹挺胸。

（3）双臂自然下垂，处于身体两侧，或将双手自然叠放于小腹前，拇指交叉，右手放在左手上。

（4）两腿并拢，或成两脚呈“丁”字形站立。

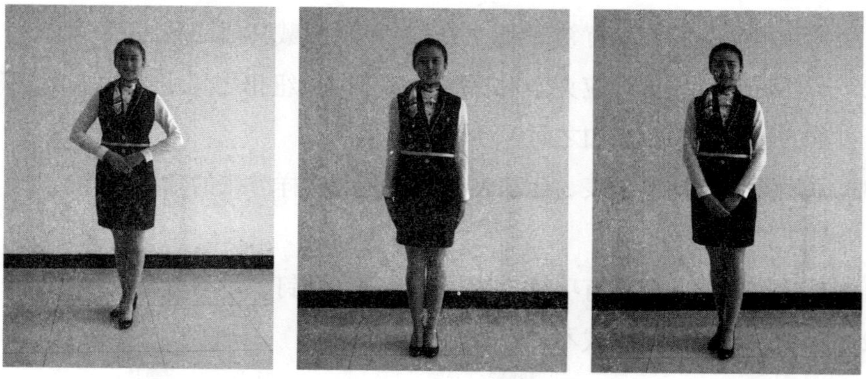

图 1-10　女员工标准站姿

3. 站立服务时的注意事项

服务人员在站立时间较长的情况下，为缓解疲劳可以采用一些有变化的站姿，但在变化中应力求姿态优雅，勿给人以懒散的感觉。具体要求为，可将身体的亶心向左或右腿转移，让另一条腿放松休息。如有客户走近，应立即恢复标准站姿。

4. 男员工标准坐姿（图 1-11）

（1）头部挺直，双目平视，下颔内收。

（2）身体端正，两肩放松，勿倚靠座椅的背部。

（3）挺胸收腹，上身微微前倾。

（4）采用中坐姿式，坐时占椅面 2/3 左右的面积。

（5）日常手姿：双手自然放在双膝上。

（6）柜台手姿：双手自然交叠，将腕至肘部的 2/3 处轻放在柜台上。

（7）双腿可并拢，也可分开，距离不得超过肩宽。

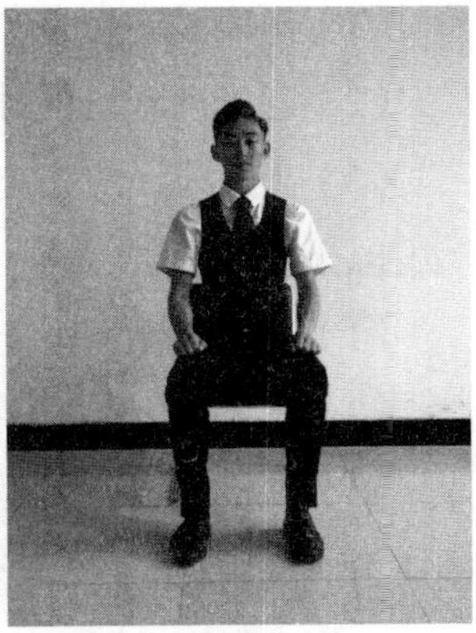

图 1-11 男员工标准坐姿

5. 女员工标准坐姿（图 1-12）

（1）头部挺直，双目平视，下颔内收。

（2）身体端正，两肩放松，勿倚靠座椅的背部。

（3）挺胸收腹，上身微微前倾。

（4）采用中坐姿式，坐时占椅面 2/3 左右的面积。

（5）日常手姿：自然放在双膝上。

（6）柜台手势：双手自然交叠，将腕至肘部的 2/3 处轻放在柜台上。

（7）双腿并拢垂直于地面。

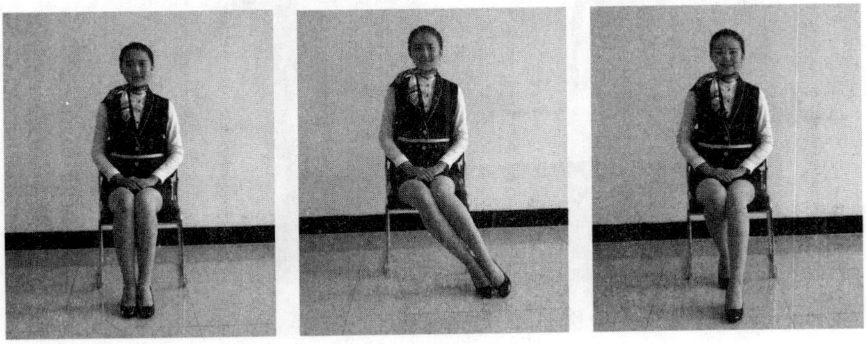

图 1-12 女员工标准坐姿

6. 入座时的姿态规范

（1）入座时应保持平稳、轻松，避免座椅发出声响。

（2）男员工入座时，可将西服的纽扣解开，防止衣服堆积在胸前。

（3）女员工入座时，应用右手轻轻按住上衣前襟，用左手抚平后裙摆，以优雅姿态缓缓坐下。

（4）女员工如因坐的时间过长而感到疲劳时，可以适当调整腿部姿势，即在标准坐姿的基础上将双腿向左或向右自然倾斜，但双腿不得分开。

7. 离座时的姿态规范

（1）离座时，身旁如有人在座，须以语言或动作向其先示意，随后方可起身。

（2）起身离开座位时，动作应轻缓，尽量不发出声响。

（3）离座时，应先起身站定后再离去。

8. 坐姿禁忌

（1）切忌坐在椅子上来回转动或来回移动椅子的位置。

（2）不要采用“4”字形的叠腿方式。

（3）在座椅上，切忌大幅度将双腿叉开，或将双腿平伸出去，更不得将脚伸入座椅下面或用脚勾住椅子的腿。

9. 标准行姿（图 1-13）

（1）明确前行目标方向。

（2）保持身体各部位协调、平稳，男员工应步态稳健，女员工应步姿优美。

（3）应保持步伐从容，步幅适中左右平衡，步速均匀，走成一条直线。

（4）双臂前后自然摆动，挺胸抬头，目视前方。

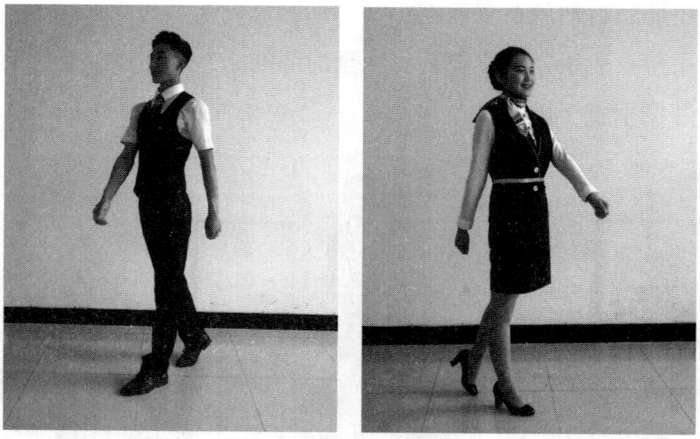

图 1-13　男女员工标准行姿

10. 行进指引时的姿态规范（图 1-14）

行进指引是在行进中带领、引导客户，其姿态规范如下。

（1）请客户行进时，应面向客户稍许欠身。

（2）若双方并排行进时，应按照“以右为尊”的原则，服务人员位于客户的左侧。

（3）双方单独行进时，服务人员应位于客户左前方约一米左右的位置上。

（4）陪同引导客户时，服务人员行进的速度应与客户保持协调。

（5）行进指引的过程中如需经过拐角或楼梯之处时，应及时地提醒客户，不要将客户置于身后不顾。

（6）在与客户进行交谈或答复其提出的问题时，应侧转身目视客户。

图 1-14　行进指引时的姿态规范

11. 在工作场合不接待客户时的姿态

在工作场合不接待客户时，可以调整自己的坐姿和站姿，使自己保持较轻松的生理状态，但以下几种姿态不得使用。

（1）弯腰塌背。

（2）趴在工作台席上。

（3）工作人员之间交头接耳，嬉笑怒骂。

12. 营业台席内的服务手势

（1）站立服务时，应采用标准站姿，双臂自然下垂，处于身体两侧。

（2）以坐姿服务客户时，要求上身保持正直，身体趋近柜台，手臂自然弯曲，将腕至肘部的 2/3 处搭在桌面或柜台边沿，双手自然叠放在桌面上（图 1-15）。

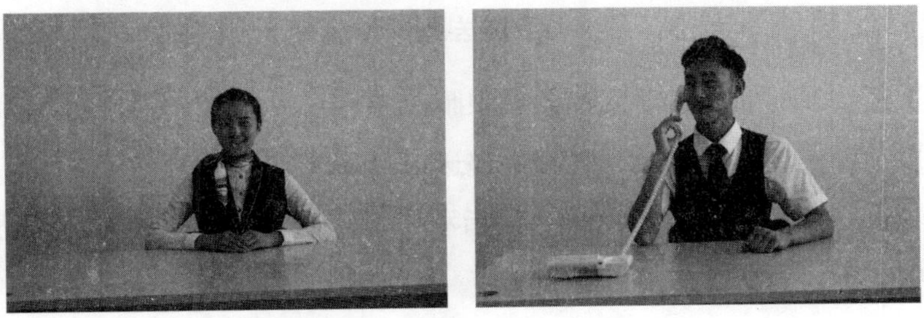

图 1-15　男女员工台席内坐姿手势规范

13. 方向指示手势（图 1-16）

图 1-16　男女员工方向指示手势规范

（1）为客户指示方向时，上身略向前倾，手臂要自下而上从身前自然划过，且与身体成 45 度夹角。

（2）手臂伸直，五指自然并拢，掌心向上，以肘关节为轴指示目标方向，用目光配合手势所指示的方向。

（3）手势范围在腰部以上、下额以下距身体约一尺的距离，五指自然并拢。

（五）日常礼仪规范

1. 递送物品行为规范（图 1-17）

图 1-17　递送物品行为规范

（1）递送物品时，上身略向前倾，眼睛注视客户手部。

（2）以文字正向方向递交，宜双手递送，轻拿轻放。

（3）如需客户签名，应用拇指、食指和中指轻握笔杆，笔尖朝向自己，递至客户的右手中。

2. 接物品行为规范

（1）在递送物品时，应以双手递物。

（2）递给客户的物品，要直接交到客户手中。

（3）服务人员在递物于客户时，应为客户留出便于接取物品的地方。

3. 递名片行为规范

（1）用双手接受或呈送名片。

（2）接过名片先仔细看，轻声阅读对方的名字，然后再将客户的名片放好。

4. 出入房间行为规范

（1）进房间前，工作人员要先敲门，得到允许后方可入内。

（2）敲门时，隔五秒种轻敲两下。

（3）出房间时应面向客户，礼貌地倒退两步，道别后轻轻地把门关上。

5. 接听电话礼仪

（1）电话铃声响起，三声以内用左手接起电话。

（2）接起电话时，用规范的语言问候客户："您好，××× 广电网络，请问有什么可以帮到您？"

（3）在客户陈述期间，随时进行记录；在客户结束陈述后，根据记录重复要点，和客户进行确认。

（4）客户所咨询的问题可立即回答时，应当场给予肯定的答复。

（5）如客户所咨询的问题不能给予确切答复时，应说明原因，请客户留下联系电话，并给予确切的答复时间。

（6）通话结束后，应在客户挂机后再挂断电话。

（六）服务沟通规范

1. 表情规范（图 1-18）

（1）与客户交流时，表情亲切自然，不要显得紧张拘泥，神态真诚热情，不要显得过分亲昵。

（2）在客户走入视线两米范围内用目光迎接客户，当与客户视线接触时，微笑并点头示意。

（3）微笑时以露出六颗上齿为标准，面部肌肉放松，嘴角微微上翘，使唇部略呈弧形。

图 1-18　表情规范

2. 眼神规范

（1）在与客户交流的过程中应注视客户，使客户感觉到你在全神贯注地为其提供服务。

（2）在与客户保持较长时间的交谈时，应以客户的整个面部为注视区域，不要凝视一点。

（3）在营业场合，只要看到客户的目光，就要用眼神去迎候，不得视而不见，或将目光转开。

（4）在接递物品时，应注视接递的物品及客户的手部，目光柔和亲切。

（5）不得向客户投以轻视、嘲笑、不耐烦的目光。

3. 倾听规范

（1）倾听时，目光转向客户，面带微笑，并伴随适度的点头。

（2）倾听时，如有必要，随时进行记录。

（3）在客户陈述时，要有回应，可用“我明白了”“我清楚了”“嗯”“是的”“好”等语言进行回应。

（4）在客户结束陈述时，简单地对客户提出的诉求进行重复，并与客户确认。

4. 声音规范

（1）声调：女员工选用中高音区声调，男员工选用中音区声调。

（2）音量：视客户的音量调整，并保持与客户相适合的音量。

（3）语气：轻柔、和缓、清晰、自然。

（4）语速：适中，每分钟应保持在150个字左右。

（七）服务语言规范

1. 基本语言要求

（1）在迎候客户时，要送出问候语：“您好，欢迎光临！”

（2）在客户离开时，要送出告别语：“您好，再见，期待再次为您服务！”

（3）在营业网点内行走时，当与客户的目光相接触时，应送出问候语：“您好，有什么可以帮到您？”

（4）得知客户的姓氏时，可尊称“某先生/某女士”。

（5）在和客户接洽时，随时使用礼貌用语。

2. 服务用语要求

（1）欢迎语：欢迎光临。

（2）问候语：您好/早上好/下午好/新年快乐/节日快乐。

（3）送别语：再见/请慢走。

（4）征询语：需要我的帮助吗？/有什么可以帮到您？/我可以帮忙吗？/请问您办理什么业务？/我的解释您满意吗？

（5）道歉语：对不起/很抱歉/请您谅解/这是我们工作的疏忽。

（6）致谢语：谢谢您的夸奖/谢谢您的建议/多谢您的合作。

（7）礼貌语：当对客户提出要求时，用“请”字；当接到客户任何物品时，用“谢谢”；当对客户提出要求时，用“对不起”。

（8）结束语：谢谢您，请慢走。

3. 用语礼仪规范

（1）当与客户交流时，其他工作人员不得插话打搅；待客户离开时，再另行处理。

（2）如确有紧急事项必需处理时，需向客户说明原因并表示歉意，同时将工作妥善移交给其他同事方可离开。

（3）在工作场合，不得用俚语、方言、口头禅等不规范的语言。

（4）在工作场合，不得使用任何带有歧视、侮辱、嘲笑客户的语言。

（八）服务忌语

对客服务用语，应热情、主动、积极，不能出现否定、嘲讽、取笑、不耐烦等服务用语，具体表现为：

（1）拒绝客户：不行；不知道；我没工夫；我解决不了。

（2）推脱客户：找领导去；你问我，我问谁。

（3）取笑客户：你懂不懂；你没长眼睛啊；欠费你不急，用不了了你着急了；你怎么这么不知趣；怎么连基本常识都不懂；你怎么这么多事。

（4）否定客户：讨厌；真笨；不知道就别说了。

（5）态度强硬：没到上班时间，急什么；着什么急，没看见我正忙着；墙上贴着，自己看；挤什么挤，后面等着去。

（6）和客户争吵：有意见，爱上哪告上哪告；刚才不是和你说过了吗，怎么还问；我就这态度，不满意到别处问。

（7）态度恶劣催促客户：你想好了没有，快点；快下班了，明天再来；交钱，快点；没零钱，自己换去；我没时间，自己填写。

（8）抱怨客户：眼睛睁大点，看清楚了再写；网络公司不是为你家开的，说怎样就怎样；嫌贵，别上网啊；电脑坏了，我有什么办法；别在这里吵；说了这么多遍还不明白；我不是为你一个人服务的。

三、服务行为规范

（一）服务规范要点

1. 来有迎声

当有客户来到你的工作区域之内，均需与客户打招呼，表示对客户的迎接。

2. 尊称姓氏

在为客户提供服务时，若获知客户的姓氏，应尊称其姓氏，如：陈女士，张先生。

3. 问有答声

在服务的过程中，对客户提出的任何问题，都需要及时、准确、耐心地为其解答。

4. 保持微笑

在与客户目光对视时，应面露微笑。

5. 暂离致歉

在对客户服务的过程中，需要暂时离开客户时，一定要向客户说明离开原因并致歉。

6. 唱收唱付

在收付现金时，需说出收款金额与找还金额。

7. 双手接递

在与客户之间有物品交接时，一定要用双手接递，表示对客户的尊重。在接到客户递来的物品时，一定要说谢谢。

8. 关注确认

当回答完客户的问题时，一定要确认客户是否清楚；当办理完业务时，要确认客户是否还需要其他帮助。

9. 走有送声

在客户离开的时候，一定要向客户道别。

（二）服务过程规范

1. 引导客户时的行为规范

（1）主动迎宾。客户进入营业网点时，服务人员主动热情上前，行30度鞠躬礼（图1-19），欢迎问候。

（2）引领客户。如果客户需要，在客户左前方二三步处，用手势为客户指引方向，按客户步速前进，至柜台前，为客户轻拉座椅，当客户坐下时，按规范轻推座椅。

（3）送别客户。客户办完业务后，在客户起身将离开时，应立即做出反应，行45度鞠躬礼（图1-20），并致告别语欢送客户。

（4）照顾老弱病残孕幼：引导特殊人群优先办理。

（5）疏导客户。

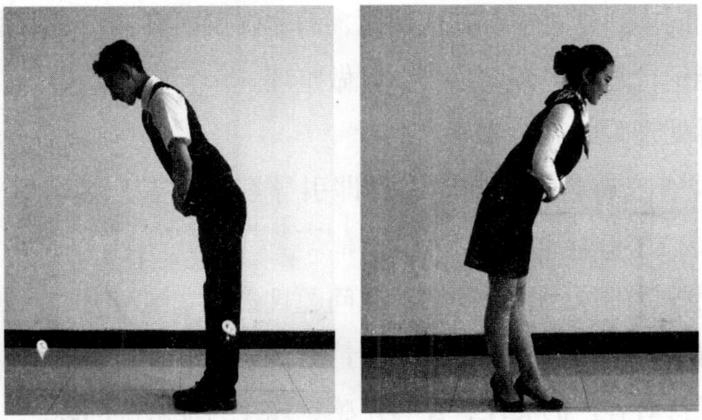

图 1-19　男女员工 30 度鞠躬行为规范

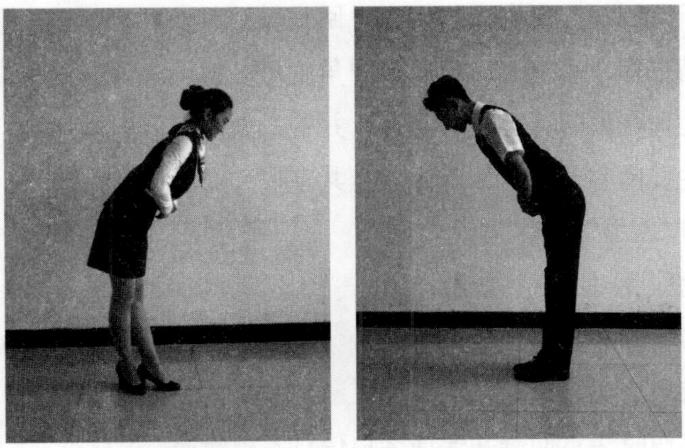

图 1-20　男女员工 45 度鞠躬礼行为规范

2. 日常业务办理时的行为规范

（1）详细了解客户需求，识别确认客户身份。

（2）清晰说明业务办理程序和注意事项。

（3）根据客户的要求办理业务。

（4）打印业务单据并请客户签字确认。

（5）说明和推介各项服务和费用。

（6）向客户表示感谢。

3. 客户咨询时的行为规范

（1）根据客户的言行举止，主动上前招呼。

（2）主动介绍并推介有关业务，介绍营业网点内各种设施的使用，做到客户有求必应，有问必答。

（3）在客户明确表示不需要帮助时，应任由客户走动浏览。

（4）回答客户咨询时应尽可能详细，不要假设客户已明白你的意思。

（5）主动询问客户是否还有其他问题，而非仅仅回答客户的问题。

（6）尽可能记录每一个咨询过程，以做整理。

4. 客户投诉处理时的行为规范

（1）当发现客户有争议倾向时，立即引导客户至客户接待室 / 区，专人负责处理。

（2）应判明投诉的原因，如确实存在问题且必须立刻解决时，则应尽快解决。

（3）如属情绪等原因，应稳定投诉者情绪，运用倾听技巧并加以劝慰、说服。

（4）始终保持对客户的关注，让客户感觉你在为他解决问题。

（5）与客户建立朋友关系。

（6）及时予以回复，否则应告知客户回复时间。

（7）不能满足客户需求时，应从客户角度耐心解释原因，避免直接予以拒绝。

（8）超出处理权限时，应及时上报，并告知提出者。

（9）记录主要内容并保存，确保信息共享。

（10）向客户表示感谢。

5. 提供自助服务时的行为规范

（1）了解客户的需求。

（2）协助或指引客户进行相关操作。

（3）客户操作时注意回避并保证客户信息不被泄露。

（4）提醒客户相关的注意事项。

6. 终端产品销售时的行为规范

（1）问候客户，询问客户需求。

（2）有针对性地推荐产品。

（3）积极热情地进行实物操作、功能演示。

（4）详细介绍终端产品配置，解答客户的相关疑问。

（5）阐述售后服务（三包服务）的相关条款。

（6）向客户表示感谢。

7. 为大客户服务时的行为规范

（1）应在专门的大客户服务室 / 区提供一对一服务。

（2）提供绿色通道，保证三优服务，体现大客户的尊贵地位。

（3）首问负责，专人接待，全程跟踪，确保满意。

（4）始终保持微笑、并注意倾听客户的表述。

（5）使用客户容易理解的方式解释问题，使用客户熟悉的语言。

（6）保留客户服务记录；并按照工作流程传递信息。

（7）赞美客户，要记住“别吹捧你的服务有多好，而应赞美选择了你服务的客户”。

（8）向客户表示感谢。

8. 客户挽留时的行为规范

（1）了解客户取消服务项目的原因。

（2）明确哪些客户和哪些服务项目是需要予以挽留的。

（3）有针对性地采取措施挽留客户。

（4）客户取消服务项目后，应向客户道歉和道谢（道歉表达没有令客户满意的含义；而道谢表达感谢客户曾经使用我们的服务）。

9. 当处于工作空闲时的行为规范

（1）整理工作台。

（2）整理责任区。

（3）阅读相关资料。

（4）办理公务事宜（尽量避免离开公务区）。

10. 交接班时的行为规范

（1）快速进行交接班。

（2）禁止在对客户的服务过程中进行交接班。

（3）当前有客户时，请客户原谅，并致歉。

（4）不得在交接过程中闲聊。

（5）要交接清楚当日工作，特别是需再次答复客户的工作。

（6）填写交接班记录。

11. 客户合理化建议接受与处理时的行为规范

（1）感谢客户支持与关怀。

（2）及时予以答复，如不能及时回复的，应告知客户回复时间。

（3）超出处理权限时，应及时上报，并告知提出者。

（4）全程记录并保存。

（5）在处理时应请提出者参与。

（6）对客户表示感谢。

（三）突发事件处理规范

1. 火灾

（1）发生火警及时拨打 119 求助。

（2）当营业网点发生火灾时，应立即通过专用渠道告知现场工作人员，并迅速赶到各自的岗位，配合疏散工作。

（3）做好安排后，现场管理者开始疏导客户，但说话时语速不要过快，保持平稳，以免给客户造成慌乱的感觉。

（4）通知客户营业网点内发生火警，请客户不要慌乱，在工作人员的指引、组织下有秩序地从消防通道紧急疏散现场人员、退离现场。

2. 系统、网络故障

当系统、网络发生故障时，立即与相关部门联系，以求尽快解决问题。耐心向客户解释，并向客户说明“公司正在组织人员加紧抢修，会在 ×× 时间恢复正常”等，请客户谅解，并感谢客户的配合。

3. 客户发病

（1）当营业网点内出现生病的客户时，应建议并安排客户到休息区休息，并送上热水请客户饮用。

（2）遇到病情严重的客户，应立即拨打 120 急救电话，同时通知病人家属，并采取急救措施。

（3）如有客户在营业网点摔伤，应首先将客户扶起，并搀扶至休息区域，为客户提供医药用品，及时为客户提供帮助。

（4）注意保存好对应时间段网点的监控视频资料。

4. 停电

（1）当营业网点突然停电时，应立即安排人员到客户区进行解释，解释时语速不要过快，保持平稳，以免给客户造成慌乱的感觉。

（2）解释内容应包括：通知客户由于停电而造成暂停营业的情况，并告知客户，我们将尽快解决，会在 ×× 时间内恢复营业，对由此给客户带来的不便，请客户谅解，代表营业网点全体员工向客户道歉，并感谢客户的支持。

（3）服务人员要对客户做好解释工作，取得客户的谅解，并安排客户等候。

（4）值班经理应立即致电相关部门请示给予迅速解决。

（5）如果无法立即解决，服务人员应迅速进行合理疏导，安排客户离开营业网点，并通知客户在 ×× 时刻再来营业网点办理相关业务，或者建议客户去别处营业网点办理业务。

5. 客户或其他运营商职员来营业网点拍照录像时

当有未经许可的客户在营业网点内私自录像时，营业网点员工应立即上前婉言阻止，并告诉客户营业网点内不直接接受采访或录像，取得客户的理解与支持。

6. 遇雨、雪等恶劣天气时

（1）在营业网点门口放置告示牌以提示客户小心路滑。

（2）遇雨、雪天气时为保证营业网点地面的整洁，迎候人员应站在营业网点入口处迎接客户。

（3）协助客户妥善处理好雨伞，应双手将伞套递交至客户手中，态度诚恳地欢迎客户的到来。

（4）营业网点门前应设置踩脚垫，方便客户清理鞋底的泥垢，保持营业网点内地面清洁。

第四节　完善三个层面的用户体验

为网点提供完美的用户体验，是网点业务发展的基础，是网点服务的根本目的，更是网点竞争力的保障。

网点的用户体验（图 1-21）包括以下三个方面。

第一方面，品牌体验。

品牌体验是品牌与客户之间的互动和行为过程，网点应通过标识、建筑、环境、产品、服务以及员工的精神面貌向客户传达自身的品牌理念，并与顾客产生精神上或心理上的互动，让客户对网点的品牌和服务产生“快捷”“便利”“关怀”“快乐”“轻松”“信赖”等个人体验，从而接受并忠诚于网点品牌。

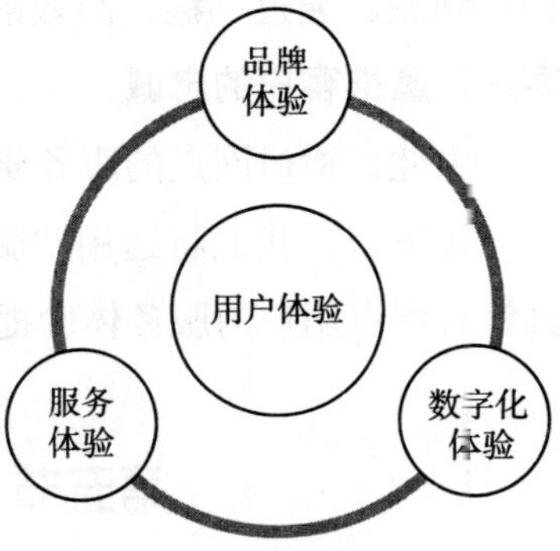

图 1-21　网点用户体验

网点品牌体验的建立首先要解决的问题是“你是什么样的网点，你代表着什么样的价值”。目前竞争对手之间网点的差异主要集中于 VIS（视觉形象识别系统）上，通过标志设计、门头设计、室内设计、家具设计来互相区分，而且在标志及 VIS 的设计理念上也没有太多的个性化，设计规范也都大同小异。这导致客户无法领会到每家网点的特色和特别之处。

从人的心理构成出发，品牌体验可分为五个层次：感官体验、情感体验、成就体验、精神体验、心灵体验，它们是从低到高的五个层次。网点的品牌体验建立不能仅仅建立在最低级的感官体验之上，而是通过提升服务质量，通过获得客户的满意度和忠诚度来建立更高层次的品牌体验。

第二方面，数字化体验。

随着信息技术和互联网技术的发展，PC 端、手机端、电话端等数字化网点服务模式以及网点智能化自助设备越来越受到运营商的重视，同时也取得了众多客户的青睐，传统人工柜台业务正在转移到这些新型的“工具”之上。因此，**网点需要投入更多的精力在数字化体验之上。结合最新的交互技术、智能化技术以及前沿的产品、交互、界面设计理念，打造使用且具有差异化的数字化体验**。

第三方面，服务体验。

网点服务体验，是客户在网点的服务流程中对网点产生的感觉和评价。良好的服务体验应该保证服务流程中各个环节之间的正常配合与高效运作，优化服务设施，提升员工服务面貌，确保网点服务流程中的每一个接触点都能与客户之间产生良好的互动，从而营造优异的用户体验。

网点要通过服务设计，分析服务流程和服务接触点，寻找并改善服务中存在的种种问题。通过平稳、高效的服务渠道、便捷的服务设施、良好的服务态度来吸引客户，赢得客户的忠诚。

由此，检讨网点的服务质量，其实质是针对网点用户的服务体验而言。

接下来，我们将运用“服务质量差距模型”及“关键时刻”等服务营销咨询工具针对网点用户的服务体验提出具体的改善方案。

第五节　服务质量差距模型及运用

服务质量差距模型是帕拉休拉曼（Parasuraman）和贝瑞（Berry）在 1985 年提出的。服务质量差距模型的核心是顾客差距，也就是顾客期望与顾客感知的服务之间的差距。其中心思想在于**弥合期望服务与感知服务之间的差距，以使顾客满意并与他们建立长远的关系**。该模型自提出以来，得到了广泛的认同，同时也得到了补充和完善。在西方，该模型不仅被理论界所广泛接受，同时也被交通运输业、银行业、通信运营商等服务行业所广泛使用。

一、服务质量差距模型组成

服务质量差距模型的核心是顾客差距，也就是顾客期望与顾客感知的服务之间的差距。而顾客差距是由供应商差距 1、供应商差距 2、供应商差距 3 和供应商差距 4 构成的。为弥合顾客差距（总差距），服务营销者就要弥合四个供应商差距（图 1-22）。

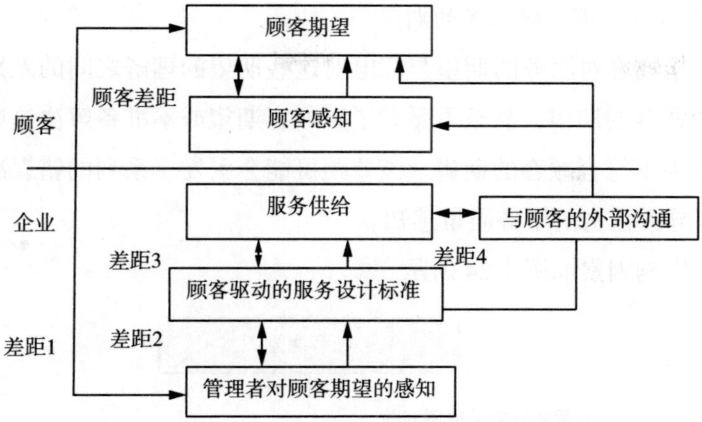

图 1-22　服务质量差距模型

二、服务质量差距模型分析

在图 1-22 中，中轴线上方的两个方框分别对应顾客期望与顾客感知。在实际中，一般都会存在顾客差距。顾客差距的影响因素如图 1-23 所示。

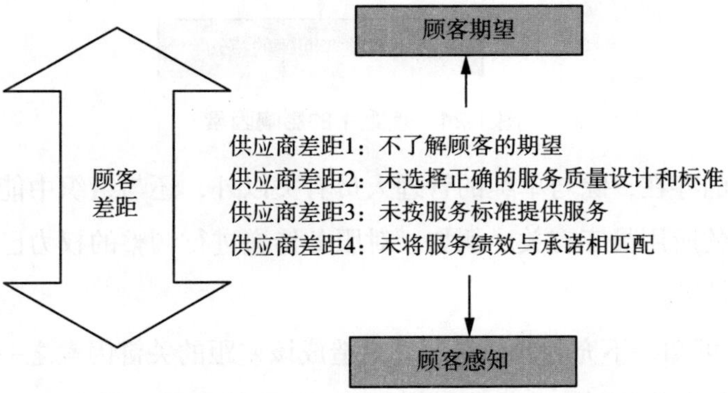

图 1-23　顾客差距的影响因素

顾客差距受四个供应商差距的影响，分别是：

供应商差距 1——不了解顾客的期望；

供应商差距 2——未选择正确的服务质量设计和标准；

供应商差距 3——未按服务标准提供服务；

供应商差距 4——未将服务绩效与承诺相匹配。

要想弥补顾客差距，必须要弥补四个供应商差距。

本书以广电运营商为例对服务质量差距模型加以说明。文中所指的供应商即指广电网络运营商具体提供产品、服务的网点及相关部门，我们用“广电”两字来代表。

（一）差距1——不了解顾客的期望

差距 1 是指顾客对服务的期望与广电对这些期望的理解之间的差别。广电不了解或者不清楚顾客的期望，甚至不愿意了解顾客期望或不准备解决这些问题。这都可导致服务行为不符合顾客的期望。该差距可能会引发一系列的错误决策与次优资源配置，最终导致低劣的服务质量感知。

差距 1 的影响因素如图 1-24 所示。

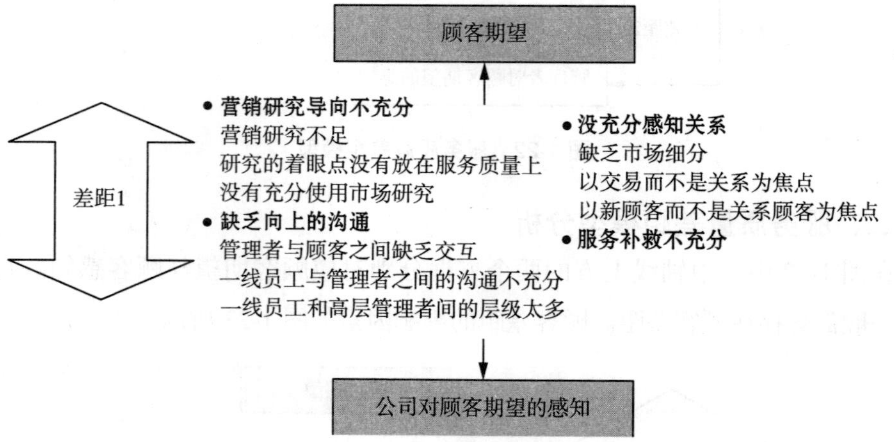

图 1-24　差距 1 的影响因素

这一差距的存在，除与单纯的管理人员有关以外，还与组织中能够变更或影响服务政策流程的所用员工有关。例如，对服务传递进行调整的权力已经分配给授权团队和前台人员了。

由图 1-24 可知，不充分的市场研究是造成该差距的关键因素之一，如果管理层或被授权的团队没能及时充分地获得顾客期望的正确信息，那么此差距就会扩大。

影响该差距的另一个关键因素就是缺少向上的沟通，网点前台人员通常对顾客有深入的了解，但管理层如果不经常与前台人员接触，不去了解他们所知道的情况，那么该差距也会扩大。

还有一个关键因素是广电战略不是以关系顾客为焦点，仅仅是为了吸引新顾客，而没有维持好或者就没有去维持与老顾客及关系客户的稳固关系。

最后一个影响因素就是缺乏服务补救。即使服务最好的公司，对顾客有清晰的理解，有时也会出现失误。这时服务补救显得很关键，如应对投诉问题等。

（二）差距2——未选择正确的服务质量设计和标准

差距 2 是说广电对顾客期望的理解与制订顾客驱动的服务设计和标准之间的差距。即广电虽然对顾客期望有着比较清楚的了解，但没有将这种期望转变为顾客期望的服务质量标准。广电很难制订准确的绩效标准来衡量员工是否服务到位。

导致该差距的因素如图 1-25 所示。

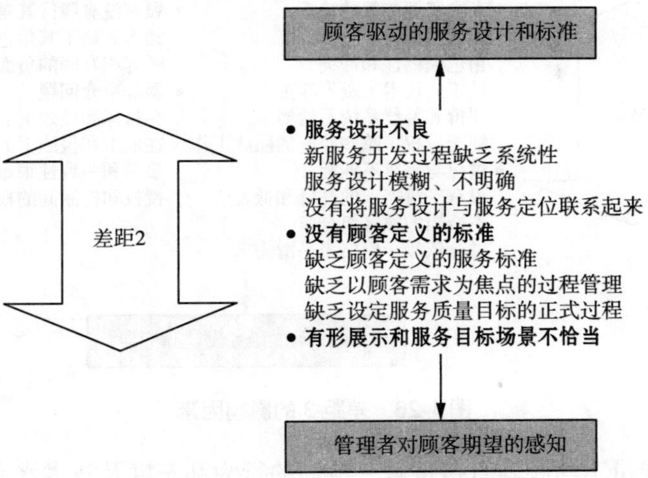

图 1-25 差距 2 的影响因素

负责设置标准的人员有时会认为顾客的期望是不合理的或不现实的，或者认为服务本身具有可变性，使得他们觉得服务标准化毫无意义，要么不去把服务标准化，要么为标准化而标准化，设计模糊，不准确，认识上的不足加大了差距 2。

服务具有无形性，描述和沟通服务就有困难，开发新服务时更是如此，这就要求以顾客需求为焦点，避免在疏忽、片面、主观或偏见的情况下设计服务。

该差距涉及的另一个因素是有形展示。服务本身是无形的，那些在服务周围的有形事物我们称之为有形展示。它们是我们用于提供服务的一切东西，如商业卡片、网上展示、提供服务的硬件设施等。这些都可以很好地有形地、传递无形服务的信息，营造服务氛围，塑造企业形象。

(三) 差距 3——未按服务标准提供服务

差距 3 是指顾客驱动的服务标准与广电员工的实际服务绩效之间的差距，也就是顾客驱动的服务标准开发与实际服务传递之间的差异。此差距直接源于员二，但广电不恰当的激励方式会促成这种差距的存在。即使广电有很好的服务绩效指南并正确对待顾客，也未必一定会有优质的服务绩效。这就要求广电提供支持，协助、鼓励和要求员工达到标准。

该差距的影响因素如图 1-26 所示。

这些因素可归纳为三类：第一类因素来自广电内部，如人力资源管理的无效率；第二类来自顾客；第三类来自服务的中间提供商，或者第三方服务提供者。

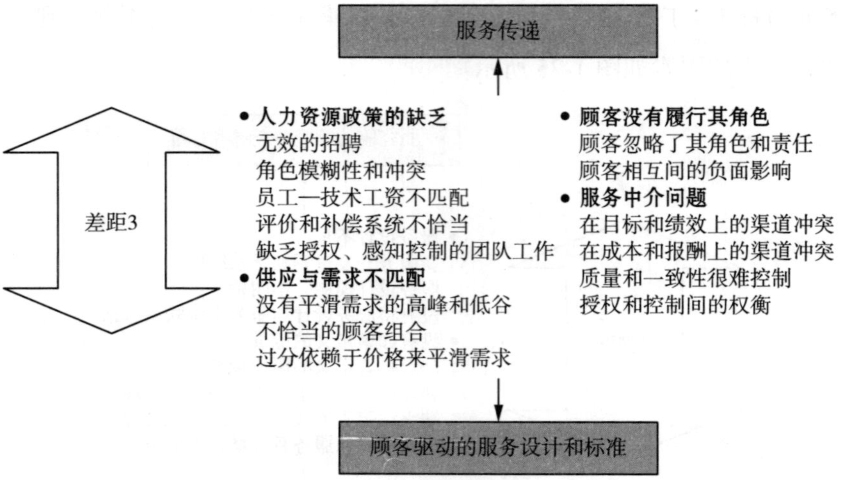

图 1-26　差距 3 的影响因素

广电的一线员工与顾客直接接触，他们的行为和态度及技术水平代表了广电的服务质量，来自广电内部的影响因素包括员工不合适、不称职，技术支持不充分，奖惩制度不当，缺乏授权和团队合作。这和广电的人力资源职能有关，包括招聘、培训、反馈、工作设计、激励和组织结构等公司内部结构。另外，广电面对需求周期性变化时，过多地依靠价格来调节需求的高峰与低谷，这也会造成差距 3。

影响差距 3 的来自顾客方面的因素主要是指顾客不能很好地扮演他们的角色——不能很好地使用企业提供的信息或不遵守操作指南，没有充分地向服务提供商提供自己的信息，这都使得顾客不能得到服务的全部价值。

第三类因素来自中间商、中介，如零售商、特许经营商、代理商和经纪人等。由于服务质量来自顾客和服务提供者之间的交互作用，广电是否能够监控服务接触很关键。服务中间商按照规定的条件进行服务传递，而顾客是在服务中间商提供服务的过程中评价广电服务质量的，有时这种第三方服务提供者的目标和价值与广电的目标和价值出现不一致的情况，这都会影响服务的完美传递。例如，网点的硬件销售、增值业务的合作方等服务的不善，都会导致差距 3 的出现。

（四）差距 4——未将服务绩效与承诺相匹配

差距 4 是广电运营商实际传递的服务与其宣传的服务之间的差距。广电通过媒体广告、销售人员以及其他沟通手段做出的承诺有可能提高顾客期望，而实际提供的服务与承诺的服务之间的差距要从负面影响顾客差距。其影响因素如图 1-27 所示。

造成这种差距的原因是多方面的，第一是由于承诺过高而无法实现造成的，除了上面所说的夸大宣传会不切实际地提高顾客期望外，一些隐性的外部沟通因素也会影响顾客对服务质量的评价。例如，广电不能很好地培训顾客如何使用服务，不能管理顾客期望等都会使顾客期望过高，而造成差距的扩大。

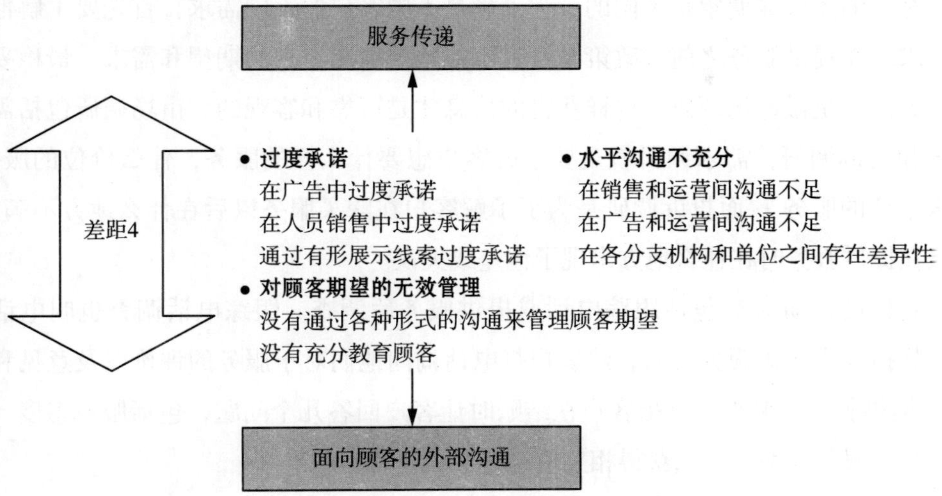

图 1-27　差距 4 的影响因素

第二是由于广电没能履行本可履行的承诺造成的，这可能是由于服务技术方面或者生产运作部门与市场部门没有协调好造成的。

以上，我们简要分析了服务质量差距模型的四个差距及其影响因素，这四个差距来自广电，或者说广电可以缩小或控制这些差距。

三、服务质量差距模型在网点运营管理中的运用

服务质量差距模型在发达国家的服务业应用比较广泛，也确实提高了网点的服务质量。在营业网点的经营管理中，我们必须充分认识到服务质量差距模型这种先进管理方法的作用，并将其应用于网点的决策和管理活动中。

营业网点的管理者应认识到网点在经营管理中所面临的四个差距，以便采取相应的措施来弥合差距，提高服务质量（图 1-28）。

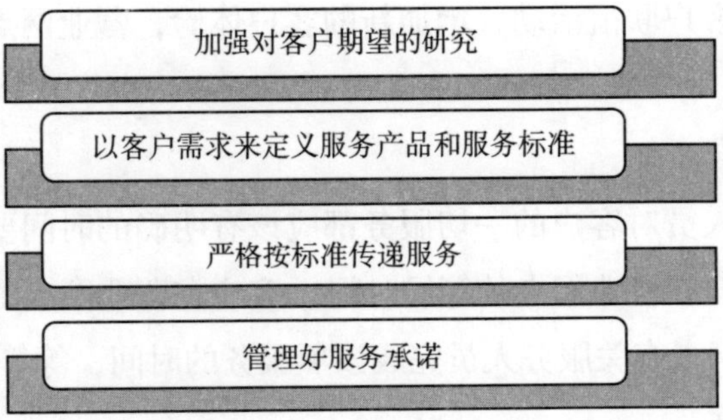

图 1-28　差距模型在营业网点运营中的四大举措

（一）加强对客户期望的研究

1. 通过营销调研了解客户的需求

客户的需求或期望是不同的，为了满足不同客户的不同需求，首先要了解他们的需求。在提供服务之前，政策制订者不能主观猜测客户的期望和需求，最稳妥实用的方法就是做市场调研，这样获得的信息才是可靠和客观的。市场调研包括需求调研和投诉调研，需求调研就是要了解客户想要什么样的服务，什么价位的服务，什么组合的服务；而投诉调研是为了了解客户在购买服务以后在什么地方不满意，网点在提供服务时在什么地方出现了偏差或失误。

具体的调研方法包括跟踪电话或提供服务后调查。跟踪电话调查也叫电话回访，是指客户购买服务之后，给客户打电话询问他们对于服务的评价以及意见和建议；提供服务后调查，是指客户在结账时让客户回答几个问题，包括服务态度、产品质量、服务效率等，以获得相关信息。

2. 完善向上沟通机制

在一些较小的营业网点，管理者们可能比较方便地了解到关于客户期望和需求的第一手资料，但是在比较大的一些营业网点，管理者们是不可能总是有机会亲自获得第一手资料的，而一线服务人员和前台接待人员可以非常方便地了解客户的第一手资料。通过向上沟通机制，可以让管理者们通过一线服务人员以及服务中间供应商（如特许经营商、加盟商）来了解客户的期望和需求。

3. 重视关系营销

关系营销作为一种经营理念，它是由以交易为中心向以关系为中心的转变，更看重对老客户的维持。公司通过建立这种长期的客户关系，既可以减少客户搜寻成本，也可以和关系客户共享客户资源，以开发更多的新客户。

（二）以客户需求来定义服务产品和服务标准

根据客户需求在现有服务产品上开发新产品或者进行服务延伸和改善。例如，营业网点开始提供客户联谊活动，增加新的客户体验，营业网点增添一些便利设施等等。

1. 服务时间标准

营业网点服务人员对客户的一切服务都应该有明确的时间要求。例如，客户业务办理的时间；客户在营业网点的等候时间；客户在营业网点的停留时间；客户要求某项服务后营业网点有关服务人员完成该项服务的时间，等等。

2. 服务技能标准

营业网点服务质量是靠服务人员的操作来实现的，如柜员对于相关电脑软件的使用，产品的介绍等。因此，服务人员应具备本岗位工作的知识和技能。这些知识和技能可以通过考核定级的办法来明确划分其掌握和熟练的程度，如达不到一定标准就不能上岗。

3. 服务程序标准

营业网点服务人员的操作必须按照一定的程序进行，每一道程序应有具体的标准即服务后所达到的程度。例如，从客户进入营业网点到客户业务办理完毕离开之间一系列的程序都应该是制订好的。

4. 服务态度标准

服务态度是指服务人员的语言、表情、仪表仪容、举止姿态等方面的内容。服务态度标准就是态度的方向和强度。就营业网点服务人员来讲，他的态度是与其掌握的服务对象即客户的信息量有关。例如营业网点服务人员的语言标准，首先应注意语言的针对性，即服务人员应该针对不同民族以及不同个性的客户，运用不同的语言表达方式。要做到这一点，必须了解来自不同民族的客户的特点、行为以及习惯等方面的知识。其次，是语言的文明性。营业网点服务人员的语言应该是艺术性的语言，因此在同客户交谈时必须做到文明礼貌、委婉客气、讲究语言美等。再如营业网点服务人员的仪表标准，首先必须适应客户对仪表的一般心理要求。例如，精神饱满的员工往往带给客户安全、明朗的感觉，从而乐意与其接触和交往；员工整洁得体、美观大方的服饰，不仅能给客户清新明快、朴素稳重的第一印象，还可以使客户联想到营业网点的“客户至上”的服务理念，从而产生各种不同程度的信任，诱发其积极的购买情绪。

（三）严格按标准传递服务

1. 提高员工的服务水平

服务人员的服务水平，既代表了个人形象，也代表着公司的形象。即使不是由服务员工自始至终地执行服务，在客户眼中，服务员工仍然可能成为公司的代表。由于服务员工代表组织，能够直接影响客户的满意度，他们也就扮演了营销者的角色。

“服务营销三角形”（图 1-29）的战略框架，形象地强调了服务人员对于公司信守承诺并成功建立客户关系这一能力的重要作用。该三角形的三个顶点分别表示三个关键的参与者：公司、客户和员工。

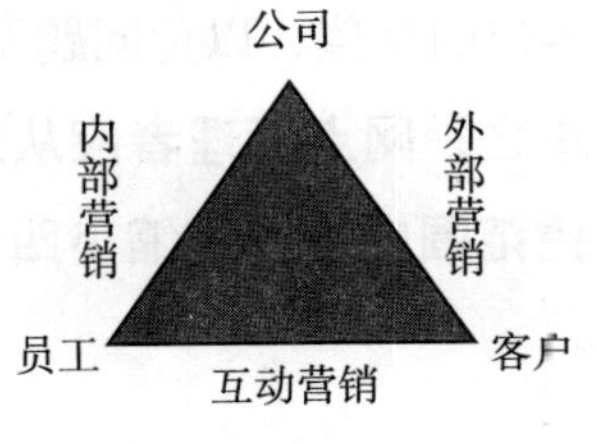

图 1-29　服务营销三角形

该框架说明了公司对客户做出了承诺，员工

必须很好地履行承诺，这样才能使客户满意。所以，员工的服务水平起到了非常关键的作用。

2. 加强对客户的引导

客户作为服务传递的参与者，也在一定程度上影响了服务传递的质量。作为服务的接受者，客户可以从正面或者负面来影响其他客户对服务的满意度，从一定意义上说，客户也在履行着公司营销者的身份。公司可以奖励那些很好地参与服务传递的客户，比如节假日送一些小纪念品，送出祝福语等，都可以加强客户对公司的好感。

（四）管理好服务承诺

服务感知很糟糕的最主要原因是网点所承诺的服务与实际提供的服务有差别。客户期望过高是由不可控因素和网点可控因素形成的。网点无法通过不可控因素来提高服务感知，但网点可以通过可控因素（广告、业务人员和服务人员的口头承诺等）来提高服务感知。

1. 协调内部营销与外部营销

外部营销是网点对客户的宣传，即“说”的过程；而内部营销是管理者对员工进行营销，让员工按网点对客户的承诺为客户提供服务，即“做”的过程。协调内部营销与外部营销就是为实现“说”和“做”的统一。

2. 客户期望管理

客户期望过高，容易造成客户不满意；期望过低，则对客户失去吸引力，导致无客上门。因此，要对客户期望进行管理，使之形成合理预期。一般而言，客户预期受营业网点的广告宣传、口碑、客户过去的经历、营业网点形象等因素的影响，而在这几个因素中，营业网点可控因素包括广告宣传和营业网点形象。若营业网点夸大宣传，客户就会形成过高预期；若营业网点形象不到位，客户也不能形成准确的预期，从而影响了客户最后的感知质量。

为了让客户形成合理预期，要求做到：①广告宣传实事求是；②提供服务应该与营业网点形象保持一致；③在客户消费前，主动提示服务过程中可能发生的问题，修正客户的期望，以免问题发生时引起强烈的不满。

总之，网点管理者应从服务营销的角度，将造成客户差距的因素具体到网点的可控范围内，通过缩小四个服务提供商差距，来弥合客户差距，提高整体服务质量。

第六节　网点服务的关键时刻管理

一、关键时刻概念的提出

关键时刻这个概念的提出，源自于詹·卡尔森46岁时撰写的《关键时刻MOT》一书。

“在北欧航空公司，我们曾经认为飞机、维修基地、办公室和办事流程就是公司的全部。但如果你询问乘客对北欧航空公司有何印象，他们不会说我们的飞机怎样，我们的办公室怎样，或者我们如何筹措资金。相反，他们谈论最多的还是有关北欧航空公司的‘人’。北欧航空公司不仅是一堆有形资产的集合，更重要的还在于乘客与直接服务的‘一线工作人员’之间进行着怎样的接触。

去年一年中，北欧航空公司总共载运1000万名乘客，平均每人接触5名员工，每次15秒钟。也就是说，这1000万名乘客每人每年都对北欧航空公司‘产生’5次印象，每次15秒钟，全年总计5000万次。这5000万次‘关键时刻’便决定了公司未来的成败。”

“因此，我们必须利用这5000万次的关键时刻来向乘客证明，搭乘我们的班机是最明智的选择。如果我们真心实意地针对每一位乘客的需要来提供服务，那就不能完全依赖上级的指示或者死板的办事规定。”

随着詹·卡尔森将关键时刻的理念、方法及提炼出来的工具运用于北欧航空公司并获得了巨大的成功，关键时刻MOT理念风靡全球管理界和企业界。

对于营业网点而言，关键时刻就是客户与网点人员面对面相互交流的时刻，放大之，就是指客户与网点的各种资源发生接触的那一刻，这个时刻决定了网点服务及管理的成败。若能在网点运营与管理工作中，建立以客户为中心、以流程为导向的客户服务体系，识别其中的关键时刻点，并建立科学、合理的管理机制，进而明确客户服务目标，规范客户服务过程，必将通过对营业网点日常业务办理过程中的关键时刻进行管控，达到提升营业网点的客户服务水平，提升客户满意度的效果。

二、营业网点关键时刻分类与重要性识别

（一）关键时刻分类

根据关键时刻所处流程层面、关键因素和重要性特性，关键时刻一般可划分为内部管理层面关键时刻、业务处理层面关键时刻、系统支持层面关键时刻、突发事件层面关键时刻四大类。

（二）关键时刻重要性识别

根据相关因素重要性矩阵分析（图1-30），从相关因素重要性程度和顾客满意

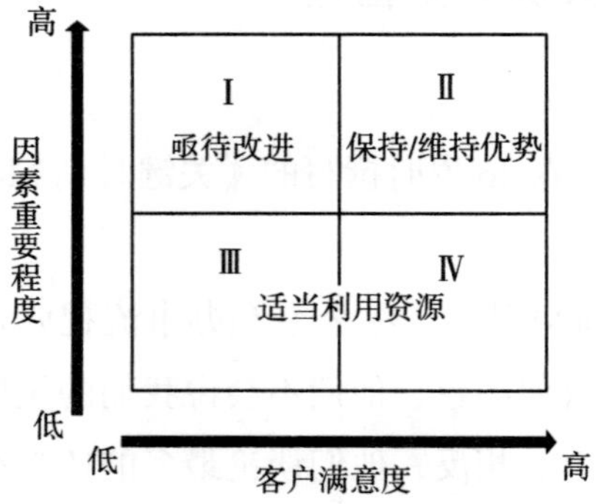

图 1-30 关键时刻相关因素重要性矩阵分析

度两个维度，识别关键时刻重要性级别，确定关注原则和优先顺序，确保网点服务流程关键时刻对顾客影响的成功实现。

图 1-30 说明以下两个原则。

处理原则：Ⅰ内关键时刻亟待改进，Ⅱ内关键时刻需保持 / 维持优势，Ⅲ、Ⅳ内关键时刻需适当利用资源。

关注原则：Ⅰ、Ⅱ内关键时刻作为关注的重点，Ⅲ、Ⅳ内关键时刻作为关注的次重点。

三、营业网点关键时刻管理策略的制订

制订以客户为中心，以流程为导向的营业网点关键时刻管理策略应从以下几个方面入手（图 1-31）。

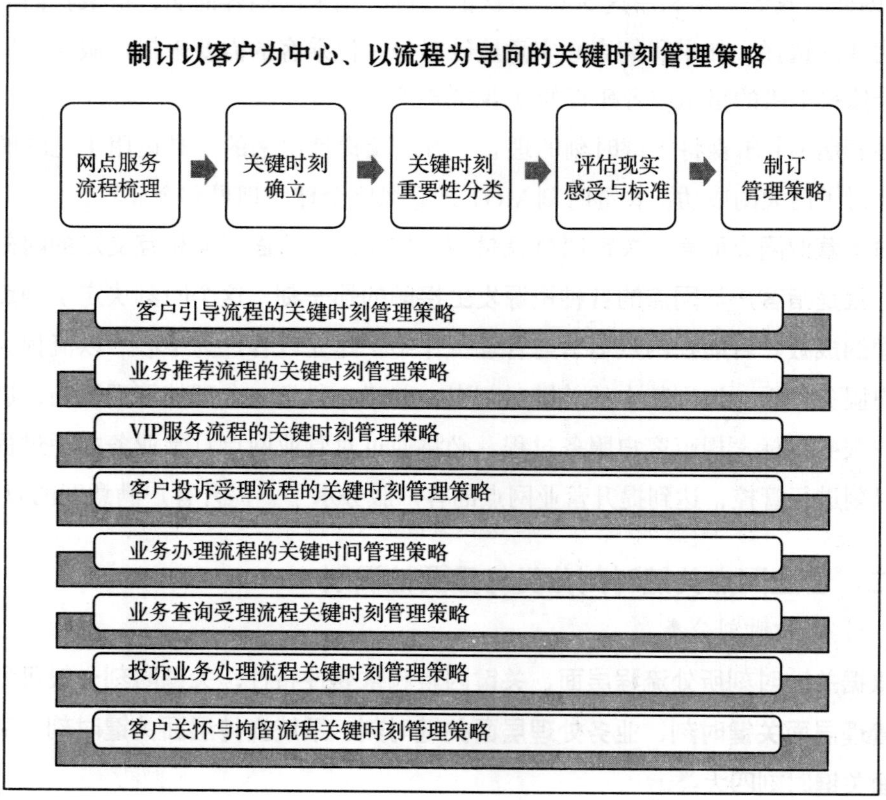

图 1-31 关键时刻管理策略制订

首先对网点服务流程进行梳理，其次确定哪些流程是网点服务流程中的关键时刻，再对这些关键时刻进行重要性分类，并从调研数据中得出客户对服务的现实感受，最后对照网点服务的标准（也就是客户服务的期望），找出针对该关键时刻的具体管理策略。

以我们提供过咨询服务的某广电运营商网点为例，说明网点如何制订以客户为中心，以流程为导向的关键时刻管理策略。

遵循上述关键时刻管理策略制订的流程，其具体实施内容及要求如表 1-1 所示。

表 1-1　制订关键时刻管理策略的具体实施内容及要求

序号	关键时刻点	现实感受	期望	重要性分类	管理策略
客户引导流程的关键时刻					
1	客户进入营业网点时	大部分客户进入营业网点时没有获得迎接服务	微笑欢迎，出声服务	Ⅰ	导购和靠近门口的销售岗位为第一责任人，值班经理为第一监督人
2	同时进来几个客户时	导购缺乏应变能力	向每个客户致以微笑示意	Ⅲ	
3	营业网点客户较多时	营业网点现场秩序有时未能很好维持	按“接一顾二招呼三”的原则提供服务	Ⅰ	导购为第一责任人，值班经理为第二责任人和第一监督人，网点经理为第二监督人
4	客户办理的业务需要相关证件时	基本上能够做到按规定执行	严格按照业务办理规定审核客户证件	Ⅳ	营业网点培养自己的内训师，并建立培训资料库，实现知识体系的延续。 值班经理每天进行一次业务旁听，填写服务记录卡
5	客户没有携带办理业务所需的相关证件时	从客户角度出发的解释做得不够好	礼貌向客户解释原因并致歉，建议客户到居所或工作单位附近营业网点办理	Ⅱ	
6	客户办理的业务可在自助服务区完成时	大部分客户仍然习惯到业务台席办理业务	及时推荐和引导客户到自助区办理业务，并介绍设置服务密码的好处	Ⅰ	导购为第一责任人，值班经理为第一监督人
7	帮助客户使用自助设施时	基本上是在替客户办理，而不是“教”客户办理	尽量帮助客户学会自助设施的使用	Ⅲ	

续表

序号	关键时刻点	现实感受	期望	重要性分类	管理策略
业务推荐流程的关键时刻					
8	客户等待办理业务时	大部分情况下导购无暇顾及等待中的客户	导购主动表示关心并了解客户需求	Ⅰ	导购定时关注客户等待区的情况，建议至少每半小时一次，发现有客户等待时，询问业务需求并递上水杯或业务资料，值班经理负责对此监督
9	业务办理或者客户咨询结束时	推荐业务不够专业，推荐完成后不递送客户业务资料	业务人员在了解客户需求的基础上，向客户推荐合适的业务	Ⅲ	营业网点定期进行业务推荐时机和技巧方面的培训，由内训师负责，网点经理监督和考核
10	客户对推荐的新业务不感兴趣或者不愿意当场办理时	不向客户致谢，不递送业务资料	感谢客户时间，递上业务资料请客户保存	Ⅲ	
VIP服务流程的关键时刻					
11	导购在引导VIP客户时	基本上做到	及时辨别客户的VIP身份	Ⅳ	加强对导购工作技能的培训，由优秀员工担任导购岗位
12	导购安排VIP客户在接待室就座后	基本上做到	为客户倒水，接待	Ⅱ	继续保持
13	导购引导VIP客户VIP专席时	基本上做到	向专席的业务办理人员说明客户的VIP身份	Ⅱ	继续保持
14	VIP专席有普通客户正在办理业务时	向普通客户解释时不够灵活	向VIP客户致歉，在办理完成手头上的业务后为VIP客户办理，同时向其他等待的普通客户致歉并解释	Ⅱ	业务人员应做好对普通客户的解释工作，值班经理负责监督
15	VIP客户办理销户时	某些时候未请出值班经理或网点经理进行处理	接待客户后，请值班经理或网点经理进行处理	Ⅳ	强化规定
16	需要离席为客户办理业务时	不向客户致歉，突然离席	首先向客户致歉后离席	Ⅲ	在营业网点的日常培训和早会时加强对员工服务意识的灌输。值班经理通过每天的业务巡查进行监督，并计入考核
17	业务办理完成后	不起立，没有告别语	起立并送上告别语	Ⅲ	

续表

序号	关键时刻点	现实感受	期望	重要性分类	管理策略
客户投诉受理流程的关键时刻					
18	询问客户投诉原因时	尚可，但是处理技巧不足	注意询问技巧，稳定客户情绪	Ⅱ	将客户投诉处理的技巧列入培训议题，并将典型案例编入培训资料库供学习参考
19	营业网点不能解决客户投诉时	不与客户约定回复时间及回复方式	记录客户投诉，传递工单，向客户解释，并约定回复时间和回复方式	Ⅱ	在营业网点的日常培训和早会时加强对员工服务意识的灌输。值班经理通过每天的业务巡查进行监督，并计入考核
20	相关部门接到投诉工单时	工单回复时间不够快	1小时内填写回复工单	Ⅰ	指定责任人，落实责任界定
21	投诉处理完成后	尚可	第一时间回复客户	Ⅱ	继续保持
22	呼叫中心在通报投诉原因和避免措施时	通报内容不够详细	同时抄送服务主管和市场部领导，通报内容中应包括上期投诉避免措施的实施效果评估	Ⅲ	将投诉避免措施的实施效果评估纳入通报范围，由服务主管负责监督
业务办理流程的关键时刻					
23	受理客户需求时	有时做不到起立欢迎	起立欢迎客户，请客户入座后询问客户需求	Ⅲ	加强员工的服务意识培训，值班经理负责监督员工养成良好的服务习惯
24	客户没有携带有效证件时	尚可	向客户解释原因，并介绍客户到住址附近的营业网点办理	Ⅳ	继续保持
25	系统内开户时	基本达到	在规定时间内完成操作	Ⅱ	继续保持
26	收费时	能够做到	主动出具发票	Ⅳ	继续保持
27	审核客户资料时	基本做到	注意客户证件必须为有效证件	Ⅱ	继续保持
28	与客户签订协议时	未向客户推荐合适的资费套餐	根据客户历史消费记录向客户推荐最佳的资费套餐，并详细说明客户可享受到的优惠和相应的义务	Ⅲ	加强对员工业务知识和工作技能的培训，值班经理通过每日的业务巡视进行监督

续表

序号	关键时刻点	现实感受	期望	重要性分类	管理策略
查询类业务受理流程的关键时刻					
29	业务人员在系统内查询时	基本做到	30秒内完成	Ⅱ	加强对咨询台席人员的业务知识培训和考核
30	不能现场答复客户咨询内容时	回复客户不及时或不主动	详细记录后转相关部门，向客户致歉并约定回复时间（不超过3个工作日）	Ⅰ	
31	答复客户咨询时	态度上有待加强	礼貌、耐心地全面回答客户疑问	Ⅱ	加强对员工服务礼仪方面的培训和服务意识的灌输
投诉业务处理流程的关键时刻					
32	进行投诉问题分类时	员工的处理技巧和耐心不够	详细了解客户投诉原因，准确分类并判断投诉工单应派送至哪个部门	Ⅰ	加强对员工工作技能的培训，编制投诉大全，完善培训知识库
33	现场处理客户投诉时	有时候就在大网点内处理投诉，甚至发生客户情绪激动的情况	在接待室或后台处理客户投诉，不影响大网点内的其他客户	Ⅰ	网点经理负责监督改进，客户服务主管加强检查
34	投诉处理完毕时	有时根据投诉类别进行回复的规定执行不到位	遵循谁受理、谁回复的原则，根据投诉类别，按相关规定确定回复方式	Ⅱ	加强对投诉处理工作规范的学习，严格按照其中规定执行，并按网点服务流程手册中对岗位职责的界定，将责任落实到人
35	投诉未能获得有效解决时	责任界定不明确，回复客户不及时	投诉处理人员及时将工单派送至相关部门，并在规定时限内回复客户	Ⅰ	
36	完成投诉工单记录时	尚可	按规定的范围和方式进行录入	Ⅳ	继续保持
客户关怀与挽留流程的关键时刻					
37	询问客户离网原因时	对客户离网原因的判断不准确，询问技巧不够熟练	礼貌引导客户说明离网原因	Ⅰ	加强客户挽留流程和技巧方面的培训，将客户挽留指导办法纳入培训资料库，值班经理通过每日的业务巡视进行监督和考核
38	进行离网挽留时	某些情况甚至不进行客户挽留	确保了解客户离网的真正原因，针对客户需求进行相应的挽留措施	Ⅰ	

续表

序号	关键时刻点	现实感受	期望	重要性分类	管理策略
客户关怀与挽留流程的关键时刻					
39	客户是VIP客户时	未请值班经理或网点经理为客户办理，未执行“五个一”离网关怀工程	请网点经理或值班经理为客户进行办理，按客户挽留工作规范的规定实施“五个一”离网关怀工程	Ⅰ	定期组织学习客户挽留工作规范（建议每月一次），严格按照其中的规定进行客户挽留工作
40	客户不接受挽留坚持离网时	基本能够做到	礼貌为客户办理离网业务	Ⅱ	

以上是“以客户为中心、以流程为导向”的针对营业网点服务制订的关键时刻管理策略的具体做法。

营业网点的运营管理是一个系统工程。在建立营业网点面对客户服务关键时刻管理策略的基础上，还应从网点内部管理出发去制订关键时刻管理策略。

唯有此，才能真正运用好关键时刻这一概念及工具，将营业网点的服务提升落到实处。

案例分析

某通信运营商网点走动式服务

案例介绍

“服务是永恒的主题，不管技术怎样演进，没有优质的服务，就没有满意的客户。”与2G、3G时代相比，虽然4G时代的服务内容、方式以及服务的精细化程度在量和质上都发生了巨大变化，但服务效能不断提高，让消费者愈发省时省心，这才是服务永远的核心所在。

为此，人民西路营业厅大胆引入新的服务模式，自2012年开始尝试走动式服务。首先将全体营业员按照业务操作和引导员区分，选拔优秀的营业员做引导员，让他们从业务柜台中走出来，通过与客户的充分交流实现简单业务简单办，减少用户等待时间，复杂业务提前解释，让枯燥的柜台推销模式转变为开放的体验交流。走动式服务的关键就在于做到贴近客户、全程服务。从客户跨进营业厅的第一步开始，就会有一名人员上前引导：“您好，欢迎光临，请问有什么可以帮您？”如果客户说“我要补卡、过户”，引导员会继续询问：“请问您的身份证带了吗？”待确认证件齐全后，会继续引导“不用排队取号，请到1至4号综合柜台办理”。如果客户要办新号码，引导员会说：“您可以先通过我们的自助终端选取您满意的号码。”当客户通过自助终端选取号码后，引导员会将客户直接带到常见业务柜台受理，等客户办理完业务出门的时候，引导员又会说：“感谢您使用我们的业务，欢迎再次光临！”“一问、二引、三办、四送”连接有序，整个过程让客户感受到的是全程陪伴的贴心服务，没有半点等待的枯燥，客户的等候时长和业务办理时长分别由25分钟和4分8秒缩短至2分钟和1分3秒。

案例点评

营业网点实施走动式服务，既能更好地满足客户的业务需求，又能创造更多的网点阵地营销机会。**“有交流才有交易、有认同才有合同”**。如何优化走动式服务的流程、提升走动式服务的服务效率、营销效果，值得大家思考！

案例分析

广电运营商网点提升服务七大举措

案例介绍

某有线电视（广电）运营商将2014年确定为“优质服务提升年”。在这一年的时间里，省公司顶层设计、市县公司全力执行，交出了一份服务提升的满意答卷。下面简要地介绍其提升网点服务质量的七大举措（图1-32）。

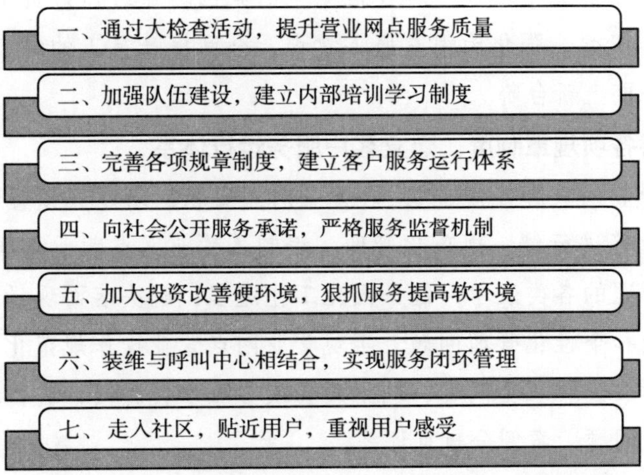

图1-32　某有线电视运营商营业网点提升服务的七大举措

一、通过大检查活动，提升营业网点服务质量

开展营业网点服务质量大检查，排定各营业网点排名和各分项指标排名（包括：服务规范指标得分率、仪容仪表规范得分率、主动性指标得分率、宣传信息指标得分率、等候时间与异动处理指标得分率、环境卫生与服务设施指标得分率等）。组织召开营业网点大检查活动经验总结表彰大会，对成绩优秀的营业网点进行表彰，对排名末位的营业网点进行通报批评。同时在总结表彰会上由先进营业网点对本次活动进行经验总结介绍，由上级对本次大检查活动中发现的各营业网点服务短板共性问题进行分析总结（包括：服务现状数据分析、图片案例展示、服务提升改进方案等）。

二、加强队伍建设，建立内部培训学习制度

加强客服管理人员和营业网点一线员工的培训。通过搜集培训需求，有针对性地聘请易道咨询广电研究院的专业讲师每年举办一至两期“营业网点客服内训”，并通过内训逐年建立营业内训师队伍。通过组织到兄弟单位或同性质

优秀企业参观交流，学习其他单位的优秀经验与方法。外引内培，既吸收外单位好的做法、先进经验，同时又用身边的先进典型带动整体服务水平的全面提升。通过在企业内部开展服务技能内部竞赛和引入“新员工导师制”，激发员工自主学习的动力。通过开展情景模拟演练，提高服务人员现场服务技能。通过客户满意度评价、服务明星评选等多项举措激励营业员做好服务工作。通过对某些服务行为提出倡导，鼓励员工积极响应，并在各营业网点内结合开展服务评比活动，优秀者给予一定奖励，让员工对一些服务行为加以关注，并将得分进行公示，在员工中形成一种良性竞争的氛围。通过抓好员工的作风建设，严肃各项工作纪律，强化为用户服务意识，全面提升员工的综合素质、能力，促进服务水平再上新台阶。

三、完善各项规章制度，建立客户服务运行体系

编制《营业网点装修规范》，对营业网点面积、功能区设置和布局、营业网点形象设计等进行统一规范化管理。编制《营业网点营业操作手册》，统一各网点后台管理的各类表单，统一固化工作流程，解决店面现场管理主要依靠个人管理经验和个性化管理问题，实现营业网点营业操作规范化、标准化。在营业网点坚持晨会和班会制度，利用晨会或者班后会时间，进行培训、工作部署、解决处理问题、案例分析点评等。

四、向社会公开服务承诺，严格服务监督机制

采取营业员挂牌上岗、向社会公开承诺服务等多种办法，加强对营业网点客户服务的督促检查。各营业大厅内设立用户意见簿和服务监督电话，并安排专人定时查看公司网站，及时受理客户投诉，及时了解和掌握社会各界和广大客户的意见和建议，接受社会舆论监督，保证客户投诉途径畅通。对客户举报、投诉的问题设立台账，监控处理结果；对督办的投诉事件，要及时处理、及时反馈、及时整改，同时对投诉及报修电话进行100%回访，让客户反映的事情件件有回音，事事有着落，以实实在在的工作成效取信于民。

五、加大投资改善硬环境，狠抓服务提高软环境

对各窗口服务员工一律要求做到挂牌上岗，为营业网点工作人员设计统一样式的四季服装。强化营业网点窗口满意度建设，引进“窗口满意度评价器”，通过联网采集客户满意度数据，纳入营业员考核指标。推行“一条龙”窗口服务，从有线电视业务受理、安装、维修等方面为客户提供优质、高效、便捷的“一站式”服务。在营业大厅悬挂收费标准公开栏，大力推行“三办”制，即随到随办、急事急办、特事特办，实行限时办结制。营业网点对客户办理各类有线电视业务，明确办结时限。坚持以人为本理念，实行便民、延时服务。在营业网点的演示区放置读报栏，及时更新，供客户观阅；增设桌椅板凳，提供纯净水便民设施，增加数字电视演示区，安排专人负责对咨询和办理业务的用户进行讲解服务。在营业网点实行双休日、节假日双岗值班、错时上班制度，实现全天候上班制度，保证客户随到随办。加大硬件投入，改善为民服务条件。增设叫号排队机等，增设一米线、隔离带。为用户提供宽敞明亮、整洁舒适的缴费环境。

六、装维与呼叫中心相结合，实现服务闭环管理

对客服呼叫中心进行定性和定量考核管理，将客服呼叫中心和装维服务工作进行紧密结合，实现服务闭环管理，实现流程的电子化、精确化。对各流程、各环节进行时效管理和考核，如一般故障从装维服务人员接单至故障解决回单，要求4小时内完成。将城区有线电视网络进行包片服务，呼叫中心与装维人员电子化联动，呼叫中心实行回访，要求每一单装维都要让用户满意，并纳入对装维人员的绩效考核。开展网格化用户包片服务，建立用户申报、派单、回访、考核的闭环流程，实行用户安装维护限时制，对装维人员进行回访评价，切实提高用户满意率。

七、走入社区，贴近用户，重视用户感受

定期开展暑期进小区优惠服务月活动，成立流动营业网点深入小区，现场受理业务，现场维修服务。通过组织干部职工利用下班和节假日到城郊回迁安置点开展便民服务，解决城郊用户业务办理难的问题。通过字幕、短信外呼、小区宣传等各类宣传手段做好电视频道调整宣传，减少频道调整对用户的影响。开展为老人代缴收视费活动，对行动不便的老人，由用户服务部人员主动上门送去发票，代收收视费。对即将到期的用户，采取一对一电话温馨提示。新建副营业网点，开办多个收费代理点，方便用户缴费。通过上述工作，使有线电视的服务品牌走入社区，走入用户的心里。

案例点评

该广电运营商对营业网点优质服务的重视值得称赞，省公司层面的系统周密的顶层设计，市县公司的不打折扣的全力执行值得学习；特别是其从组织制度、人员培养、环境改善、系统支撑、效果固化等方面，为系统提升服务、实现网点产能提升的创新服务营销的举措，值得效仿！

案例分析

网点运用峰终理论提升客户满意度

案例介绍

客户满意度是指客户通过对一个产品或服务的感知效果 / 结果与其期望值相比后所形成的愉悦或失望的感觉状态。

一、运用峰终理论梳理网点服务全景图

2002年诺贝尔经济学奖得主丹尼尔·卡恩曼（Danny Kahneman）将源于心理学的综合洞察力应用于经济学的研究，他提出了著名的“Peak-End Rule”（峰终规则），指出影响人们体验的是所谓的“峰”和“终”两个关键时刻的经验。**在“峰 (Peak)”和“终 (End)”时的体验，主宰了客户对一段体验的好或者坏的感受，而跟好坏感受的总的比重以及体验长短**无关。

也就是说，如果在一段体验的高峰和结尾，你的体验是愉悦的，那么你对整个体验的感受就是愉悦的，即使这次体验中总的来看更多的是痛苦的感受！

根据峰终理论，基于客户的消费过程，梳理出网点服务全景图（图1-33），并提炼出与客户满意度有关的关键点。

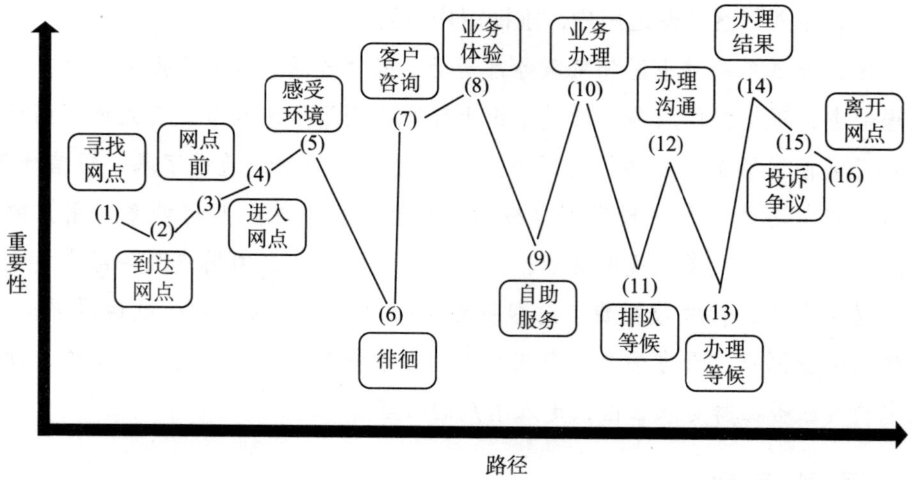

图1-33 基于客户消费过程轨迹“峰”与“终”构建营业网点服务全景图

二、运用峰终理论提升客户满意度

围绕着利用峰终理论梳理出来的16个营业网点服务关键接触点，可以采用以下措施确保服务有形化。

（一）明确影响客户感知的关键接触点

首先在营业网点中，将网点服务流程中能够有形化同时能够影响客户感知的点找到。如图 1-34 所示，在营业网点峰终理论的网点服务流程全景图的约 16 个关键点中，找出影响客户感知的 10 个点。

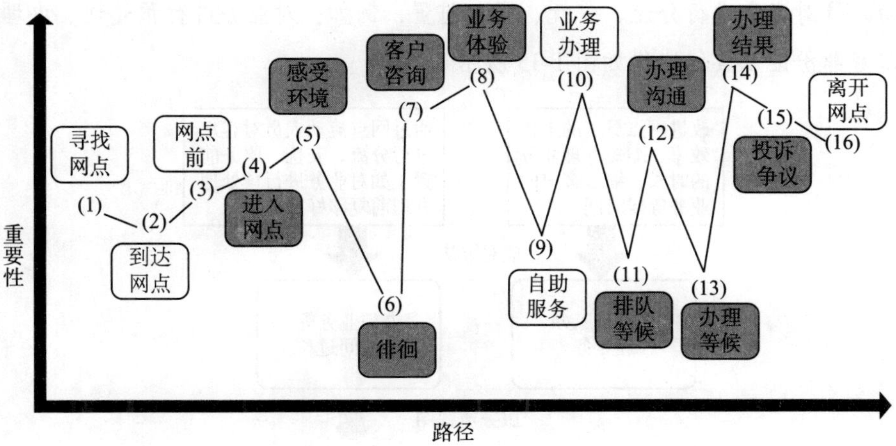

图 1-34　影响客户感知的 10 个网点服务流程关键接触点

针对以上 10 个客户感知关键点，提炼出以下客户感知关键词，如表 1-2 所示。

表 1-2　客户感知关键词

阶段	1	2	3	4	5	6	7	8
	寻找网点	到达网点	网点前	进入网点	感受环境	徘徊	客户咨询	业务体验
客户感知关键词	方便查阅到周围网点的信息	网点容易识别	整洁、秩序、宣传信息	问候、指引	环境、面貌、导购	适当关怀	礼貌、专业解答	疑难解答
阶段	9	10	11	12	13	14	15	16
	自助服务	业务办理	排队等候	办理沟通	办理等候	办理结果	投诉争议	离开网点
客户感知关键词	无故障	解答、体验、效率	时长预知	礼貌、专业解答	互相微笑服务	准确、礼貌、细节	态度、解决问题	感谢

（二）通过服务的有形化来提升客户满意度

在找到了关键接触点的基础上，再根据每一个点的特点及客户感知的不同，通过服务有形化来增大客户容忍度，达到提升客户满意度的目的。

下面就网点排队等候这个问题，从网点业务办理时长这个角度来分析如何通过服务有形化来提升客户满意度。

一般而言降低客户在营业网点的等候时长，往往采用：改进网点员工的工作效率，缩短网点员工办理业务的时长、缩短客户的业务等待时间；通过网点内流动人员对客户进行分流、安抚、服务前置，例如：对业务进行预处理、办理前复印好身份证（具体流程如图 1-35 所示）。

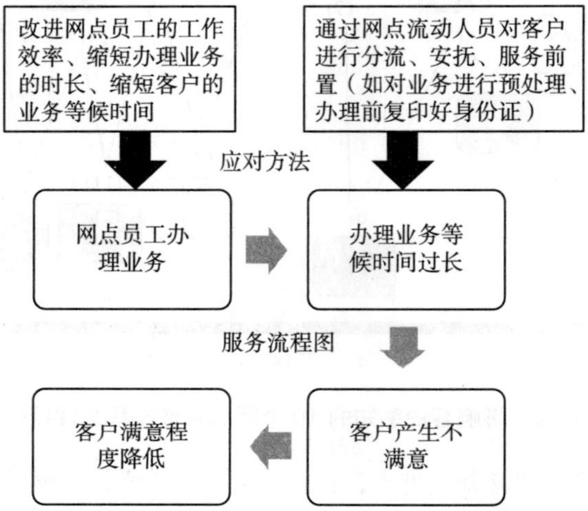

图 1-35　营业网点降低客户等候时长的常规服务流程图

在此过程中，容易出现的问题有：网点员工办理业务时压力过大，尤其是在长时间的业务高峰时段，业务办理自然速度降低；客户不知道等待时间，不停地询问流动人员，网点人员在繁忙时间不能兼顾所有厅内人员。

对排队等候的部分进行峰终点的分析，可以发现：客户排队等候时间不能太长、能够知道大约等候时间是客户最为关注的峰值所在。客户在不知道需要等待多长时间的情况下会自己定义一个等待时长，一但超过，就会引起客户的不满意。这个等待时间就是客户的容忍度。

通过服务有形化来增加客户的忍受时长，就等于提升了客户的满意度。至此提出了四点改善建议：第一点，告知客户前方还有几人等候；第二点，告知客户前方有多少人办理“长时间业务”；第三点，当客户办理“长时间业务”时，告知客户；第四点，为客户提供等待时间的“消遣”。

以上四个举措可以概括为**业务分类有形化、业务流程有形化、业务时间有形化**，其中所采取的具体办法如下。

业务分类有形化：对于营业网点的业务进行分类，分为“长时间业务”“正常业务”。营业网点的长时间业务占业务种类总数的比例较少，例如：客户开户、销户耗时较长，要给客户以明确的概念。

业务流程有形化：将“长时间业务”流程以单页的形式展现出来，在一段时间内，推广业务办理流程，让客户知道哪些业务耗时较长，耗时较长的原因是什么。注意：网点为客户提供的是相对来讲较为正常甚至宽松的时间概念。

业务时间有形化：对不同类型的营业网点制订策略机制，通过各种方式在营业网点的繁忙时间向客户传达：排在你前面的还有多少客户，“长时间业务客户”有多少，你需要等多长时间，等等。

经过上述服务有形化的处理，将等待时间长的原因摆在客户面前，客户进入处于忙时营业网点后，会知道“我前面有多少人”“我要等多长时间”“我办理业务要多长时间”，之后，客户根据自己的情况做出判断，如图 1-36 所示。

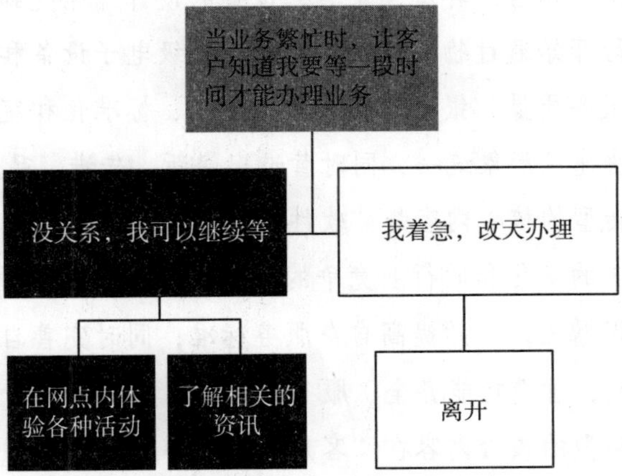

图 1-36　运用服务有形化降低客户排队等候时长

客户知晓的等待时间在客户了解流程的基础上成为了客户的心理预估时间，从而减少因为等待时间长而造成的不满意，增加了客户的容忍度，从而提升了客户满意度。

案例点评

通过运用服务有形化，降低客户排队等候时长的案例，很好地说明了“**在营业网点的运营管理工作中，以峰终理论为基础，通过有形化来适当降低客户期望，达到提升客户满意度的目的**”这一观点的可行性。

运用峰终理论提升网点客户的满意度，基于客户消费流程分析，通过“业务分类有形化、业务流程有形化、业务时间有形化”等关键动作，能提升客户满意度，达到“事半功倍”的效果。

案例分析

国内银行网点三次转型发展历程

案例介绍

随着时代和经济的发展，银行网点也在不断地调整自身的结构和服务，成功完成了两次转型升级。现在国内银行与国外成熟银行接轨的步伐正在日益加快，各大银行都在积极实施第三次银行网点转型，以更加精细化、个性化的服务和形象来迎合激烈的行业竞争。

第一次网点转型升级以“硬件”升级作为核心，简称为“硬转”。

随着国内商业银行第一轮的发展，银行开始注意到自身的整体形象、硬件设施所存在的不足与落后，环境、家具、设备的设计开始受到银行的关注。在这次转型中，银行开始通过物质情境的布置，升级电子设备和系统渠道来提升自身形象，提高服务质量。银行开始采取工业化、标准化和定制化的方法使网点的建设高效、快速且形象统一，同时营造出崭新、先进、品牌化的感觉。

第二次网点转型的核心内容是“软件”的升级，简称为“软转”。

随着客户需求的变化和同行业竞争的增加，为了吸引更多的客户，国内商业银行的服务意识增强，开始提高自身服务标准，同时完善自身业务内容，提升网点的综合功能，营造功能齐全、服务到位的网点氛围。

第三次网点转型的核心内容在“客户”和“精细”之上，简称为“整转”。

经济的发展和新的金融危机的出现导致了金融市场动荡不稳的局面，虽然目前全球经济正在开始复苏，但恢复速度十分缓慢。同时，伴随着银行监管要求的提高，以及利率市场化、金融替代行业增多等情况，银行业面临着前所未有的竞争局面。

在“硬转”及“软转”的基础上，第三次银行网点转型的核心定位在“客户”和“精细”之上。银行网点的业务内容和服务方式的设定建立在对客户进行细分研究的基础上，针对具有不同需求、不同投资能力的客户，设计更加个性化的业务和产品。同时，银行提高自身服务标准，提高银行工作人员的个人素质和服务意识，注重人性化、亲和力的培养。另外，银行开始注重用户体验，在开辟和完善网上银行、电子银行、互联网金融等更加快捷便利的服务渠道的同时，努力确保交易进行的安全性和舒适性，以更加人性化的用户体验，提高客户的满意度。

案例点评

银行网点，跟随市场步伐及客户需求的变化，从“硬转”到“软转”再到“整转”这一转型发展历程（表1-3），既体现了银行网点定位、角色、功能的变化，也体现了不同发展时期银行的转型发展目标及转型内容，其转型经验及做法值得其他行业网点学习。

表1-3　国内银行网点转型发展历程

转型次数	转型类型	转型内容	转型目标
第一次网点转型	硬件升级	升级电子设备、系统渠道	网点的标准化、定制化，营造崭新、先进的感觉
第二次网点转型	软件升级	提升服务水平、综合功能	提高服务标准，打造服务型银行
第三次网点转型	服务升级	再造服务流程，增强销售能力，改善用户体验	打造零售型银行

工具运用

广电运营商网点服务关键动作

序号	接触时机	关键动作
1	迎客	热情问候；了解客户需求，协助客户取号排队，进行身份与证件验证、新开户单据填写及网络资源核查等业务预处理
2	分流	对办理简单业务的客户引导至电子渠道或自主终端，复杂业务引导至台席办理
3	等候关怀	对等待时间长或烦躁不安的客户进行主动关怀，引导客户前往体验区进行终端与应用的体验
4	咨询服务	耐心给予客户详细、准确、高效的解答
5	业务受理	业务办理结束前，必须告知客户套餐内容及费用、超出套餐的资费标准、合约机的在网期限、套餐 / 产品有效期、到期续约方式等
6	投诉处理	严格执行首问负责制，严禁用“这是内部规定 / 公司这么要求的 / 不归我管 / 无法解决”推诿、搪塞客户，对客户投诉进行编号 / 录入系统
7	终端与应用辅导	①根据客户群特点、年龄、消费预期和使用习惯等推荐终端，引导客户试用、体验 ②告知并演示标清与高清的对比；时移、回看、宽带等功能；手机电视的演示；电视营业厅、网上营业厅的使用；合作电视机厂商的设备、定制机；智慧社区，智慧家居，智慧医疗等服务讲解及演示；以及新开办的业务
8	自助服务	①引导客户使用自助终端，客户提出需要时，辅导客户使用自助设备 ②主动推介电子渠道
9	客户挽留	了解离网原因，积极推荐其他业务进行维系挽留
10	送客	询问客户对服务的意见、留下联系方式并递上服务联系卡，告知服务热线等

工具运用

网点营业员行为规范检查标准

营业网点：　　填表日期：　　检查人：　　营业员签字：

类别	检查项目	检查标准	检查情况	检查说明
服务类	仪容	淡妆、长发盘起、头发整洁、指甲干净、不佩戴饰物（不达标每次扣0.5分）	达　标（　） 不达标（　） 扣（　）分	
	仪表	工作服、黑皮鞋、丝巾、工号牌（不达标每次扣0.5分）	达　标（　） 不达标（　） 扣（　）分	
	仪态	标准站姿、坐姿、走姿、手势、日常礼仪（不达标每次扣0.5分）	达　标（　） 不达标（　） 扣（　）分	
	服务规范	①主动微笑服务 ②五声服务和三心服务 ③唱收唱付和双手递接 ④服务态度诚恳热情 ⑤使用规范服务用语 （不达标每小项扣1分）	达　标（　） 不达标（　） 扣（　）分	
	服务纪律	①暂时离席出示暂停服务牌 ②营业时间不做与工作无关的事情，不串岗、聊天、吃食物、玩手机等 （不达标每次扣0.5分）	达　标（　） 不达标（　） 扣（　）分	
	服务质量	①客户咨询投诉执行首问负责制 ②不推诿拒办业务 ③业务办理按规定资费价格办理和操作 （不达标每次扣0.5分）	达　标（　） 不达标（　） 扣（　）分	
日常类	考勤	迟到早退每次扣1分	达　标（　） 不达标（　） 扣（　）分	
	环境卫生	岗位桌面干净整洁、桌面上不放与业务无关的物品，资料和器材摆放整齐等（不达标每次扣0.5分）	达　标（　） 不达标（　） 扣（　）分	
	其他制度	视违反情况每次扣0.5～10分	达　标（　） 不达标（　） 扣（　）分	

第二章

网点制度管理之道

——从服务管理阶段转型至规范管理阶段

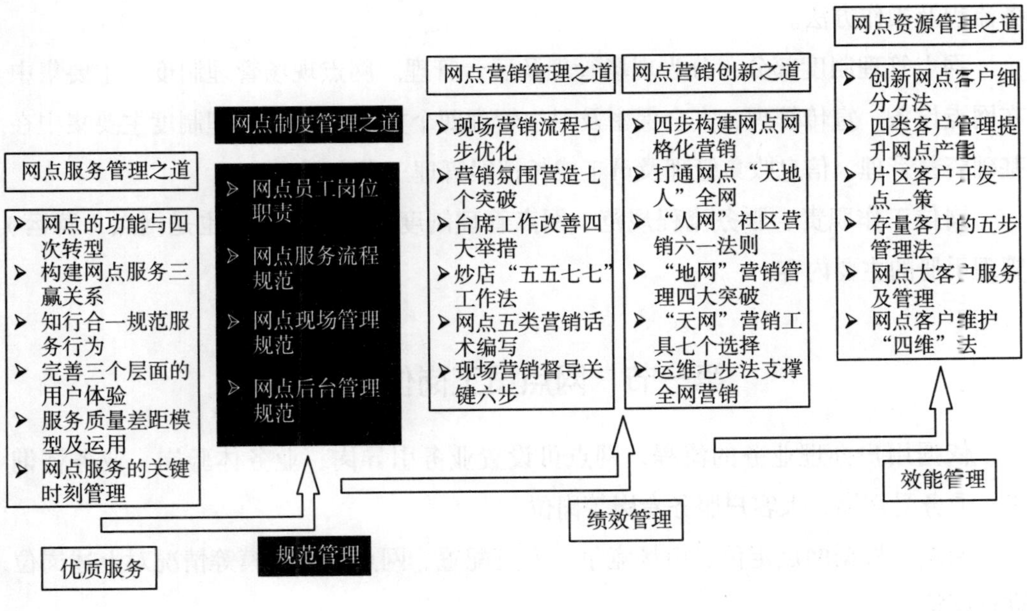

网点管理，首先是规范、是科学，然后才是个性、是艺术。

规范及科学强调的是对事及过程的管理；个性及艺术强调的是对人及网点资源的运用。

网点运营及管理从服务管理到规范管理，也可以称为网点从经验管理到科学管理的一次飞跃。

规范管理，离不开制度的建设。制度，不是单纯的条条框框，不是锁在抽屉里及张贴在墙壁上的表格和文字。制度，应该成为指导网点各岗位、各项服务的指导性文件、职责流程、培训纲领及考核标准。

本章以广电运营商为例，针对营业网点运营的现状，吸收三大运营商及其他行业营业网点管理制度的先进经验，从网点岗位工作职责、服务流程、前后台管理制度等方面，梳理并优化网点管理的相关制度。这也是网点产能提升之道的第二步，从服务管理阶段转型至规范管理阶段的基础。

岗位工作职责部分，针对网点业务引导岗、业务体验岗、业务咨询岗、业务办理岗、大客户服务专岗等岗位，明确各岗位的工作要求及内容。

服务流程规范部分，明确业务受理、客户咨询、投诉处理、现场营销、自助服务、客户挽留、大客户接待等业务的工作范围、要求，并用图表的方式明确各项服务流程及操作方法。

网点管理制度部分，分为现场管理及后台管理。网点现场管理制度，主要集中在网点设备、宣传管理、安全保密及卫生管理四个方面；后台管理制度主要集中在基础资料管理、信息收集管理及员工成长档案管理三个方面。

岗位工作职责、服务流程规范、网点管理制度这三大内容，也是网点（营运）管理手册的主要内容。

第一节　网点员工岗位职责

依据用户办理业务的流程，网点可设置业务引导岗、业务体验岗、业务咨询岗、业务受理岗、大客户服务专岗等岗位。

网点可根据网点定位、市场竞争、人员配置、网点业务规模等情况对上述岗位进行调整。

一、网点营业

（一）业务受理

1. 工作职责

遵守各项规章制度，主要为客户办理公司已开展的各类业务和受理客户咨询，并主动向客户推荐各种业务。

2. 工作内容

（1）为客户办理各种业务，如：开户、缴费、补 / 换证（卡）、停 / 开机、过户、迁移、启用、业务变更等业务。

（2）为客户提供业务咨询，解答客户业务或服务疑义，做好离网客户挽留工作，及时掌握各种新业务，并向客户主动推荐。

（3）主动了解客户对服务或业务的各种建议，及时向上级反馈，并提出合理化建议。

（4）做好各项工作交接手续（班次、档案、现金的交接），保证资金及时入账。

（5）及时做好各类营业日报表的统计及上报工作。

（6）参加公司和部门的培训等各种活动。

（二）客户咨询

1. 工作职责

遵守各项规章制度，接听电话回答客户在电话中提出的各种问题和咨询，解答客户现场提出的问题和咨询。

2. 工作内容

（1）接听电话，为客户解答在电话中提出的各种问题和业务咨询，如问题需要其他部门解决，应代客户与其他部门进行联系沟通，最后将结果告之客户。

（2）为客户查询业务使用情况，包括业务到期日、客户的账户余额等。

（3）解答现场客户提出的各种问题及业务咨询。

（4）对于自己无法解决的特殊或疑难问题，尽快向相关人员请教，给予答复；执行首问负责制，不推诿客户；对于无法解决的抱怨或投诉客户，及时交相关投诉受理部门进行调解或上级进行处理。

（三）离网挽留

1. 工作职责

遵守各项规章制度，对有离网倾向的客户进行挽留；对要销号的客户，记录原因、统计并分析。

2. 工作内容

（1）对有离网倾向客户按流程进行挽留。

（2）对有离网倾向的集团客户与个人大客户做好挽留工作和及时上报工作。

（3）为挽留不成功的客户办理退户手续，并记录客户退户原因，形成退户统计表，每月上报。

二、业务导办

（一）迎送引导

1. 工作职责

遵守各项规章制度，负责客户的迎送、引导、分流，维护营业网点内秩序等工作。

2. 工作内容

（1）对进入和离开营业网点的客户主动进行迎接和送别。

（2）主动指引客户去需要办理业务的席位或区域。

（3）维护厅内的营业秩序，在人流量大时对客户进行分流，当客户出现拥挤、抽烟、损坏设施等状况时，运用礼貌和较巧妙的方式进行制止。

（二）流动咨询

1. 工作职责

遵守各项规章制度，负责受理客户咨询、处理投诉、业务宣传等工作。

2. 工作内容

（1）及时解答客户提出的咨询问题，对于自己无法解决的特殊或疑难问题，向相关人员尽快请教后答复；执行首问负责制，不推诿客户。

（2）对于无法解决的抱怨或投诉客户，及时交相关人员或上级进行处理。

（3）根据客户的特点，主动向客户赠送宣传资料，主动向客户介绍、推荐业务或服务。

（4）保持工作区间内的整洁干净，及时整理和补充宣传资料，客户走后及时清理相关区域。

（5）负责开、关各类客户自助设备、演示设备，保持设备的正常运行。对于使用自助设施有问题的客户，应主动提供帮助，指导并教会客户操作和使用。如有宣传资料和营业用品缺失请及时申领。

（6）参加公司和部门培训等各种活动。

（三）业务展示

1. 工作职责

遵守各项规章制度，为客户提供业务展示、业务推广和办理，解答客户疑义。

2. 工作内容

（1）为客户提供业务宣传展示服务，宣传并推广公司业务。

（2）帮助客户解决关于业务方面的疑问和投诉。

（3）为客户查询、办理、退订等业务提供服务。

（4）进行各业务的现场促销活动。

（5）保管业务演示设备，并能对其进行日常维护和简单故障处理；如遇演示设备损坏或缺失，须及时报告值班经理或上级领导。

（6）对客户业务咨询问题的类型进行分类统计。

三、其他

（一）大客户接待

1. 工作职责

遵守各项规章制度，为大客户提供优质、优先的服务，同时负责大客户专区环境、秩序的维护工作。

2. 工作内容

（1）为大客户办理各类业务。

（2）解答大客户业务及服务的咨询，解决大客户各项投诉问题。

（3）对有离网倾向的大客户做好挽留工作和及时上报工作。

（4）受理大客户的电话预约服务。

（5）参加公司和部门培训等各种活动。

（二）值班经理

1. 工作职责

遵守各项规章制度，负责值班当天的营业网点现场管理工作，保障营业网点的现场运作。

2. 工作内容

（1）进行现场巡视，对服务环境、设施、秩序、人员进行日常管理，做好巡视记录。

（2）进行现场交接班工作。

（3）解答下属营业人员在服务过程中无法解决的疑难问题，处理客户投诉问题、突发的事件，对于自身无法解决的问题及时向上级反映。

（4）根据现场客流量与营业状况进行工作台席的调配与排班。

（5）对于客户留下的书面意见和建议进行批复与回访，并将好的建议进行归纳总结，提交上级部门。

（6）对于员工中存在的个性的问题，与员工进行个别交流，使员工问题得以改善。

（7）根据客户的实际情况，与相关部门做好协调工作，确保满足客户需求；按时、按质完成公司上级临时交办的各项工作。

第二节　网点服务流程规范

一、业务受理服务规范

制订营业网点日常的现场业务受理和服务管理工作规范，其目的在于：明确营业网点现场业务受理的工作标准，保证营业网点日常业务受理工作的顺利开展，最终达到提升员工服务水平和提高客户满意度的目的。

（一）业务受理范围

（1）有线模拟电视、数字电视、有线宽带的入网初装受理。

（2）各种业务申请、业务变更受理。

（3）各类机顶盒、线材的销售。

（二）工作要求

（1）当客户的受理内容有待进一步的跟进追踪时，营业员要及时准确地记录相关内容，以待查询解决。

（2）要积极跟进客户的待办事宜，予以快速回应。

（3）通过日常的业务受理过程，及时归纳和总结，提高服务技能。

（三）营业网点现场业务受理服务流程（图 2-1）

二、客户咨询服务规范

制订营业网点日常的客户咨询服务管理和服务工作规范，其目的在于：明确营业网点客户咨询的工作标准，保证营业网点日常服务工作的顺利开展，最终达到提升员工服务水平和提高客户满意度的目的。

流程　　工作要求/说明

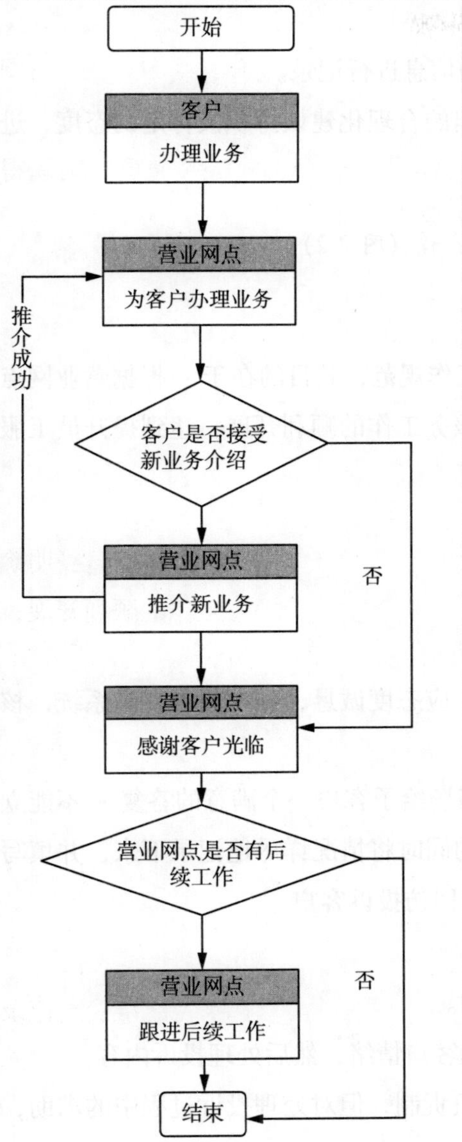

（1）客户前来办理业务时，双目注视，微笑示意，同时伸出右手，手指自然并拢，示意客户请坐，并致问候。

（2）详细询问客户需求，识别确认客户身份，提供相应的专业服务。

（3）当客户递上资料、证件时要双手相接，轻拿轻放，并致谢；返还时应将证件的正方朝向客户，再次致谢。

（4）当因业务需要离开座位时，需要向客户示意，并把座椅推进桌面，回到座位时再次向客户示意，表示让客户久等了。

（5）受理单及资料平整、正向摆放客户面前，加以说明，并用手势示意，如需用笔，及时将笔递上（笔尖朝向自己）。

（6）快速、准确办理业务。

（7）完成业务受理时，应主动询问："还有什么可以帮到您的吗？"

（8）如现场没有客户等待，现有客户表示方便，要根据客户情况，积极推介新业务。

（9）送别客户时，提醒客户携带好相关物品，并致送别语。

（10）及时将各类业务单据归位。

图 2-1　营业网点现场业务受理服务流程

（一）咨询方式及种类

（1）亲临营业网点或拨打营业网点电话。

（2）咨询种类包括：服务内容、各种业务申请、修改方法，费用查询，产品及服务使用知识等。

（二）处理咨询的要求

（1）及时予以答复，如不能及时回复，应告知回复时间。

（2）超出处理权限时，应及时上报，并告知提出者。

（3）对未经证实的信息不得向客户透露。

（4）对咨询信息进行统计，对有价值的信息进行记录。

（5）在处理咨询的过程中，对客户提出的合理化建议持积极肯定的态度，进行记录、归纳整理并进行反馈。

（三）营业网点现场客户咨询服务工作流程（图 2-2）

三、客户投诉处理规范

制订营业网点现场客户投诉处理服务工作规范，其目的在于：根据营业网点现场客户投诉处理流程，保证营业网点日常服务工作的顺利开展，达到提升员工服务水平和提高客户满意度的目的。

（一）投诉处理原则

1. 受理与反馈统一的原则

（1）执行首问负责制。

（2）所有服务人员在受理客户投诉时，应态度诚恳，利用业务支撑系统，核对相关资料。

（3）能够立即协调和解决的问题，应当场给予客户一个满意的答复；不能立即处理的投诉问题，在向客户做好解释工作的同时将情况详尽地记录下来，并填写投诉受理单提交给客服中心，跟踪处理结果，回访投诉客户。

2. 情绪稳定原则

（1）控制自己的情绪，保持冷静、平和。

（2）理解客户的心情，做好沟通，安抚客户情绪，然后处理投诉内容。

（3）积极配合原则：虽然实施了首问负责制，但对处理投诉过程中的求助，应予以积极配合。

（4）中立原则：应对客户的投诉进行实事求是的判断，不得加入个人情绪和好恶。

（5）优先原则：优先处理大客户和重要客户的投诉。

（二）投诉处理规范

1. 接受投诉阶段

（1）客户在陈述投诉理由时，不得随意打断客户的陈述，让客户把话讲完，以避免影响客户的情绪。

流　程　　　　工作要求/说明

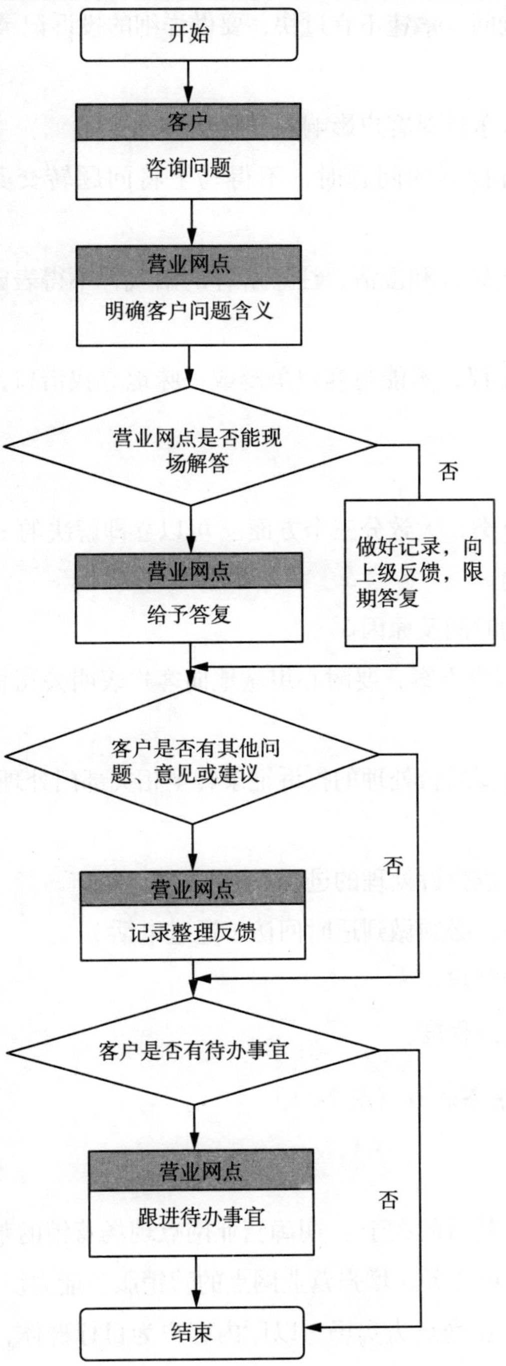

（1）明确客户问题的确切含义。

（2）营业网点能现场解决的问题及时给予答复。对无法现场解决的问题向上级反馈，限期内给予客户答复。

（3）主动询问客户是否有其他的问题或建议，对客户提出的合理化建议持积极肯定的态度，进行记录、归纳整理并进行反馈。

（4）尽可能归纳、总结、整理咨询问题。

（5）根据客户情况，向客户推介适用新业务。

（6）送别客户。

（7）对有价值的客户信息进行记录。

图 2-2　营业网点现场客户咨询服务工作流程

（2）要认真倾听，准确记忆，态度诚恳，尽量做到不让客户重述，以避免客户的不满情绪升级。

（3）适时给予客户回应，表明对这件事情的关注和重视。

（4）注意对事件全过程进行仔细询问，语速不宜过快，要做详细的投诉记录。

2. 解释澄清阶段

（1）根据客户的表述快速分析整个事件对客户影响的程度。

（2）在没有完全了解清楚客户所投诉的问题时，不得马上将问题转交其他部门。

（3）从客户角度出发，做好合理的解释和澄清，注意解释的语气，不得表露出对客户的轻视、冷漠或不耐烦。

（4）在解释过程中，如客户提出异议，不能与客户争辩或一味地寻找借口，更不要试图推卸责任。

3. 提出解决处理阶段

（1）根据客户的投诉将问题进行分类，大致分三个方面：可以立即解决的；在短期内可以解决的；现阶段无法解决的。

（2）向客户说明解决问题所需要的时间及原因。

（3）如果客户不认可或拒绝接受解决方案，要耐心坦诚地向客户表明公司相关规定。

（4）按照公司规定时限，及时将需要后台处理的投诉记录转至相关部门处理。

4. 跟踪总结阶段

（1）根据处理时限的要求，注意跟进投诉处理的进程。

（2）在客户等待处理结果的过程中，必须做到适时回访（通过电话）。

（3）处理结果出来后，要及时告知客户。

（4）关心询问客户对处理结果的满意程度。

（三）营业网点现场客户投诉处理服务流程（图 2-3）

四、现场营销工作规范

制订营业网点现场营销工作规范，其目的在于：明确营业网点现场营销的基本工作流程，指导员工有效地推介公司各项业务，增强营业网点的营销服务能力。

现场营销是指营业网点营业员以营业网点为卖场，以厅内客户为目标群体，采取介绍、演示、试用等综合手段，对公司业务进行的销售和推广。

（一）现场营销时机的选择

（1）客户办理业务的过程中。

（2）受理客户咨询过程中。

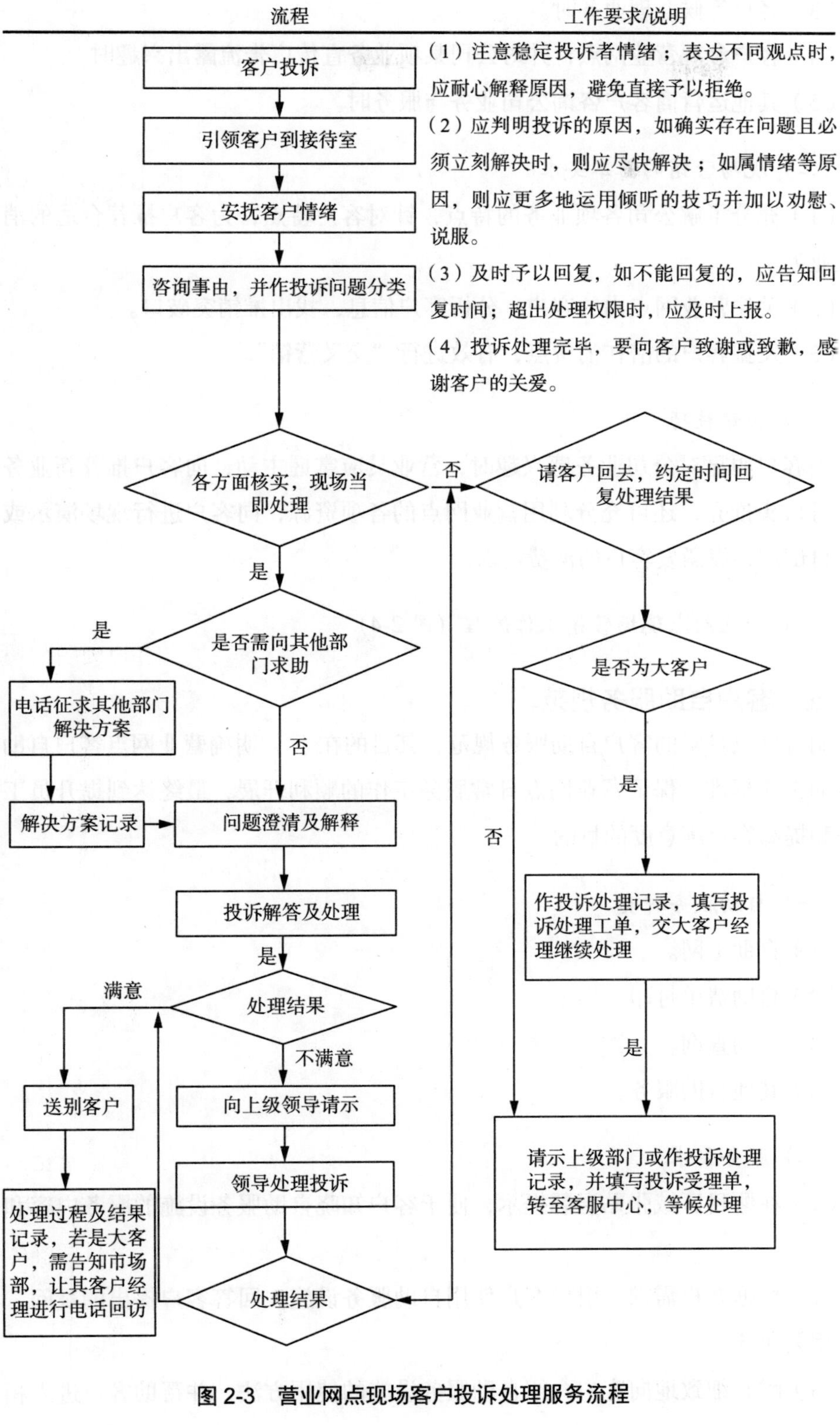

图 2-3　营业网点现场客户投诉处理服务流程

（3）客户等候办理业务时。

（4）客户参观营业网点，并对公司某项业务宣传广告流露出兴趣时。

（5）其他运营商客户咨询公司业务与服务时。

（二）现场营销的基本要求

（1）充分了解公司各项业务的特点，针对客户特点，为客户推荐合适的消费模式及业务。

（2）关注营业网点内的客户，分析客户信息，找出推销突破口。

（3）发掘客户的潜在消费点，有效进行“交叉营销”。

（三）营销技巧

当客户明显对公司业务感兴趣时，营业员应掌握主动，向客户推荐新业务，不仅进行口头推介，还可充分利用营业网点的各项资源，向客户进行现场演示或让客户亲自试用，以激发客户的消费需求。

（四）营业网点现场营销工作流程（图 2-4）

五、客户自助服务规范

制订网点日常的客户自助服务规范，其目的在于：明确营业网点客户自助服务规范的工作标准，保证营业网点日常服务工作的顺利开展，最终达到提升员工服务水平和提高客户满意度的目的。

（一）自助服务种类

（1）自助上网。

（2）自助清单打印。

（3）自助查询。

（4）其他自助服务。

（二）服务要求

（1）在醒目区域张贴温馨提示，便于客户知晓自助服务设施的服务内容和使用方法。

（2）根据客户需求，引导客户使用自助服务设施，回答客户提出的疑问，积极推介相关业务。

（3）耐心细致地向客户介绍自助服务设施的使用方法，并帮助客户进入相关的服务界面。

流程	工作要求 / 说明
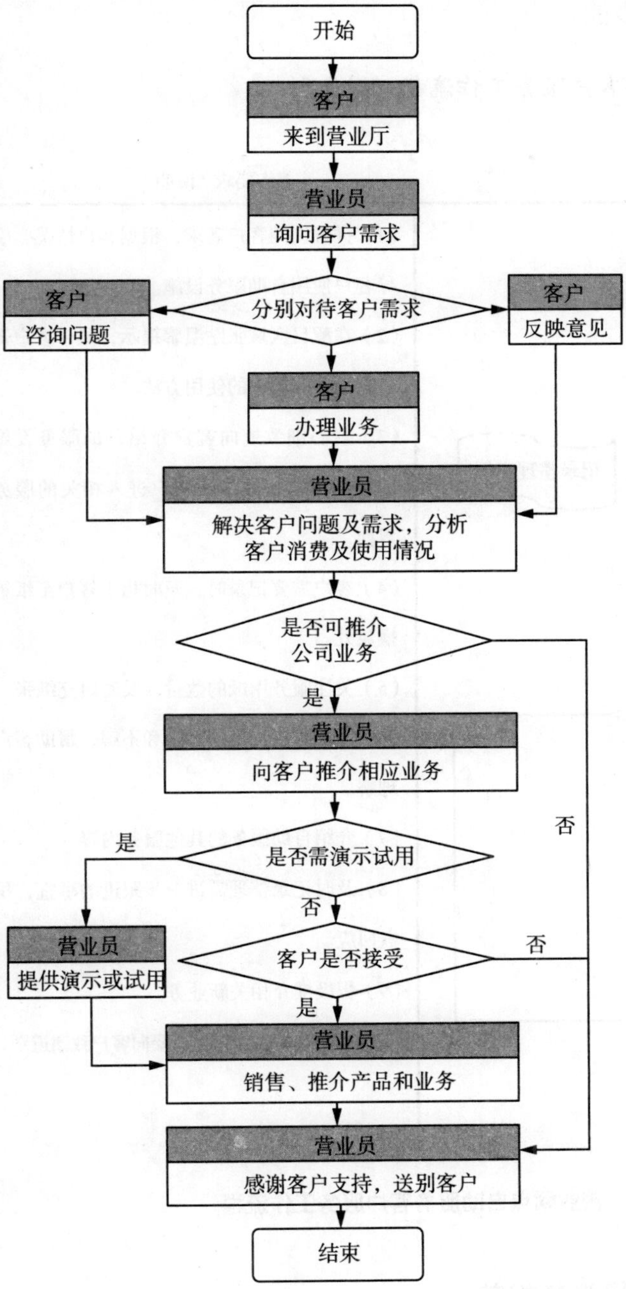	（1）以“为客户创造价值，为公司创造价值”为出发点，向客户推荐公司业务和产品。 （2）充分了解公司各项业务的特点及适应群体。 （3）关注营业网点内的客户，分析客户信息，找出推介突破口。 （4）善于与客户沟通和交流，挖掘客户的潜在消费点，有效进行“交叉营销”。 （5）与客户交流的过程中注意保持微笑，语气亲切。

图 2-4　营业网点现场营销工作流程

（4）关注设备服务用纸的数量，及时填充纸张。在客户需要记录时，及时指引客户至纸笔摆放处。

（5）及时记录整理需进一步跟进的事宜，积极回应，定期总结，提炼服务过程中的典型案例，以提高服务技能。

（三）营业网点自助服务客户服务工作流程（图 2-5）

流程　　工作要求 / 说明

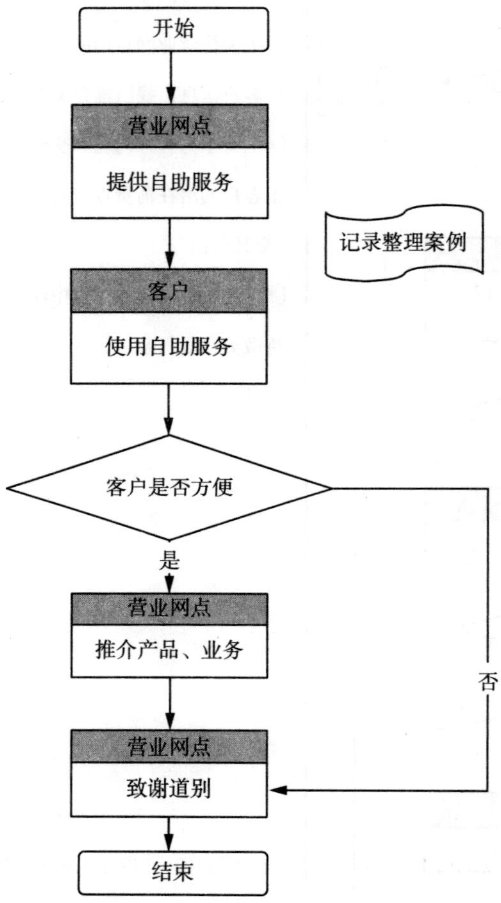

（1）详细询问客户需求，根据客户情况，引导客户使用自助服务设施。

（2）在醒目区域张贴温馨提示，便于客户知晓自助服务设施的使用方法。

（3）耐心细致地向客户介绍自助服务设施的使用方法，并帮助客户进入相关的服务界面。

（4）客户需要记录时，及时指引客户至纸笔摆放处。

（5）关注服务用纸的数量，及时填充纸张。

（6）回答客户提出的疑问和不解，帮助客户理解。

（7）介绍自助服务的其他服务内容。

（8）及时记录整理需进一步跟进的事宜，积极回应。

（9）积极推介相关新业务。

（10）客户离开营业网点，要向客户致谢道别。

图 2-5　营业网点自助服务客户服务工作流程

六、营业网点客户挽留服务规范

制订营业网点客户挽留服务规范，可以应对激烈的市场竞争，有效挽留客户，为公司制订市场策略提供依据。

（一）实施对象

（1）办理销户的客户。

（2）有离网倾向的客户，如：抱怨客户、咨询竞争对手、咨询有关销户事宜的客户等。

（二）工作规范

1. 指导原则

以挽留客户为工作核心，对 ARPU 值（Average Monthly Revenue Per Unit，指平均每个用户每月贡献的业务收入）高的客户应进行重点挽留；定期整理和分析客户离网的原因，为公司提供决策依据。

2. 挽留流程

（1）对前来营业网点进咨询和退户业务的客户，应首先询问其离网原因。

（2）对于高价值客户，营业网点负责人、值班经理需高度重视，引导客户到客户接待室进行挽留。

（3）根据客户的离网原因和业务消费情况进行有针对性的挽留工作，并做好相关记录。

（4）能挽留的客户我们要感谢客户对公司的信任；对不能挽留的客户，请客户留下联系方式和意见建议，并感谢客户之前对公司的支持。

（5）集团客户离网处理：两个以上（含两个）高价值客户或者集团客户要求退户或了解到有离网倾向时，无论是否成功挽留，应立即通知相关部门［应填写《集团（VIP）用户离网倾向通知单》］，相关部门（市场部 / 客服部）应安排客户经理进行跟进挽留。

（6）对客户离网情况应进行及时记录和分析，为离网挽留工作提供指导性建议和依据。

3. 挽留策略

针对不同类型（是否高价值客户、离网倾向程度）的目标客户群，灵活运用公司制订的各方面策略（如资费、终端、积分等）对客户进行挽留，最大限度挽留客户。

（三）营业网点客户挽留服务流程（图 2-6）

七、网点大客户接待服务规范

大客户是指使用公司的业务种类多、业务量大、对公司经济和社会效益具有重要作用的客户。

网点大客户接待服务规范的相关要求详见第五章“网点资源管理之道”。

流程	工作要求 / 说明

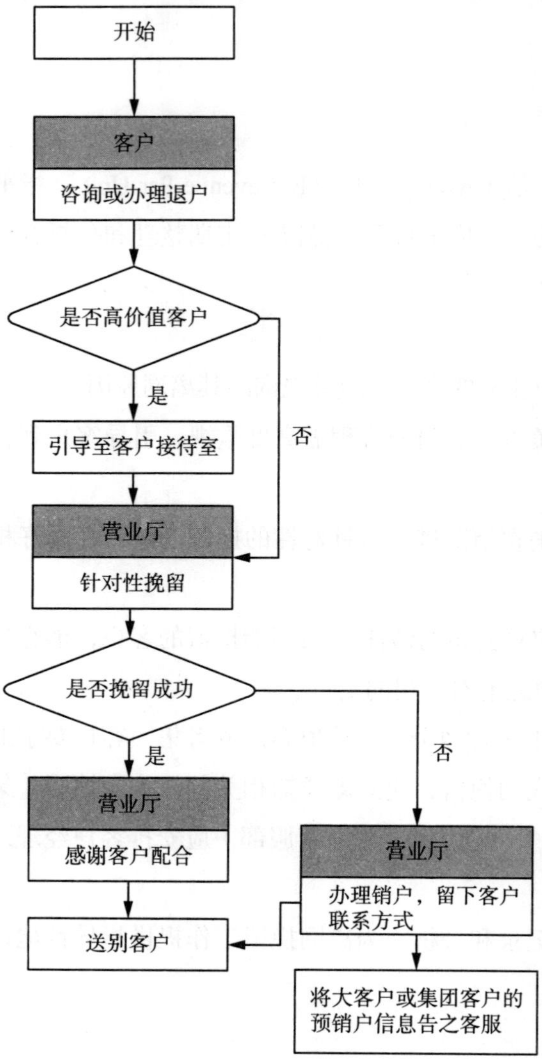

（1）对前来营业网点进咨询和办理销户业务的客户应首先询问其离网原因；征询时应注意问话技巧，避免引起客户反感。

（2）对于高价值客户，营业网点负责人、值班经理需高度重视，引导客户到客户接待室进行挽留。

（3）根据客户的离网原因和业务消费情况进行有针对性的挽留工作，并做好相关记录。

（4）能挽留的客户我们要感谢客户对公司的信任；对不能挽留的客户请客户留下联系方式和意见建议，并感谢客户之前对公司的支持。

（5）集团客户离网处理：两个以上（含两个）高价值客户或者集团客户要退户或了解到有离网倾向时，无论是否成功挽留，应立即通知相关部门［应填写《集团（VIP）用户离网倾向通知单》，相关部门（市场部/客服部）应安排客户经理进行跟进挽留。

图 2-6　营业网点客户挽留服务流程

第三节　网点现场管理规范

网点现场管理主要集中在网点设备、宣传管理、安全保密及卫生管理四个方面。我们先从制度层面对设备、宣传、安全及卫生管理工作进行规范。

一、设备管理制度

设备管理制度适用于营业网点内部各类演示设备、业务设备、自助服务设施、各类 IT 网络设备、电视机。制订设备管理制度，其目的在于:为了更好地服务客户，有效使用营业网点演示区域各类设备、业务设备、自助服务设备、IT 网络设备，并使其发挥更好的业务推广作用。

营业网点服务设备特指业务终端设备、业务演示电视、机顶盒、演示厅、电脑、其他演示设备、自助服务设备、饮水机、咖啡机等。

营业网点值班经理和业务导办负责对现场各类服务设备的检查与监督。

（一）设备使用原则

（1）在营业时间，演播设备应处于使用状态，或者播放业务宣传片，或者其他有关的业务介绍活动。

（2）电脑用于宽带上网演示。

（3）经常检查服务设备的状况，及时检查、维修，提高设备的使用率。

（二）服务设备的申请及使用

（1）业务演示设备、设施可根据实际需要，向公司递交申请。

（2）业务演示设备必须摆放出来，给客户试用。营业网点应明确保安员的工作就是保证安全，在营业时间不应让保安员从事与保安无关的事情，否则若出现设备丢失，营业网点负责人就是第一责任人。

（3）营业网点应确保业务演示设备表面的清洁、美观。

（4）不能将业务演示设备挪作他用。

（三）服务设备的维护保养

（1）为了保持设备的性能、精度，延长使用期，不断提高设备完好率，必须做好设备的维护保养工作。

（2）设备的维护保养工作主要包括清洁、操作系统运作是否正常、设备通电防潮等。应做到“防尘、防潮、防震”“定人保管、定期保养、定期检验”，以保证设备经常处于良好的技术状态。

（四）设备的固定资产管理

营业网点设备的固定资产管理由专人负责，并按固定资产管理办法进行管理。

（五）设备的拆改

服务设备应保持完整，不得随意拆装。如确需拆装，须先写报告阐明理曰，经由上级主管部门批准再组织技术人员进行拆改。

二、宣传管理制度

宣传管理制度适用于营业网点广告宣传用的宣传横幅标语、资料、海报、影像制品及宣传物品的管理，其目的在于使宣传能真正起到展示企业形象、推广公司业务的作用。营业网点应指定专人负责（可以由业务导办来负责）宣传管理。

（1）凡涉及公司有关整体形象、业务活动、功能介绍的宣传资料、小册子以及音像制品，统一由公司市场部负责组织编印制作。所有宣传资料、物品均为营业网点免费赠送，任何人不得以盈利为目的向客户收取费用。

（2）公司根据不同时期的宣传需要安排制作营业网点横幅或标语，营业网点应按要求进行悬挂，不得在未经批准的情况下私自悬挂自制横幅。

（3）营业网点内必须配置资料架或资料栏摆放宣传资料，要求种类齐全，最新宣传资料要及时摆放，同时要分类摆放整齐、美观，按资料时限更新资料，不摆放过期的资料。

（4）营业网点应配置海报架或宣传橱窗来张贴最新海报，要求及时张贴，做到美观大方，并按海报的时限及时撤换过期海报，保证宣传海报的最佳效果。

（5）营业网点可根据宣传需要在公司未统一制作情况下填写空白宣传海报或者自行设计宣传海报，要求版面设计做到内容详实，版面整洁，图片清晰，文字工整，层次分明，美观大方，图文并茂，注重表现力，兼顾艺术性、欣赏性和实效性，在达到宣传目的同时维持营业网点良好的店面形象。

（6）过期的宣传资料或海报可由营业网点自行处理，以不影响宣传工作和仓库摆放为原则。

（7）营业网点内必须配置影像设备以供业务的演示及推广，在营业期间，影像设备必须播放与公司业务有关的介绍片或广告片，中间可适当插播轻音乐以舒缓营业网点的忙碌紧张气氛.

（8）宣传物品要根据物品的性质摆放或悬挂在适当位置，要求显眼、美观，过期的物品应及时撤换。

（9）宣传礼品包括公司统一发放礼品和营业网点因特殊事项另行申请的礼品两类，营业网点应根据实际需要提交预算和申请，并跟踪礼品的派发情况，做好登记。

（10）营业网点应设立专人负责宣传资料、物品的管理，按本管理办法执行有关规定，并对宣传资料、物品的使用进行统计，按需求提出申请，确保宣传资料、物品的合理使用，避免因申请不当积压仓库造成浪费。同时，应视宣传资料、物品的实际情况，做到及时摆放、及时更新、及时反馈、及时补缺。

（11）为督促营业网点加强宣传管理工作，市场部或相关部门不定期对营业网点的宣传管理进行检查，检查结果列入当月考核内容。

三、安全保密管理制度

（一）营业网点安全生产管理

安全生产工作由营业网点负责人负责总体落实，值班经理在日常工作中对各类设备进行维护与监督。

（1）营业网点负责人应该每月定期组织员工对营业网点进行一次全面的安全检查，及时发现隐患，及时向上汇报，并提出整改措施，认真整顿，做到预防为主。同时，还需认真进行固定资产和消防器材的核对登记，及时向上级汇报相关情况。

（2）每天上班前和下班后，由值班经理组织当班人员正确开启和关闭各种带电生产设备和各种照明设备，并按要求锁好门窗。值班经理应定期对营业网点内的设备进行检查维护，如发现设备故障，应第一时间向营业网点负责人汇报，并及时采取相应的处理措施，如属于严重故障，应逐级上报。值班经理与值班人员交接完毕后方可离开。

（3）营业员上班期间，必须认真保管好各种生产工具和有价物品，如发现遗失或人为毁坏，必须及时向上汇报。除按相关规定进行等价赔偿处理和书面检讨外，给予一定经济处罚。情节严重者，另作处理。

（二）钱款安全管理

针对营业网点的日常营收款工作，确定营业网点钱款安全制度，保证每日钱款的安全，保护员工人身及公司财产安全。

（1）禁止营业员将所收款、各类公司财物带出营业网点，不能坐收、坐支公司营收款。

（2）当日营收款应在银行下班前与公司财务部门结清，当日营业尾款应在下班后锁入保险柜。

（3）营业网点负责人或晚间值班人员在每天下班后，要检查保险柜、储物柜是否锁好，报警器是否开启并正常工作。

（4）营业员在发现营收款、有价产品增加或减少时，须第一时间通知营业网点负责人进行核查，任何人不得隐瞒情况。营收款被盗，应第一时间报警。

（5）营业员应有警觉意识，协助营业网点负责人做好各类安全设施的实施和检查；认真做好交班表；积极发现现有制度的隐患问题，对异常的人和事要及时向营业网点负责人汇报。

（三）营业网点消防安全管理

营业网点负责人是消防安全管理的第一责任人，主管安全工作的保安是现场消防安全保卫工作的直接责任人。

1. 安全经营必须贯彻“安全第一、预防为主”的方针

营业网点负责人及值班经理要秉着“坚持管经营，必须管安全”的原则，经营要服从安全的需要，对违反安全经营制度和操作规范造成事故的责任者要给予严肃处理。

2. 营业网点消防安全管理的“三懂”“三会”“三能”原则

（1）“三懂”即懂得火灾危险性，懂得预防火灾的措施，懂得火灾扑救的方法。

（2）“三会”即会用消防器材，会处理事故，会报警。

（3）“三能”即能自觉遵守消防安全规定，能及时发现火险，能有效扑救初期火灾。

3. 营业网点应注意的防火问题

（1）营业网点禁止吸烟、明火。

（2）保持营业网点整洁，及时清除各类废品、杂物。

（3）严格执行电器设备使用申报制度，按电器使用规范使用电器，在使用年限范围内使用电器，严禁乱拉乱接电源线、电源插板，严禁电力超负荷运行。

（4）电器设备附近严禁摆放纸张等易燃物品。

（5）下班离开前要把暂不使用的电器（如电脑、显示器、照明灯、充电器、验钞机等）的电源关掉，确实需要开机的 PC 要设为节电方式，所有门窗要关好。

（6）严禁使用不合格电器产品和电源接插设备，对年久失效的电器要坚决淘汰。

（7）营业网点应根据国家相关规定，按防火面积配置手提式灭火器，并放置在明显、易取用和不影响疏散的位置。

（8）应设置楼层平面图和安全疏散示意图。

4. 营业网点灭火应急预案

（1）营业网点发现火情时，第一发现人应立即使用手提式灭火器进行扑救，同时进行呼叫，其他人员应积极参加扑救。

（2）在积极组织灭火的同时，按下火警报警按钮，组织疏散厅内顾客和营业人员，并及时抢救、保护好用户资料和营收款。

（3）当手提式灭火器扑救能量不足且火势继续蔓延时，应在切断起火部位电源的前提下用水灭火。

（4）迅速拨打 119 报警，报警时要讲清单位、地址、大门方向、燃烧物质及报警人姓名，并派人到路口引导。

（5）消防队赶到后，要有人尽快向消防队介绍火场情况，并积极配合进行灭火工作。

（6）在烟气较大的情况下灭火或撤离火场时，最好用湿毛巾、湿衣服、布类等掩住口鼻。

（7）在灭火中，一旦人身上着了火，千万不能跑，如果衣服能撕裂脱下时，应尽可能地脱下浸入水中踩灭，如果来不及脱，可以就地打滚把火压灭。三人以上同行时，未着火的人要镇定沉着地朝着火人身上泼水、扑打或帮其脱下衣服，但应注意不宜用灭火器直接往着火人身上喷射。

（四）营业网点信息保密制度

为了保证公司的信息安全，防止公司商业秘密外泄，除因国家安全或者追查刑事犯罪的需要，由公安机关、国家安全机关或者人民检察院依照法律规定的程序对公司内容进行检查外，任何组织或者个人不得以任何理由对公司内容进行检查。应确立营业网点保密制度，以保证公司信息的安全。

1. 公司信息保密守则

（1）保守公司商业秘密，人人有责。

（2）不得把公司商业秘密擅自带出工作区域。

（3）不得在各类媒体、互联网上擅自披露公司商业秘密。

（4）不得在非保密通信工具上探讨公司商业秘密。

（5）不得在私人信函中涉及公司商业秘密。

（6）不得在公开场合中谈论公司商业秘密。

（7）不得在个人交往中泄露公司商业秘密。

（8）不得为他人提供公司商业秘密。

（9）不该看的不看，不该问的不问，不该说的不说，不该传的不传。

2. 客户信息保密守则

（1）客户信息：因业务需要而保存的公司客户档案登记资料、客户手机资料及客户通话资料，均属于客户的私人资料。

（2）客户信息保密规定。

1）营业网点内有关客户资料的所有原件记录和电脑记录，只能作为核对客户身份、受理申办业务和联系客户的资料，不得泄露给他人。

2）客户档案登记资料须由专人负责管理，录入电脑后要及时收集、分类整理，并按有关通信保密制度归档保存。

3）各相关人员因业务关系需要查核底单时，一律由资料保管员提供，并及时归档，严禁私自翻阅。

4）因工作需要出借客户档案原件时，需经总经理或主管领导同意，并做好登记和复印保存工作，并按时跟踪归档。

5）客户需要查核其本人的档案登记资料或通话清单时，须严格核对客户身份，防止他人冒名索取。

6）执法部门因办案需要查核客户资料，属于非业务性查阅、复制客户的档案资料的情况，须有当地市处级或分局以上的公安机关、人民检察院、国家安全机关按照法律程序，提出正式书面介绍信方可办理。

7）前台服务人员须严格保守自己的电脑工作密码，严禁向他人泄露，防止客户资料非法外泄。

8）客户机顶盒 /IC 卡信息资料只作公司内部查阅所用，原始记录需要安全保存，谨防资料外泄而造成非法盗用。

9）客户相关资料在有效期过后，进行清理时，需要妥善销毁，严禁当做废品出售。

3. 客户信息查询打印

（1）管理规定。

1）营业员需要为客户提供清单查询及打印服务的，应严格按照公司业务流程规范进行操作。

2）违反上述规定擅自打印、查看客户清单资料，或未严格按照公司流程规范操作造成客户上网资料泄露的，按公司有关规定予以处理。

（2）操作守则。

1）当业务系统已取消所有清单打印和清单查询等业务菜单后，严禁员工擅自查询、打印客户使用清单，或向他人提供客户的详细上网记录，查询客户资料、查询客户银行账号等违规操作。

2）客户上网清单的查询和打印只能通过以下方式办理。

- 通过上网密码方式：客户本人或经办人借助自助终端、公司网站、客服热线或营业网点服务前台，通过输入客户服务密码获得详细上网清单。此方式下，公司的服务人员应尽可能提供积极的协助。
- 通过“客户本人 + 身份证”方式 ：客户必须持本人身份证前往营业网点服

务前台获得本人上网详细清单，不能代办。

3）单位客户可通过“经办人本人身份证＋单位证明方式”并参照处理。

四、卫生管理制度

营业网点作业区指营业网点柜台内、公众通道、客户休息等待区、业务体验区、公共区域等与客户接触的功能区域。

营业网点负责人是营业网点卫生管理的第一责任人，对营业网点的卫生负直接责任。营业网点负责人可指定专人对各区域卫生进行日常清洁工作。

（一）营业网点卫生的整体要求

（1）保洁人员对营业网点的卫生日清日扫，始终保持营业网点的卫生。

（2）营业网点应有防四害措施。

（3）营业网点应保持良好的通风、采光条件。

（4）营业人员对自己的办公休息区域卫生负责。

（5）营业网点负责人负责营业网点卫生的巡检，保安人员除负责营业网点的秩序、安全外，在正常清扫时间外应对营业网点的卫生负责。

（6）流行病、传染病等爆发期内，营业网点应有消毒和预防措施。

（二）营业网点作业区的卫生管理

（1）公众区域是营业网点卫生管理的关键点，应保持公众区域的干净、整洁。

（2）常规清扫时间外，发现地面、座椅、休息区桌面不清洁的，由保洁员、业务导办或保安人员自觉进行清理或营业网点负责人督促清理。

（3）发现客户有不良卫生习惯的，保洁员、业务导办、保安人员应委婉劝止。

（4）应在客户流动频繁的公众区域角落设置足够数量的垃圾桶，垃圾日产日清，垃圾堆满时应及时清除。

（5）湿式清扫工具齐全并整齐摆放于卫生间或不显眼的位置，坚持湿式清扫保洁。

（6）流行病、传染病爆发期间应重点对公众区域进行清洁和消毒。

（7）保持公众区域内演示设备、宣传品、海报、模型等的清洁，宣传品应及时检查是否凌乱、混杂、污浊、破损，及时整理和更换；公众触摸的演示屏、电脑键盘等应定期消毒并有“已消毒”和消毒日期标记。

（8）保持公众区域无尘、无碎纸、无口痰、无果皮杂物等，保持各类标识的干净整洁。

（三）柜台区卫生管理

（1）柜台区内本着谁的区域谁负责的原则，保持柜台区内的环境卫生。

（2）柜台应布置合理，有合理的空间摆放必要的物品，物品应分类存放，摆放整齐；台面除必要的设施如验钞机、打印机等以外，其他的表格、电脑键盘等应尽量隐蔽于台下。

（3）保持台面整洁，影响台面整洁的物品应及时清理。

（4）每个营业员台面下隐蔽位置应配备一垃圾桶，存放业务办理过程中产生的垃圾。

（5）不允许在营业区内存放个人物品和食品，严禁在营业区内吃零食、用餐。

（6）保持个人卫生，不允许有擦鼻涕、掏耳、抓头等不良个人习惯的发生；仪表仪容大方、整洁。

（7）柜台内地面应保持整洁、干净，严禁摆放杂物。

（四）门前卫生管理

（1）包卫生：定期清扫、保洁，清除垃圾、渣土、废弃物等，做到无垃圾废弃物、无白色污染、无渣土碎石、无坑洼积水等；保持营业网点外门牌、灯箱等标识无污染、无破损，保持门窗干净明亮。

（2）包绿化：负责区域内的绿化和绿化设施的维护；定期清除绿地杂草，清除废弃物及白色污染，制止破坏绿化的行为。

（3）包秩序：保持营业网点门前的卫生秩序，严禁杂乱摆放物品和随意停放车辆。

（五）公众卫生间卫生管理

（1）应保持卫生间的通风并保持地面的干净，及时清理污渍、杂物等。

（2）卫生间原则上应配备卫生纸、洗手液，有条件的可配备烘干机等卫生设备。

（3）卫生间应有除四害设施。

（4）应保持卫生间无积尿、无积便、无异味；垃圾桶尽量采用脚踏开启的密封桶，并及时清理。

（六）内部办公、休息区域卫生管理

（1）内部办公区应保持通风干燥，办公用品分类摆放整齐。

（2）办公桌面无杂物、废纸、食品、水果等，保持台面整洁、无异味。

（3）制服、工牌摆放在指定位置并保持清洁。

（4）休息区内严禁杂乱无序，休息用品摆放整齐并保持清洁。

五、现场环境管理制度

营业网点值班经理负责现场环境的管理工作，也可指定专人对各区域环境进行管理和维护。

（一）大客户室／客户接待室环境管理

1. 环境、物资管理

（1）营业网点应严格按照规范进行装修。

（2）应配备相应的服务和办公设施，如电脑、办公桌椅、办公用具、客户咨询／投诉记录设施、客户休息设施、饮水设施等。

（3）保持环境卫生的整洁，布局合理，物品摆放整齐。

2. 大客户室／客户接待室作业要求

（1）大客户室／客户接待室上班时间应保持开启使用状态。

（2）保持大客户室／客户接待室的安静，严禁大声喧哗；保持对客户应有的礼貌和礼仪。

（3）大客户室／客户接待室应有保密措施，确保客户资料的保密性。

（4）严禁闲杂人等进入大客户室和客户接待室，严禁在大客户室会见亲朋好友、戏耍玩闹或串岗聊天等。

（5）严禁在大客户室／客户接待室摆放个人用品。

（6）做好大客户室／客户接待室的安全管理，下班前应锁好客户资料和接待室的门窗，关闭设备，切断电源。

（二）业务体验区管理

1. 环境、物资管理

（1）按照公司规范要求进行装修和物资的配置。

（2）保持业务体验设备、场地、标识的干净整洁，公众触摸的设备应定期进行消毒并有已消毒标识。

（3）保持业务体验区的公众卫生，严禁业务体验区摆放杂物。

（4）场地内的宣传品应摆放整齐，防止宣传品交叉摆放、凌乱、破损和过期，及时进行清理和更换宣传品。

2. 作业要求

（1）应在上班时间保持业务演示区的使用状态。

（2）作好设备的维护工作，保持设备处于完好可使用状态。

（3）严禁使用业务体验设备进行个人娱乐活动。

（4）严禁业务体验场地摆放个人物品，严禁上班时间在体验区会见亲朋好友、戏耍玩闹或串岗聊天等。

（5）做好业务体验区设备的安全管理，下班前应存放好可移动设备，关闭设备，切断电源。

（三）网点门前管理

1. 门前环境管理

营业网点门前应严格按公司标准安装标识系统产品，包括：门头、灯箱、门牌、指示牌、广告牌、营业时间铭牌、玻璃贴膜等。

2. 门前区域及环境设施

（1）为客户提供免费停车服务，并保持车辆停放的整齐。

（2）营业网点入口处，应设置无障碍通道，方便残障人士出入。

（3）灯箱、装饰、照明灯应保证夜间开启。

（4）营业网点门前应设置绿地或绿色植物装饰，美化环境。

（5）营业网点门前不准出现无证经营的小商小贩摆摊设点、兜售货品。

（6）按照营业网点门前卫生管理相关规定，保持门前干净整洁。

（7）若门前有宣传架、模型等设施，应在下班后收回，在营业网点内妥善保管。

六、突发事件处理制度

突发事件处理制度适用于营业网点突发事件的处理工作，其目的在于：确保处理问题的各环节畅通无阻，提高员工处理特殊事件的技能，使紧急事件处理制度化、责任化和透明化。营业网点负责人与值班经理负责突发事件出现时的现场处理工作。

（一）营业网点突发事件分类

（1）业务系统突发故障，如营业网点终端PC机出现故障问题、业务系统出现突发故障等。

（2）营业网点紧急停电，如营业前紧急停电、营业途中紧急停电等。

（3）各种紧急安全事件，如营业网点发生打架闹事、偷窃、抢劫、火灾、群体性投诉等事件。

（二）突发事件处理原则

对于突发紧急事件的处理，要及时采取应急措施，积极认真处理，将不良影响控制到最低限度。

（三）业务系统故障引发的紧急事件处理

当业务系统发生故障时，营业员应立即报告给相关的值班经理，值班经理根据故障的类别（软件还是硬件）、故障的性质、影响的范围采取以下相应的措施。

（1）当业务系统发生小范围的软件故障（个别或少部分终端不能工作）时：①值班经理应立即通知相关技术部门；②挂出故障牌，做好现场分流客户工作，引导客户到可正常办理业务的台席办理业务；③对故障的处理情况要在营业网点工作日志中做好记录。

（2）当业务系统发生大范围软件故障时：①值班经理应立即通知技术支撑部门，同时马上通知营业网点管理部门；②挂出故障牌，做好现场解释工作，并引导客户到其他营业网点或通过其他服务渠道办理业务，同时及时通知其他业务部门；③对故障的处理情况要做好记录并存档备查。

（3）属于硬件故障（主要是电脑、打印机）的：①应立即联系技术支撑部门，反映故障情况，并根据指导进行处理；②在处理打印机等硬件故障的过程中，可根据公司与厂家签署的技术支持协议，直接向厂家要求技术支持；③排除故障后，应立即通知其他服务部门，如客服中心等；④各值班经理应根据故障问题的严重性及时报告营业网点管理部门主任，再由营业网点管理部门主任视情节严重程度报告上级主管领导（表2-1）。

（四）营业网点内发生盗抢事件处理

（1）如果偷窃事件正在发生，营业员应采用适当的方式提示客户注意防范，同时通知保安人员进行防范。

（2）如果发现营业网点被盗，应立即保护现场，了解情况。

（3）拨打报警电话110，并通知营业网点负责人。

（4）发生抢劫时，无论是针对客户还是针对营业网点的，必须立即拨打报警电话110或按特殊报警按钮报警。

（5）在保证人身安全的前提下，应尽力保护好公司财产。

（6）在歹徒控制局面时，在保证人身安全的情况下，应尽量与之周旋，寻找机会报警，拖延时间，等待救援。

（7）在保证人身安全的情况下，不要与歹徒直接对抗，但要认清歹徒的容貌、外形特征、作案人数和工具、逃走方向等，时刻保持清醒头脑，以最快的速度通知营业网点负责人或办公室。

表 2-1　营业网点故障申报修复单

<table>
<tr><td colspan="6">营业网点故障申报修复单</td></tr>
<tr><td colspan="2">时间：</td><td colspan="2">相关部门：</td><td colspan="2">部门联系人：</td></tr>
<tr><td colspan="6">现象描述（由值班经理填写）：</td></tr>
<tr><td colspan="6">故障原因（由修复人填写）：</td></tr>
<tr><td colspan="3">修复时间：</td><td colspan="3">修复人签字：</td></tr>
<tr><td colspan="3">填表人：</td><td colspan="3">值班经理签字：</td></tr>
</table>

（五）营业网点发生火灾处理

基本处理程序如下。

（1）应组织人力及时对初期火灾进行扑救。

（2）若事态严重，立刻拨打 119 电话报警，通知营业网点管理部门和办公室。

（3）组织客户与员工及时疏散，尽量避免混乱和不法分子乘机事件发生，并参与自救工作。

第四节　网点后台管理规范

营业网点后台管理主要集中在基础资料管理、信息收集管理及员工成长档案管理三个方面。

一、基础资料管理

营业网点负责人与值班经理负责营业网点的基础资料管理工作。

（一）基础资料管理方法

营业网点统一设立文件资料柜，统一保管各级主管部门下发的文件及本营业网点形成的各种资料，负责所有资料的储存、管理与借阅。

（二）基础资料的分类

各营业网点现场管理分别设立如表2-2所示的文件夹。

表2-2　各营业网点现场管理应设立的文件夹

序号	文件夹名称	制作周期	保管期限	责任人
1	现场巡视记录表	每天	两个月	值班经理
2	员工考勤记录	每日	每半年	值班经理
3	培训总结	每月	每半年	值班经理
4	员工考核汇总表	每月	每年	营业网点负责人
5	员工排班表	每月	每半年	值班经理
6	员工差错记录表	每月	每年	值班经理
7	现场管理积分登记表	不定期	每年	值班经理
8	员工成长档案	不定期	不定期	营业网点负责人
9	合理化建议	不定期	不定期	营业网点负责人
10	设备故障记录表	不定期	不定期	值班经理
11	业务通知	不定期	每半年	值班经理
12	案例汇编	不定期	每半年	值班经理
13	会议记录	不定期	三个月	值班经理

（三）基础资料的收集、整理

（1）文件、制度档案按保管期限、年度、问题分类，以文件特征分类，统一归档。

（2）报表按时间、类别、保管期限分类整理，由各责任人整理后归档。

（3）员工档案，按入职时间、年龄、工号进行归档整理。

（4）业务通知按下发时间进行归档整理。

（四）文件的管理

（1）设置适当的文件库，达到防盗、防火、防鼠、防霉、防尘、防光、防潮、防虫等“八防”要求。

（2）定期检查文件管理情况，维护文件的完整和安全。

（3）文件保管人员根据公司制订的相关保密制度，对文件进行日常的管理。

（4）非本营业网点管理人员未经许可，不得进入随意翻阅文件资料。借阅文件者必须严格执行保密制度，认真履行借阅手续。

（五）文件的取消与销毁

（1）对已到保管期限的档案，经营业网点负责人确认无保存价值的可予以销毁。

（2）报表档案的销毁，应经主管领导的批准。

二、信息收集管理

做好营业网点信息收集工作，能确保员工及时获得市场信息，准确掌握市场动向，从而提高营业网点客户服务工作的针对性、时效性和灵活性，提高营业网点人员的业务与服务综合能力。

营业网点负责人负责将信息收集制度结合营业网点实际情况进行具体落实。

（一）信息收集类型

营业网点应该根据市场实际情况与市场动向，主动收集各类市场信息，并根据收集到的信息对营业网点的服务营销做出相应的调整。营业网点应广泛收集的信息主要有以下几类。

1. 客户信息

（1）客户业务使用情况的相关反馈。

（2）客户投诉。

（3）客户满意度情况。

2. 竞争对手信息收集（竞争对手的营销活动、卖场经营情况）

（二）信息收集流程

（1）营业网点负责人负责安排专人每天将客户反映的信息及时登记，同时，需合理安排人员关注服务区域内竞争对手经营网点的发展情况，及时填报，更新资料。

（2）市场部负责对各类信息进行审核，并确认有效性。

三、员工成长档案管理

营业网点负责人负责本网点员工的成长档案的建立与更新（表 2-3）。

表 2-3　员工成长档案记录表

此页由员工本人填写

姓名		性别		身份证号码			
联系电话				入职时间		入职岗位	
家庭基本成员							

受教育经历记录（从高中开始填写）			
入学时间	毕业时间	毕业院校	学历

何时受过何种奖励	
何时受过何种处分	
个人特长及兴趣爱好	

序号	变更前岗位	变更后岗位	变更时间	记录人签名
1				
2				
3				
4				

员工培训记录（外训）				
序号	培训起讫时间	培训课程	评语	记录人签名
1				
2				
3				
4				

（一）员工成长档案内容

（1）员工工作经历。

（2）员工家庭情况。

（3）员工培训情况。

（4）员工个性信息。

（5）员工绩效评估情况。

（6）员工岗位任职情况等。

（二）员工成长档案记录流程

（1）员工基本情况、工作经历、家庭情况由员工本人填写。

（2）员工培训情况只记录外训公司或公司派任的中长期培训，不记录营业网点内的周培训与月培训。

（3）员工的职务发生变化或调动时，调动则由管理者交新档案至其新任管理者并由新任管理者填写调动状况，内部调动则由原管理者填写。

（4）绩效评估情况每季度由营业人员直接管理者进行记录，每季度于次月 15 日之前记录完毕。

案例分析

网点四级服务质量监督体系

案例介绍

某通信运营商近年来一直坚持实施四级服务质量监督体系，在提升客户满意度、优化企业品牌形象方面取得了不错的成绩。

其具体服务质量监督体系如图 2-7 所示。

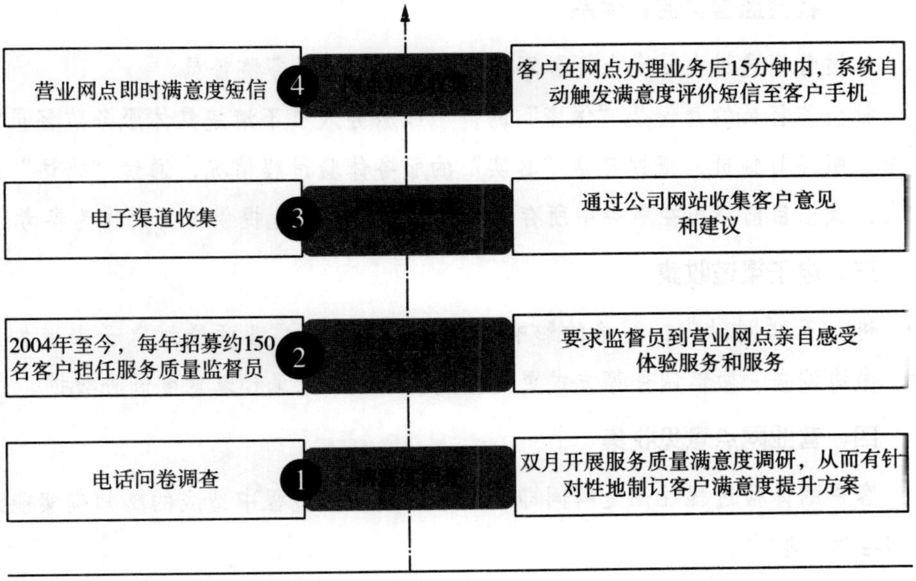

图 2-7　某通信运营商四级服务质量监督体系

一、电话问卷调查

该运营商网点主要通过电话问卷调查方式，通过自有或者外聘的外呼团队，以双月为周期，对服务质量情况进行调查及数据收集。

电话问卷内容涵盖客户对公司的整体性的满意度水平，同时也包含与客户服务或能接触到客户相关的服务环节、服务内容、服务渠道等若干内容，统称为“商业过程”。

整体满意度水平，通过“综合满意度”指标来体现，综合满意度主要了解客户是否满意、与客户期望之间的差距、与客户心中完美的差距，以此来反应整体全面的服务质量在客户满意方面的水平。

商业过程指标，主要根据当前市场运营及服务营销开展过程所关注的重点来设定，例如在制订年度调研方案开始前，通过客户访谈、客户摸底调研、重要性分类等方式，拟定出了客户所关注的且与服务营销战略指导有帮助的十大商业过程，包括：话费信息、热线服务、优惠促销活动、服务引导、缴费服务、宣传、新业务、网络质量、资费套餐、投诉等。

根据每期调研的成绩，找出短板商业过程，再做进一步的分析。

二、社会监督员监督体系

该运营商通过在社会上招募客户自愿者，作为服务监督员。

社会监督员的身份是“保密”的，一线服务人员不清楚具体服务监督员的名单。服务监督员，根据日常“真实”的服务体验过程情况，通过“暗访”的方式，找出目前公司在服务中所存在的优缺点，并将此提供给公司作为参考。

三、电子渠道收集

进入互联网时代，网络的影响面越来越大。该运营商通过电子渠道如网站、微博调查、微信调查等方式更大量地收集客户意见和满意度调查数据。

四、营业网点意见收集

客户的体检过程往往是瞬间即逝的，但是体验过程中造成的感知确实能深深印在客户脑中。

为了能够更及时、更深入地了解客户接触公司服务后随即产生的满意度情况，该运营商进行了业务系统优化，当客户办理完各类重点业务后15分钟内，系统自动触发满意度评价短信至客户手机，客户可回复评分。

案例点评

对客户需求的了解要全方位，对服务质量的监督也要全方位。

我们看到，该通信运营商在服务质量监督方面实施的四级服务质量监督体系，从评估人员、评估内容、评估方式、评估时限等方面都做到了全方位，且操作性强。若能固化，不失为一种行之有效的服务质量监督评估方法。

案例分析

网点“定型到位”的“刘娟流程”

案例介绍

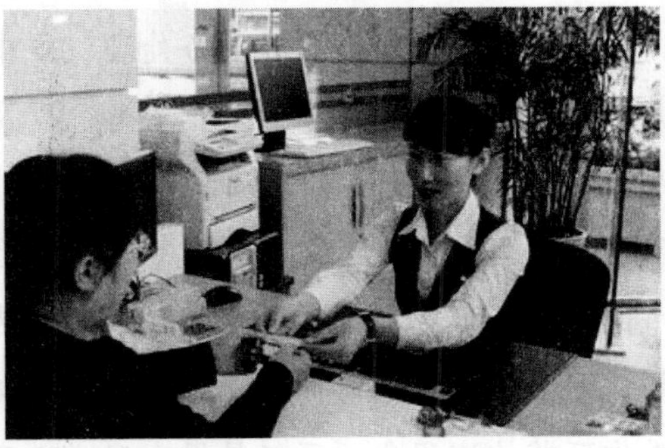

刘娟，一个80后女孩子。她给人的初次印象是干脆、利落。刘娟有着典型青岛女孩的特质，热情、爽朗，还透着那么一股小傲气。她形容自己是“丢到人群中肯定找不到的那一个”。

就是这样一个女孩，2008年获得中华全国总工会授予的“全国金融五一劳动奖章”；由她创新的“刘娟流程”获得招商银行第二届“创新成果奖”。

2011年5月4日，她参加了中国银监会组织的“党委培养青年暨青年与银行业监管事业共奋进报告会”，作为全国银行业唯一一名商业银行基层代表做现场先进事迹报告。

“刘娟流程”的创新模式使招商银行柜台操作效率提高了近三分之一。“刘娟流程”已向全国银行业系统推广，有效缓解了银行服务排队难题。

“刘娟流程”的核心理念是“操作定型、服务到位”。

所谓“操作定型”就是统筹安排业务处理过程中的各个环节，利用操作间歇进行交叉、叠加操作，缩短业务处理时间，提高工作效率。按业务类型总结风险点，并将风险点的控制有效地融入到操作流程中，以流程控制取代人为意识控制，对操作性风险控制到位，比如读卡器操作。读卡器的常规摆放只能用右手进行刷卡操作，刘娟将横卧式的摆放改为竖式摆放，因此实现了左手刷卡，右手键入账号。根据测量计算，仅这一个小小环节便可比常规操作方式节省3～4秒。同样的还有业务传票的处理。通常业务传票在记账完成之后都会有30～60秒的打印时间，刘娟在业务操作过程中便有效利用了这段时间，进行取款业务配钞，或存款业务的核对金额与整理单据处理，统筹兼顾地有效地利用了这段时间。

所谓“服务到位”就是将标准化服务落实到位。站立、双手、微笑、迎声送语一个都不少，服务过程亲切自然。在业务处理过程中语言均采用询问语气，文明用语使用频率高，充份体现对客户的尊重感，以及从客户的角度出发提供优质温馨的服务等。

“刘娟流程”经招商银行青岛分行客户服务中心实地检测，以标准服务流程下的1万元人民币的存、取业务为例，原平均处理时间为100～120秒，采用标准流程后，平均需要53～60秒时间，单笔业务提速47～60秒，节省了一半左右的时间。操作环节的流程化，不仅是提高客户满意度的重要环节，也是对银行服务流程再造的一个重要组成部分，更是防范操作风险、降低操作差错率的有力保障。

案例点评

“简单的事情重复做，重复的事情快乐做，快乐的事情专业做。”

“刘娟流程”虽不是什么新的服务模式，也谈不上什么大的创新，但正是这种源自对工作流程思考的细节创新，往往能起到“四两拨千斤”的示范效果，“积少成多”最终对网点效能的提升做出贡献！

将服务流程规范的运用落到实处，而不是停留在制度层面，“以客为尊”，不断思考怎样优化服务流程、提升客户满意度，**“操作定型、服务到位”**！这是网点服务提出的新要求！

工具运用

网点“三岗”服务检查标准（录像检查）

针对网点业务引导岗、业务受理岗、业务咨询岗这“三岗”，运用录像检查的方法对（金融行业）网点服务实施有效管理的检查标准如下。

一、业务引导岗（表 2-4）

表 2-4　业务引导岗（引导员、大堂经理）服务检查标准（录像检查）

序号	检查标准	分值	评分标准	注释
1	大堂经理需统一着行服；男士佩戴领带，女士佩戴丝巾；规范佩戴胸牌	10	任一环节着装不规范扣 10 分	女员工：着长袖 / 中袖或短袖衬衣，下身搭配裙装或裤装，戴丝巾；男员工：着长袖或短袖衬衣，戴领带；胸牌佩戴于左前胸；禁止着拖鞋、凉鞋、球鞋等颜色亮丽的鞋子，女性不穿深色丝袜
2	大堂经理能主动并正确指导客户填单	15	在客户要求下未能协助客户填单或指导不准确扣 15 分	大堂经理正在接待其他客户时除外
3	大堂经理需做到站姿挺拔、行姿稳健、手势自然，符合规范上岗要求	10	站姿、行姿、坐姿、手势任一环节不规范扣 10 分	站姿、行姿庄重得体；身体不得倚靠在墙边或桌边；双（单）手不得插裤袋；大堂无客户时，需站在叫号机边或大堂经理台后
4	大堂经理在与客户交流时，需面带微笑、态度亲切、有礼貌	5	面部无表情、态度冷淡、生硬、拒绝客户扣 5 分	待客时有亲和力，禁止使用否定语；本行无法受理的业务除外
5	大堂经理需主动问候客户并帮助客户取号	5	未向客户问候、示意或未主动帮助客户取号，任一现象发生即扣 5 分	客户走入网点时，大堂经理应上前问候或点头示意；主动帮助客户取号（若客户不需要或自行取号的除外）；引导员协助取号视同大堂经理
6	大堂经理需根据客户的需求主动指引并分流客户	10	未及时进行客户分流扣 10 分	能主动询问并根据客户所需，正确分流客户到合适的服务渠道
7	大堂经理不得拨打或接听电话、收发短信和做与工作无关的事	20	从事任一与工作无关事项扣 20 分	大堂经理不得拨打或接听电话、收发短信（辅导客户手机银行除外）等不礼貌行为；不得与其他工作人员聊天、吃东西、看书等

续表

序号	检查标准	分值	评分标准	注释
8	当遇到客户投诉时，大堂经理应第一时间进行安抚	5	有客户投诉时，大堂经理未能及时进行安抚扣5分	当在大堂内发生客户投诉情况时，能及时反应、安抚疏导，并交由网点负责人或其他相关负责人处理（若无客户投诉除外）
9	至少有一名大堂经理在岗服务（含引导员、大堂管理经理）	15	普通网点每多一名大堂经理再加5分，最多加10分；沃德网点有一名大堂经理即得15分	保安、保洁、其他驻点人员不得替岗大堂经理；沃德网点分行可根据实际情况配备大堂经理数量，有一名即可
10	客户业务办理完毕，离行时应向客户道别	5	未使用礼貌用语扣3分；未向客户致谢扣5分	使用“谢谢光临”“再见”或“欢迎您下次再来”等任一话语即可；分行也可根据实际情况调整话语
		100		

二、业务受理岗（表 2-5）

表 2-5　业务受理岗（柜员）服务检查标准（录像检查）

序号	检查标准	分值	评分标准	注释
1	客户走近柜台时，柜员应微笑，站立迎接	8	站立不规范扣4分；若客户已直接坐下的扣5分；未站立迎接扣8分	站立迎接时需将身体完全站直，做到站姿挺拔并微笑点头示意（着孕妇装除外、若未叫号客户已直接坐下的除外）
2	接待客户首问使用普通话	4	首问未使用普通话或出现蔑视、不耐烦等言语扣4分	与客户交流时应做到语气平和、语调适中、语言亲切；使用“您好”“请坐”“请问”等礼貌规范用语；严禁使用蔑视、不耐烦、责怪等言语
3	在办理业务过程中对于客户的咨询，应及时给予解答	4	未及时应答扣4分	柜员在办理业务过程中应保持与客户言语交流，不得出现有问无答的情况，应耐心解答客户的疑问并给出正确的指导
4	业务办理中，柜员使用规范服务用语，主动询问客户需求；交流时与客户目光有接触	6	未使用规范用语扣3分；交流时目光未有接触扣3分；未使用规范用语且目光未与客户接触扣6分	柜员应用心倾听且在与客户交流过程中，目光有接触；使用“请”“您”“稍等”“好的”等规范用语

续表

序号	检查标准	分值	评分标准	注释
5	受（办）理业务时，与客户的各类单据递送，应双手接递	8	未使用双手接递扣4分；若将各类单据抛（飞）给客户扣8分	与客户递送的单据包括：业务单据、银行卡、证件等，有些物品如无法使用双手接递，可一手递送，另一只手做指引状，也视同双手递送
6	需要客户在交易单据上签名确认时，柜员主动提示客户核对单据上的交易信息并提示客户签名	8	未提示客户核对信息扣4分；未示意客户签名或未示意签名处扣4分；以上皆未做到扣8分	若有需要签名的地方，柜员应提示客户签名并示意签名处；如使用密码器提示核对信息或金额视同提示
7	办理业务过程中，如需中途离开时，应先告知客户，并说明原因	6	离开时未告知原因扣4分；返回时未使用礼貌用语扣4分；以上皆未做到扣6分	离开时可使用“我去复印一下身份证，请您稍等”等，回到座位后可使用“对不起，让您久等了”等话语（具体话术可根据实际情况调整）
8	凡涉及现金收（付）款的业务，柜员都应主动示意客户核对金额	4	未提示客户核对金额扣4分	现金业务的办理，应在客户视线内清点现金；在重复客户收付款金额时，音量要适当，注意保护客户私密，也可在计算器或密码器等处显示金额并示意客户核对金额
9	为客户办理完业务后，应主动询问客户是否还有其他需求	5	未使用礼貌用语扣2分；未询问客户其他需求扣5分	可使用“请问，您还要办理其他业务吗？”“还有其他可以帮到您的吗？”等话语（具体话术可根据实际情况调整）
10	客户业务办理完毕，离开前应向客户道别	4	未使用礼貌用语扣2分；未向客户致谢或对客户背影致谢扣4分	使用“感谢您选择交行”‘谢谢光临”“再见”或“欢迎您下次再来”等任一话语即可（具体话术可根据实际情况有所调整）；若客户已离开除外
11	柜员临柜后，中途离开或未办理业务时，必须摆放暂停服务牌	4	以上任一现象发生扣4分	柜员临柜后中途离开或未办理业务时，必须摆放暂停服务牌（有客户时除外）
12	柜员临柜时，需做到举止文雅，态度亲切友好	8	态度冷淡、生硬、只顾自己做事的扣4分；拒绝客户扣8分	耐心倾听客户的需求，不以“不归我管”“不知道”等理由拒绝客户；禁止使用否定语

续表

序号	检查标准	分值	评分标准	注释
13	柜员临柜时，需做到坐姿端正、站姿挺拔、手势自然，符合规范上岗要求	4	以上任一现象发生扣4分	无论柜面有无客户时，都不得有跷二郎腿、腿脚晃动和斜躺等不雅行为
14	柜员临柜需统一着行服；男士佩戴领带，女士佩戴丝巾；规范佩戴工号牌	5	任一环节不规范扣5分	女员工：着长袖/中袖或短袖衬衣，下身搭配裙装或裤装，戴丝巾；男员工：着长袖或短袖衬衣，打领带；工号牌佩戴于左前胸
15	柜员临柜办理业务过程中不得关闭话筒	8	出现此现象扣8分	柜员在与客户办理业务过程中不得随意将话筒关闭
16	柜员临柜时不得拨打或接听电话、收发短信和做与工作无关的事	10	以上任一现象发生扣10分	临柜时不得拨打、接听电话和收发短信（对公柜员除外）；不得打瞌睡、用餐、饮水、吃零食、咀嚼口香糖、看书报等；不得在柜台内扎堆聊天，高声谈笑，从事任何与工作无关的事情
17	台面物品摆放整齐、客户视线内无与业务无关的物品	4	物品摆放不整齐扣2分；台面有与业务无关的物品扣4分	与业务无关物品包括：水杯、手机、钱包、镜子、零食等
		100		

三、业务咨询岗（表2-6）

表2-6 业务咨询岗（客户经理）服务检查标准（录像检查）

序号	检查标准	分值	评分标准	注释
1	客户经理需统一着行服；男士佩戴领带，女士佩戴丝巾	10	任一环节着装不规范扣10分	女员工：着长袖/中袖或短袖衬衣，下身搭配裙装或裤装，戴丝巾；男员工：着长袖或短袖衬衣，打领带；禁止着拖鞋、凉鞋、球鞋等颜色亮丽的鞋子，女性不穿深色丝袜
2	客户经理需做到坐姿端正、站姿挺拔、手势自然，符合规范上岗要求	10	站姿、行姿、坐姿、手势任一环节不规范扣10分	不得有翘二郎腿、腿脚晃动和斜躺、手插口袋等不雅行为

续表

序号	检查标准	分值	评分标准	注释
3	当客户到来时，客户经理应主动上前或起身迎接客户	10	空闲时未起身迎接客户扣5分；未迎接客户且未向客户致歉扣10分	若客户已坐下，需向客户点头示意（若正接待其他客户或正在打电话等除外）
4	客户经理在与客户交流时，需面带微笑、态度亲切、有礼貌	10	面部无表情、态度冷淡、生硬扣5分；拒绝客户扣10分	待客时有亲和力，禁止使用否定语；我行无法办理的业务除外
5	客户经理应主动双手递送名片且动作规范	10	动作不规范扣5分；未递送名片扣10分	双手递送，名字方向朝向客户（熟悉的客户除外）
6	客户经理应主动询问客户需求，且服务用语规范；在与客户交流时，与客户目光有接触	15	未使用规范用语扣7.5分；交流时未注视客户扣7.5分；未使用规范用语且未注视客户扣15分	应主动询问客户需求、用心倾听且在与客户交流过程中，目光有接触；使用“请”“您”“稍等”“好的”等规范用语
7	受（办）理业务时，与客户的各类单据递送，应双手接递	10	未使用双手接递扣10分	与客户递送的单据包括：业务单据、银行卡、证件等
8	客户经理在接待客户时需接听其他客户电话或查看其他客户发来的短信时，需征得客户的谅解	10	接听（查看）前未征得客户同意的扣5分；事后未向客户致歉扣5分；既未征得客户同意又未向客户致歉扣10分	接听电话（查看短信）前需征得客户的同意，事后应向客户致歉（对不起，让您久等了）
9	客户业务办理完毕，离开前应向客户道别	10	未使用礼貌用语扣5分；未向客户致谢或对客户背影致谢扣10分	使用“谢谢光临”“再见”或“欢迎您下次再来”等任一话语即可；分行也可根据实际情况调整话术
10	客户经理空闲时，需主动到营业大厅维护秩序，并向客户推介我行产品	5	若客户经理在位子上无所事事，即判断为空闲，扣5分	客户经理在空闲时，需主动到大堂宣传推介我行新产品以及主打产品
		100		

工具运用

网点“6S”管理推进要领及步骤

“6S”管理是加强网点基础管理的必要手段，是清理（SEIRI）、整顿（SEITON）、清扫（SEISO）、安全（SAFE）、规范（SEIKETSU）、素养（SHITSIJKE）六个方面进行网点现场管理的方法，使营业网点达到“门类清楚、区隔整齐、标识分明、洁净安全、持之以恒”的基本目标。

一、营业网点“6S”现场管理的推进要领和步骤

（一）清理

1. 定义和目的

清理现场空间和物品，所有东西区分“要”与“不要”，坚决处理掉“不要”的东西。目的是腾出空间，空间活用，提高服务效率，塑造清爽的工作场所。不用或已无法使用的工具、设备等物品滞留在现场，既占据空间又阻碍服务效率；网点现场摆放不要的物品是一种浪费，再宽敞的工作场所将愈变窄小；格架、柜等被杂物占据而减少使用价值，增加了寻找难度，浪费时间；物品杂乱无章的摆放，增加清点难度，成本核算失准。

2. 推进要领

（1）注意点：要有决心，不必要的物品应断然地加以处置。

（2）员工自己的工作场所（范围）全面检查，包括看得到和看不到的。

（3）制订“要”和“不要”的判别基准，明确区分什么是必需品。

（4）根据物品的使用频度，决定日常用量及放置位置。

（5）必需品的数量降到最低程度，现场只保留必要的物品。

（6）坚决地处理无用、可有可无的物品，将不要物品清除出工作场所。把永远不用及废杂物等不能用的物品清理掉；把一个月以上不常用的物品放置指定位置集中存放、分类存放；把一周内要用的或偶尔使用的物品放置到工作区内，要存放有序、摆放整齐；把三天内要用的或经常使用的物品放置到易取位置。

3. 推进要求（例）

（1）工作台、办公桌面每天自我检查一次，台/桌面上只能放置当日使用的物品和文件资料。

（2）垃圾箱（废纸篓）应及时进行清理，每天至少清理一次。

（3）办公桌（工作台）抽屉、文件柜每周至少整理一次，并保持整洁。

（4）所有场所每月必须整理一次。

4. 推进步骤（例）

第一步：现场检查。

第二步：明确区分必需品，清理非必需品。

第三步：每天循环清理。

（二）整顿

1. 定义和目的

整顿网点现场物品次序、状态，要的东西依规定定位、定量摆放整齐，明确标识，进行定置管理。目的是使网点现场一目了然、工作环境整整齐齐，减少寻找物品的时间，排除过多的积压物品。

2. 推进要领

（1）注意点：整顿是提高效率的基础。

（2）工作重点：整顿的效果是任何人都能立即取出所需要的物品。要站在新人和其他现场的人的立场来看，什么东西该放在什么地方更为明确。要想办法使物品能立即取出使用，使用后要能容易恢复到原位，没有恢复或误放时可以马上知道。

（3）整顿的“三要素”：场所、方法、标识。

第一，放置场所：物品的放置场所原则上要100％设定；物品的保管要定点、定容、定量；工作台附近只能放真正需要的物品。

第二，放置方法：易取；不超出所规定的范围；在放置方法上多下功夫。

第三，标识方法：放置场所和物品原则上一对一标识；现物的标识和放置场所的标识；某些标识方法全网点统一；在标识方法上多下功夫。

（4）整顿的“三定”原则：定点、定容、定量。

第一，定点：放在哪里合适。

第二，定容：用什么容器、颜色。

第三，定量：规定合适的数量。

（5）清理的工作要落实。

（6）合理规划现场的空间和场所，作业区、物品放置区、通道位置进行规划。

（7）地面划线定位，场所、物品明显标识。

（8）确定放置的方法、明确数量，安排好现场的每一样物品，各类需要的物品明确定置场所，摆放整齐，有条不紊，做到物各有位，物在其位。

（9）物品应分类整齐摆放并进行标识，使所有人都清楚明白。

（10）通道畅通，无物品占住通道。

3. 推进要求（例）

（1）服务场所（除公共设施、卫生间、洗手间等外）每一处应当有定置管理图，并且图形与实际应相符。

（2）所有服务现场实行功能分区，用明显的标志区分工作区、通道等。

（3）文件柜、储物柜物品应加以标识，按每层位置进行标识，文件资料以文件盒（夹）存放的，应在盒（夹）上标明文件资料名称或类别，所有标识应当与存放物品相符。

（4）工作场所至少每月整顿一次，核对物品是否与定置管理图相符。

（5）文件柜、储物柜、格架每周至少整顿一次。

（6）办公桌抽屉每周整顿一次，抽屉内物品要摆放整齐、便于查找取用。

（7）办公桌要同向摆放，场所内各类物品要摆放整齐。

（8）办公桌面应保持整洁，只能摆放电脑、台历、电话机、水杯、笔筒、资料架，桌面、地面不允许摆放私人用品。

（9）工作人员离开办公室，办公椅要正对办公桌摆放整齐。

（10）墙面清洁，墙面只允许悬挂时钟、定置图、业务办理许可证以及要求悬挂的管理图表、制度框，其他多余物应清除；墙面不允许挂工作服。

（11）文件柜、储物柜顶部不允许放置物品，表面保持干净无积尘。

（12）办公设备（如打印机、复印机、传真机等）、设施（灯具、空调、电风扇等）每周应检查一次，确保处于完好状态。

（13）办公电器设备导线、电缆集束，布置合理、整洁。

4. 推进步骤（例）

第一步：分析现状。

第二步：物品分类。

第三步：决定存放方法。

（三）清扫

1. 定义和目的

保持网点工作场所干净亮丽，清除工作场所内的脏物及多余物，设备异常马上修理。目的是保持现场干净明亮，使不足和缺点明显化。

2. 推进要领（例）

（1）注意点：责任化、制度化。

（2）负责人要以身作则。

（3）建立清扫基准，作为规范。

（4）建立清扫责任区（室内、外），人人参与且责任到人，执行例行扫除，清理脏污，工作场地、设备、物品经常清扫，时刻保持现场工作环境清洁、美化。

（5）检查、保养充分结合，对设备清扫时同时检查设备是否有异常现象。

（6）调查污染源，予以杜绝或隔离。

（7）工作台面清扫干净，无灰尘、杂乱物，形成干净、卫生的工作环境。

3. 推进要求（例）

（1）地面清洁。

1）所有场所应当及时进行清扫，地面不得有污物、垃圾和多余物。

2）现场保洁人员应及时进行清扫，保持整洁。

3）办公室的垃圾和多余物应及时进行清除，每周至少全面清除一次；地面不得有灰尘。

4）各责任单位应安排人员经常保洁，并保持干净，地面不湿不滑。

5）休息区、卫生间内设施完好，定期打扫卫生，无异味。

（2）墙面清洁。

1）所有墙面保持干净、整洁，不得随意在墙面钉钉子或悬挂物品。

2）墙面每月应清扫一次，不得有灰尘或蜘蛛网。

3）墙面不得有破损、裂纹，如墙面有破损或裂纹，使用单位应及时要求修补。

（3）门窗清洁。

1）所有门窗应当保持干净、整洁，不得有灰尘，玻璃明亮。

2）两米以下门窗每周至少清洁一次，两米以上门窗每季清洁一次。

（4）办公桌清洁。

1）办公桌应保持干净、整洁，不得有灰尘。

2）每个工作日使用人应当对办公桌清洁一次。

4. 推进步骤（例）

第一步：从工作岗位清除一切垃圾灰尘。

第二步：清扫检查桌台设备。

第三步：确定责任区和责任人。

（四）安全

1. 定义和目的

贯彻“安全第一，预防为主”的方针，采取系统的措施，严格按规定保障人员、场地、物品的安全。目的是杜绝安全事故、规范操作、确保质量。

2. 推进要领（例）

（1）建立系统完善的防伤病、防污、防火、防水、防盗等安全管理体系。

（2）重视员工的培训教育。

（3）实行现场巡视，及时排除隐患。

（4）严格按规定操作，工作场所安全标识明显。

（5）加强摄像监控和封闭作业管理。

3. 推进要求（例）

（1）网点作业现场禁止吸烟，并有“禁止吸烟”标志，无吸烟痕迹。

（2）网点作业现场实行封闭管理，建立封闭管理制度，作业现场有摄像监控。

（3）强弱电分离，电线、电缆在线槽内布放整齐且不得混放。

（4）导线、电缆集束布置合理、整洁，检查管路配线是否杂乱，电话线、电源线是否固定得当。

（5）消防设施是否齐全有效，消防设施周围和安全通道上无障碍物。

（6）楼道、走廊、电梯间不得放置任何物品，保持运输通道畅通。

（7）易燃品是否定位放置并隔离。

（8）电器开关处于安全状态，饮水机用后是否及时关闭。

（9）厉行节约，无长流水、长明灯等浪费现象。

（五）规范

1. 定义和目的

将所做的工作标准化、程序化、制度化、规范化，并将工作职责落实到每个岗位、每位员工。目的是通过制度化来保持、维护、维持成果，并显现异常所在。

2. 推进要领（例）

（1）注意点：制度化，定期检查。

（2）检查、总结，寻找各种有效的激励方法，持续改进、促进改善。

（3）打破旧观念，坚持不懈、严格认真地改正。

（4）制订考评、检查方法和奖惩制度，加强执行。

（5）深刻领会并推进透明管理，明确责任。

（6）把好的方法和要求形成制度与规范，将突击行动转化为常规行动。

（7）实行每天开展 10 分钟自我“6S”活动，随时自我检查。

（8）互相检查，定期或不定期进行检查，对不符合的情况进行及时纠正。

（9）主管经常带头巡查，以表重视。

3. 推进要求（例）

将所做工作标准化、程序化、制度化、规范化，工作职责落实到每个岗位、每位员工。

4. 推进步骤（例）

第一步：整理区分工作区的必需品和非必需品，撤走所有非必需品。

第二步：整顿摆放的场所，规定摆放的方法。

第三步：进行标识，并将放置的方法和识别的方法对作业者进行说明。

（六）素养

1. 定义和目的

使员工自觉养成凡事讲究认真的习惯、遵守规定的习惯、维护工作环境整洁的习惯、文明礼貌的习惯，提升员工个人素质水准。目的是培养具有良好工作习惯、遵守规则的员工，营造团队精神。

2. 推进要领（例）

（1）注意点：长期坚持，才能养成良好的习惯。

（2）人人依规定行事，养成良好习惯；培养员工自我管理、自我约束，提高员工自我管理水平的意识。

（3）持续不断地教育培训、各种精神提升活动（晨会、岗前培训等），增加知识、提高能力、改变思想行为，推动“6S”直到习惯化，将外在的管理要求转化为员工自身的习惯和意识。

（4）制订共同遵守的有关规则、规定和礼仪规范。

（5）注重服装、仪容、礼貌，制订服装、仪容、识别证标准。

（6）员工精神饱满、有团队精神、互帮互助，气氛融洽，人际关系良好，让每位员工在相互信任和支持的氛围中愉快地工作。

（7）通过宣传、培训、激励等方法，激发员工的热情以及责任感，使各项要求成为发自内心的自觉行动。

3. 推进要求（例）

（1）行为规范（略）。

第一，在工作期间应按要求着装，着装符合规定。

第二，接待办事要礼貌、服务要热情。

第三，接听电话语气和缓、简洁，使用文明礼貌用语。

第四，工作时间私事接待不得超过 5 分钟。

第五，员工要注意个人仪容，头发梳理整齐，保持良好的精神风貌。

第六，工作时间不允许上网闲聊、打电脑游戏、谈论与工作无关的事情等。

第七，爱护公共卫生，不随处吸烟、不随地吐痰、丢垃圾。

（2）遵章守纪。

第一，遵守各项工作章程，按章办事。

第二，按时上下班，不迟到、不早退。

第三，团结协作、富有团队精神，不推诿扯皮。

第四，保持良好的精神状态、富有进取精神。

4. 推进步骤（例）

第一步：遵守规则、规定和标准，时间观念强，按照标准、规定、要求作业。

第二步：礼仪规范培训，日常问候、接打电话，言谈举止文明有礼，对人热情大方。

第三步：培养良好的职业道德。

二、营业网点推进“6S”现场管理定置管理的具体操作

营业网点的定置管理是对网点现场中的人、物、场所三者之间的关系进行科学的分析研究，使之达到最佳结合状态的一门科学管理方法，它以物在场所的科学定置为前提，以完整的信息系统为媒介，以实现人和物的有效结合为目的。定置管理是营业网点“6S”活动的一项基本内容，是整顿环节的重要管理工具，是营业网点“6S”活动的深入和发展。

（一）定置管理的目的

通过对网点现场的整理、整顿，把不需要的物品清除掉，把需要的物品放在规定位置上，使其随手可得，促进网点现场管理文明化、科学化，达到高效、优质、安全、美观的效果，实现网点经营现场井然有序、各种操作有条不紊。

（二）定置管理的原则

（1）定置管理要符合作业要求，经过设计、调整网点现场的人、物、信息处于最佳状态，以满足作业流程的需要。

（2）定置管理既要以安全为前提，做到操作安全，物放稳妥、道路畅通、消防方便，又要从客户需求角度出发，考虑客户感受。

（3）符合劳动保护规定标准。

（4）定置管理要贯彻节约的原则，要因地制宜，利用现有条件，少花钱、多办事。

（5）定置管理的动态原则：定置物及场所要随着生产、经营的变化而变动。

（三）定置管理的要求

定置管理应遵守：有图必有物，有物必有区，有区必挂牌（标示），有牌必分类；按图定置，按类存放，图物一致的基本要求。

定置管理的基本要求如下。

（1）划清定置管理范围，实行定置管理责任制。

（2）物品摆放优化定位。

（3）与宣传、服务、营销无关的物品，一律不得摆放在网点现场。

（4）绘制室内物品平面定置图。

（5）物品要有完整规范的标签、标志。

（四）定置管理的实施

营业网点应以科学、合理、方便为原则，根据作业流程和环境条件对营业网点的外部功能区、内部功能区、营业网点附属区域等进行规划，合理划分场地区域，将网点现场、器具、设备设施等物品进行分类、搬、转、调整并予定位，绘制定置图，并明显标识，通道用黄线（定位线用白线）做出标志。所有用品用具严格按照定置图的要求实施定置，定置的物要与图相符，位置要正确，摆放要整齐，储存要有器具。可移动的物品，如电脑、展架等也要定置到适当位置。设备设施不能随意挪动其位置，工作终了，所有用品用具要及时归位，物品不能摆在线外（或压线），定置图以外的设备物品不得进入定置区。

工具运用

网点三级考核综合评分标准

网点名称：　　　　　　　　　　　考评时间：

项目		细则	分值	记分规则	自评分	市级分公司评分	省公司评分
第一部分 服务环境 （共计 10 分）	营业网点铭牌及时间	正门装设标准的营业网点铭牌，有准确的营业网点名称、营业时间	1	合格计 1 分			
	营业网点外部环境	营业网点门前干净整洁，外墙面、玻璃、门柱整洁	1	合格计 1 分			
	营业网点内部环境	营业网点内温度适宜，保持通风透气，无异味	1	合格计 1 分			
		营业网点台席上物品摆放整齐，不应出现与工作无关的私人物品	1	合格计 1 分			
		营业网点内出现污渍、碎屑、纸张等杂物 5 分钟内及时清理。在不妨碍客户的情况下，及时整理归位有关物品	2	合格计 2 分			
		营业网点内各类服务设施排列整齐、整洁无损	1	合格计 1 分			
		营业秩序井然，无混乱、喧哗、拥挤等现象	1	合格计 1 分			
		在业务高峰期，客户等候时间不能超过 30 分钟，当出现客户等候时间超过 30 分钟或每个营业终端排队人数超过 8 人的情况时，要增加座席或预填单等适当措施分流客户	2	合格计 2 分			

续表

项目		细则	分值	记分规则	自评分	市级分公司评分	省公司评分
第二部分服务功能（共计 30 分）	功能区划分	营业网点内应设置不同区域，按《营业网点分级管理规定》设置。营业网点各功能区域应设置醒目标志，业务办理台席应设置清晰的业务指示	4	一个区域不合格扣 1 分，扣完为止			
	宣传展示	按服务项目公示制度的要求，营业网点应通过上墙海报或固定公告的方式，向客户明示物价政策、服务承诺、客服电话、监督电话、业务办理流程等内容	3	合格计 3 分			
		营业网点内的业务手册和宣传物料应摆放整齐，合理规划，宣传信息实时、准确，而且应通过海报、单页等方式向客户告知我公司业务种类、业务办理流程、业务取消方式等	4	一处合格计 1 分，加到本项满分为止			
		营业网点采取适当的措施，如通过悬挂、摆放业务宣传挂件、海报、促销礼品等方法营造营销氛围	1	合格计 1 分			
		营业网点内外各种标识符合企业 VI 规范标准。营业网点内外各种标牌内容与实际相符	4	一处合格计 0.5 分，加到本项满分为止			
	咨询服务	根据《营业网点分级管理规定》设置咨询台，设有综合咨询台的应有值班人员负责解答客户咨询。营业网点内服务人员应积极解答客户咨询。有客户到咨询台时不得出现人员空缺	1	合格计 1 分，无咨询业务发生默认得分			

续表

项目		细则	分值	记分规则	自评分	市级分公司评分	省公司评分
第二部分服务功能（共计30分）	客户投诉	根据《营业网点分级管理规定》设置报修投诉区，报修投诉区负责受理、查证处理、回复客户在营业网点提交的各种投诉	2	合格计2分，未按规定设置该区域不得分			
		营业网点投诉处理流程合理，有相应管理办法流程及投诉处理记录。对于不能直接答复的客户投诉，受理人员应在规定时间内填写投诉记录，并在承诺时间内协调相关部门处理完毕	2	检查管理办法及投诉处理记录，每发现一处问题扣0.5分			
	客户监督	设有客户意见簿，营业网点经理对客户意见及时分析，当天响应	1	合格计1分			
	业务演示及体验	营业网点配备的各类服务设备在营业时间内能正常使用	1	合格计1分			
		在客户提出疑问或需求时有服务人员指导客户使用服务设备，或为客户进行新业务的演示和讲解	1	一处合格计0.5分			
	便民服务	有客户用座椅和文具，有垃圾筒或废物回收设施，配备饮水机、纸杯	1	合格计1分			
		各类便民服务设施整洁，确保正常使用，放置在便于客户使用的位置	1	合格计1分			

续表

项目		细则	分值	记分规则	自评分	市级分公司评分	省公司评分
第二部分服务功能（共计30分）	无安全隐患	无安全隐患，确保现金安全、用电安全、防火安全、人身安全等	4	合格计4分，有一项不合格计0分。出现安全事故，当月营业网点考评总计为0分，实行一票否决			
	服务态度	营业人员在与客户接触过程中态度真诚、亲切，表现出乐于提供帮助	1	合格计1分			
		营业人员对客户的咨询，能够做到耐心、准确、周到的解释	1	合格计1分			
		营业网点内各类人员在客户需要时均能热心为其服务或给予协助，不推诿	1	合格计1分			
		不与客户争执。遇有情绪激动的客户，能够以同理心理解客户，并平息客户的情绪。无法平息客户的情绪时，应及时汇报营业网点经理（或上一级领导）处理	3	合格计3分			
第三部分服务行为（共计33分）	主动问候	客户走近台席时，若受理人员空闲，应主动站立迎接客户，目视客户微笑问好并请客户入座；忙时不便站立可点头示意或问好	1	合格计1分			

续表

项目		细则	分值	记分规则	自评分	市级分公司评分	省公司评分
第三部分服务行为（共计 33 分）	主动介绍	营业人员能够根据客户的需求，主动向客户推介业务，主动指导客户办理业务	3	合格计 3 分			
		业务办理完毕，主动递送宣传单页	3	合格计 3 分			
	主动关怀	当发现客户在营业网点四处张望，或在展示区前停留时，服务人员主动上前询问并帮助客户	1	合格计 1 分			
		业务办理完毕，营业人员应询问客户是否还需要其他帮助	1	合格计 1 分			
		服务人员应询问在等候区等待时间较长的客户是否需要饮水或其他帮助，并主动递交宣传单资料或引导客户获取宣传资料	1	合格计 1 分			
		客户办理销户时，服务人员主动以适当的形式询问离网原因，按相关流程做好离网关怀及客户挽留	2	合格计 2 分			
	仪容仪表	营业人员统一着工作服，佩戴工号牌，且均整洁齐全	1	合格计 1 分			
		女营业员按要求淡妆上岗，长发统一盘起，短发整洁，不染怪异发色，男营业员不留长发和胡须。营业人员佩戴饰物不得超过两枚，妆容整洁，符合规范要求	1	合格计 1 分			
	语言规范	客户进入营业网点，引导员及营业人员要做到五声服务，即：来有迎声、问有答声、走有送声、办完业务有谢声、造成客户不便有歉声	1	合格计 1 分			
		与客户沟通尽量使用普通话，如客户讲本地话时，服务人员可以随之讲本地话，使用服务用语，语气柔和，咬字清晰，语速适中，不出现服务忌语，不随意打断客户发言	2	合格计 2 分			

续表

项目		细则	分值	记分规则	自评分	市级分公司评分	省公司评分
第三部分服务行为（共计33分）	行为规范	营业人员保持良好的站、坐、走姿势，不得嬉戏打闹，在营业网点内不得奔跑。与客户相遇时，要礼让客户先行	1	合格计1分			
		营业人员离开自己的台席或无法继续受理业务时，出示“暂停服务”牌，不使客户空等	1	合格计1分			
		收款时做到唱收唱付，与客户递接钱物时，双手递接，不抛不丢，轻拿轻放	2	合格计2分			
	其他人员服务行为规范	实习营业人员仪容、仪表、仪态标准与在岗人员相同，并佩戴实习证	0.5	合格计0.5分			
		保安着制服，形象整洁大方；与客户相遇时，主动致问候语，遇有客户咨询，能友好地引导客户，不做与工作无关的事情	1	合格计1分			
		营业时间内，着便装、无证件的无关人员不得进入营业柜台内侧	0.5	合格计0.5分			
	其他	营业网点工作人员在业务办理过程中，没有出现与其他营业人员闲聊或干与工作无关的事情的现象；上班时间禁止带手机进入营业柜台（营业经理/值班经理除外），确有事或接听电话的，需做到主动向客户表示歉意	1	合格计1分			
		执行首问责任制，客户咨询或投诉时不得推诿或指引客户找别的部门	3	合格计3分			

续表

项目		细则	分值	记分规则	自评分	市级分公司评分	省公司评分
第四部分 业务能力（共计 19 分）	业务技能	营业人员在业务推出前必须接受专业培训，熟练掌握应知应会的行业政策、物价政策、业务含义、资费标准、开通 / 取消方式、账单体现内容等规定，并能对各项业务准确使用；熟练掌握 BOSS 系统操作技术	3	检查培训记录是否与近期业务、营销政策一致，现场提问两名营业员，一处不合格扣 1 分，扣完为止			
		营业人员介绍业务清晰、有条理，回答客户问题完毕后须征求客户意见，确认是否解决了客户问题	3	现场观察两名营业员，一人不合格扣 1 分			
		营业人员业务知识掌握全面，回答问题全面准确	3	现场提问两名营业员业务知识，回答错误每人次扣 1 分，扣完为止			
	业务受理	营业人员受理业务符合公司业务流程	3	现场检查，每发现一处合格加 1 分，加到本项满分为止			
		营业人员交接班时，至少有 1 个台席可以办理业务，不能以交接班为理由拒绝受理业务	2	合格计 2 分			
	业务规范	营业人员交班后必须按照《收费管理规定》核算当班的账目，移交或保管现金	5	本月内出现一次修正记录计 0 分			

续表

项目		细则	分值	记分规则	自评分	市级分公司评分	省公司评分
第五部分基础管理（共计 8 分）	服务管理	营业网点应有明确的服务质量标准和监督检查方法，有检查记录；营业网点内应有现场管理人员，通过走动式管理，履行业务服务监督指导的职责	1	现场检查营业网点每日巡查记录，通过访谈了解营业网点督导管理模式及管理效果，每发现一处不合要求扣 0.5 分，扣完为止			
	现场管理	营业网点应有明确的现场管理标准，明确对营业网点环境、物品、设施、（整理、整顿、清洁、清扫）管理的具体内容和检查标准，有检查记录	1	现场检查，每发现一处不合要求扣 0.5 分，扣完为止			
		应制订营业网点服务与业务应急情况处理办法，明确突发及特殊状况下的应急流程	1	现场检查，每发现一处不合要求扣 1 分			
	人力资源管理	营业网点岗位设置合理，明确各岗位员工主要工作内容及职责，各岗位人员熟练掌握本岗位工作内容及工作流程	1	现场检查及员工访谈，不合要求扣 1 分			
		有营业网点人员管理规范，有本厅内员工绩效考核办法及考核记录	1	现场检查及员工访谈，不合要求扣 1 分			
		有明确的培训制度、培训计划、培训记录；定期培训，及时更新	1	现场检查各类制度及记录，不合要求扣 1 分			
		应制订营业网点排班管理办法，根据实际情况对人员进行动态排班，有详细的排班表	1	现场检查，不合要求扣 1 分			
	其他	应制订营业网点安全生产管理办法，明确财物安全、安全设施配备、保安经警配置、人员安全生产行为规范、设施安全使用规定等内容；确保各类安全设施正常使用；各类人员严格遵守安全生产规定；营业网点无人身财物设施安全隐患	1	现场检查，每发现一处不合要求扣 0.5 分，扣完为止			

第三章

网点营销管理之道
——从规范管理阶段转型至绩效管理阶段

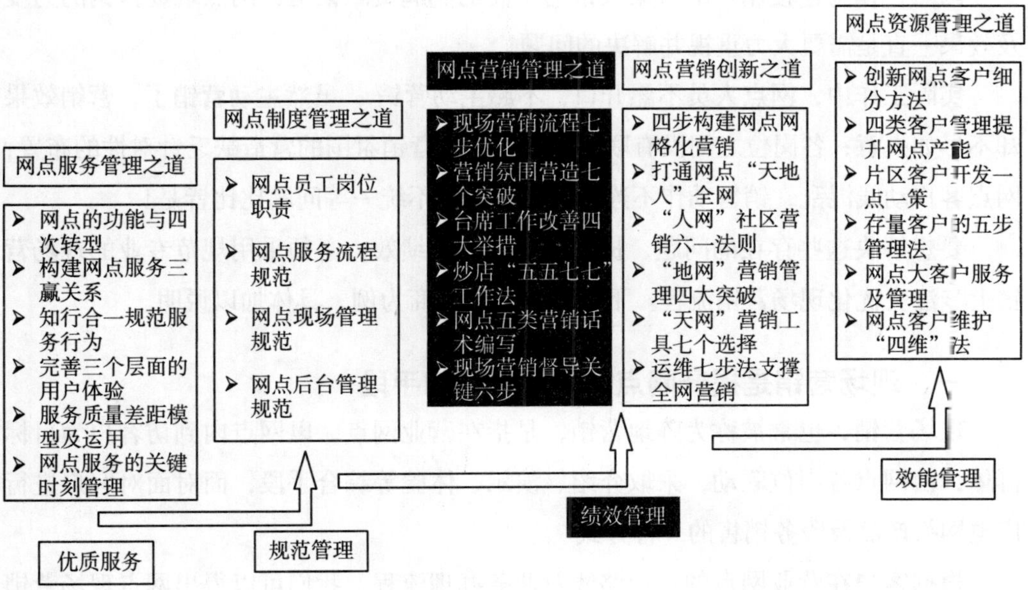

在前面的章节，我们回答了网点（优质）服务管理及（制度）规范管理的相关问题。

理念层面，强调要树立“以客为尊”的服务理念，并运用服务质量差距模型及关键时刻等工具检讨及提升网点的服务，从而构建和谐的企业、员工、客户的“三赢”关系，**实现营业网点由业务办理向服务管理转型**。

制度层面，梳理了网点各岗位工作职责、服务流程及前后台的管理制度，并重点介绍了网点6S现场管理、服务质量监督体系及三级综合评估标准，为营业网点运营及管理提供了依据，为网点强化现场营销的效能奠定了基础，**实现营业网点由规范管理向绩效管理转型**。

本章，我们将围绕网点绩效管理，从方法及工具层面，具体介绍网点营销管理，特别是网点现场营销流程优化，营销氛围营造、台席优化及绩效提升、营销话术提炼及网点炒店实施技巧、现场营销督导等具体操作问题，帮助营业网点的运营及管理实现产能提升之道的第三步，由规范管理向绩效管理的转型！

第一节　现场营销流程七步优化

网点，作为连接用户的桥梁及最为主要的利润贡献渠道，网点现场营销的力度及效果一直是需要大力重视并解决的问题！

实际工作中，网点人员不愿开口，不愿主动营销；虽然主动营销了，营销效果却不尽如人意；各岗位之间没有联动营销；网点营销氛围的营造缺乏针对性的布置；网点客户动线混乱，销售动作不连贯、销售话术不统一等问题比比皆是！

要想解决这些存在的问题，提升营业网点的绩效，必须采用规范专业的现场营销七步法去优化现场营销流程。下面以广电运营商为例，具体加以说明。

一、现场营销是提升网点绩效最直接的手段

现场营销，也常被称为阵地营销，是指在营业网点，以网点内到访客户为目标群体，由网点各岗位联动，采取介绍、演示、体验等综合手段，面对面对客户进行广电网络产品及服务销售的一种方式。

根据客户在营业网点的行走路线及业务办理流程，我们可以得出网点现场营销的机会存在于如图3-1所示的时间节点。

在网点，这样和客户的接触点还可以列举很多。可以说，只要和客户有接触，就有营销的可能。因此，我们也常常将阵地营销更直观地表达为接触营销。

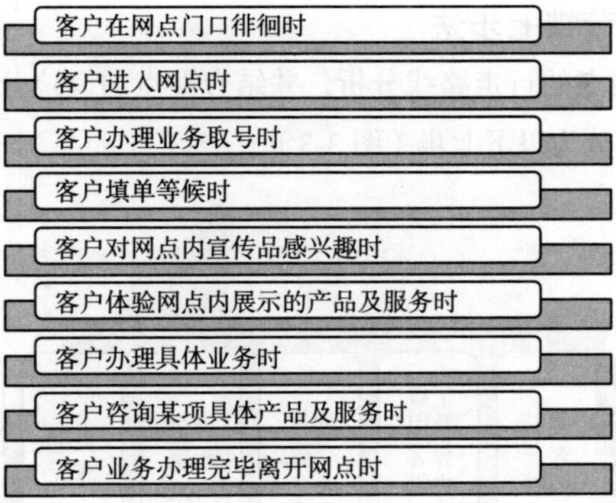

图 3-1　营业网点现场营销时间节点

目前，随着互联网的普及、电子渠道大行其道，传统的线下渠道（网点）内到访客户的人数持续下滑，客户在网点停留的时间和以前相比也大为缩短。显而易见，网点的现场营销对于企业而言比以往任何时候都显得重要，网点现场营销的成功率也成为提升网点绩效的关键指标。

我们来看一个易道咨询广电研究院为某广电运营商网点咨询的案例（图 3-2）。

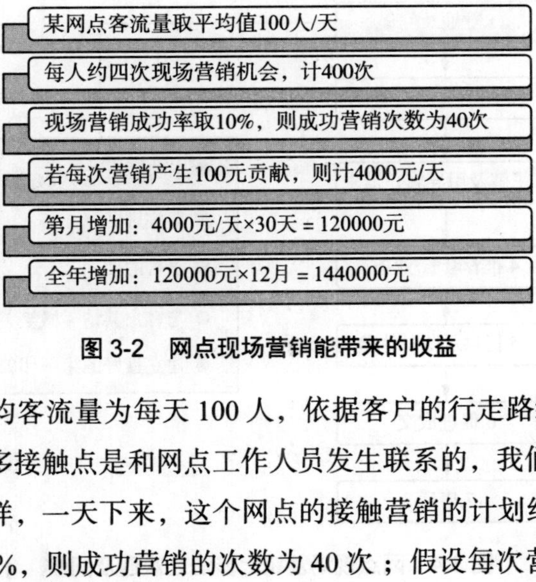

图 3-2　网点现场营销能带来的收益

假设某网点平均客流量为每天 100 人，依据客户的行走路线及业务办理流程，客户在网点内有很多接触点是和网点工作人员发生联系的，我们取每人大约可以有四次机会接触，这样，一天下来，这个网点的接触营销的计划约 400 次。假设现场营销的成功率为 10%，则成功营销的次数为 40 次；假设每次营销能产生约 100 元的贡献，则一天下来，现场营销大约能贡献 4000 元，一个月则为 120000 元，一年则为 1440000 元。

试想，如果能提升现场营销的成功率到 20%，在同样成本的情况下，全年的收入能增加 1440000 元。

所以，我们说：**高效的现场营销是网点提升绩效最直接的手段。**

二、网点现场营销七步法

基于对客户在网点的行走路线分析，并结合网点的岗位分工及业务办理流程，我们将网点现场营销分为以下七步（图 3-3）。

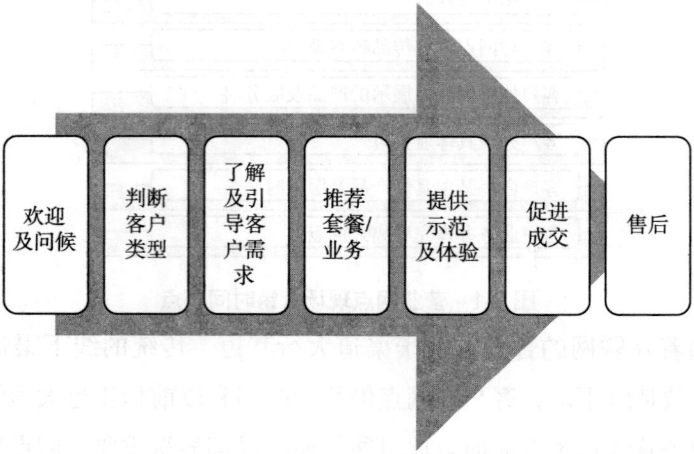

图 3-3　网点现场营销七步法

第一步：欢迎及问候（图 3-4）

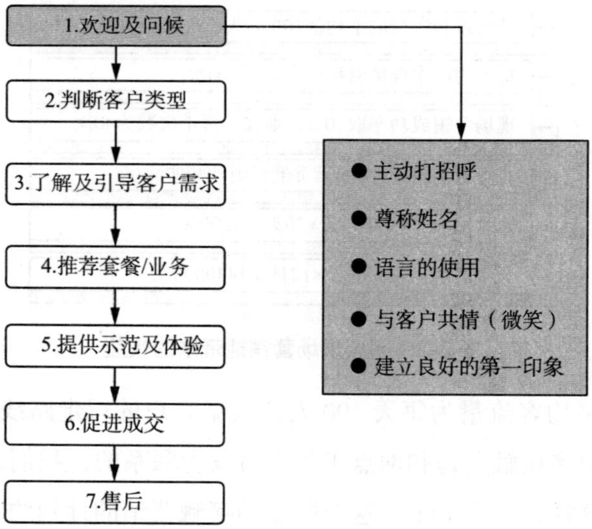

图 3-4　网点现场营销七步法之欢迎及问候

欢迎及问候最为关键的就是与客户建立良好的第一印象，通过主动打招呼、尊称客户姓名、与客户共情等具体动作来实现。

主动、积极是应该有的服务态度，条件允许，面对老年客户、行动不便的客户及 VIP 客户，可在门外迎接并致以问候。

对于老客户，可以尊称姓名，热情寒暄；对于新客户，遵照当地的习俗称谓即可。比如在山东，习惯称呼客户为“老师”，这是一种习俗。

语言的使用，需注意两点：一般情况下，第一句问候宜使用标准的普通话，体现服务规范；遇到了熟悉的客户，或是第一句问候之后对方的应答是本地话，则可以使用本地语言进行交流。毕竟，语言只是一种工具，交流双方觉得舒服、愉快、流畅是最重要的。

共情，是欢迎问候阶段应注意的服务技巧。**所谓共情，通俗地表达就是和对方在一个频道上，就是“穿着对方的鞋子”，就是“和对方站在一起”。**这不仅仅是欢迎问候阶段要用到的技巧，还应该成为对客服务的基本规则。

欢迎及问候阶段标准的话术结构为“尊称姓名＋问好＋‘指示语’＋‘服务语’”，如：× 先生（小姐），早上好！这边请，请问有什么可以帮到您？

第二步：判断客户类型（图 3-5）

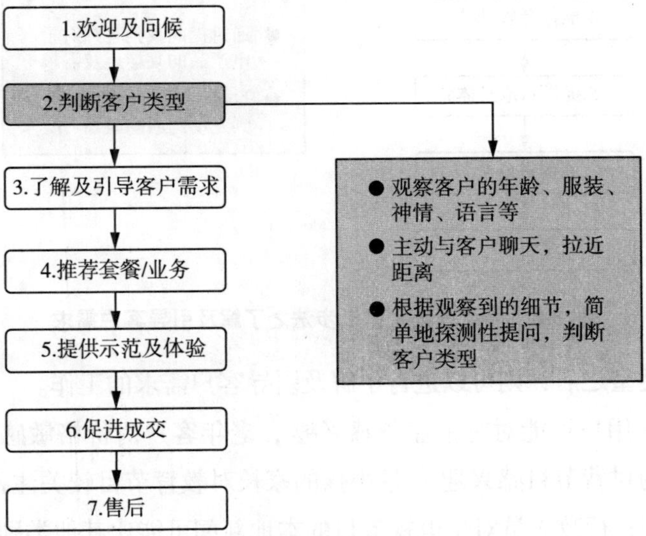

图 3-5　网点现场营销七步法之判断客户类型

欢迎及问候建立了良好的第一印象，判断客户类型、识别客户，则为后续的服务及营销提供了依据。

从上到下，从外到内，从形象到语言到动作，网点人员可以通过观察客户的年龄、服装、神情、语言这样一些符号来识别客户。这属于静态的观察。

主动与客户聊天，谈谈天气，寒暄寒暄，拉近距离，则属于动态的观察。

有经验的工作人员，往往还能根据观察到的细节，简单地探测性提问，以此来验证自己对客户类型的判断。

不同的客户呈现的特点是不同的。比如年轻的网民用户，着装时尚，语言新潮，节奏较快，与之寒暄服务则可以称呼“亲”“帅哥”等时尚用词，与之交流的话题也可以是最新的影视、综艺节目、“网红”等；老年客户的动作从容，节奏较慢，期待更多的关心及帮助，“大爷、大妈”的称呼，递上一杯热水，热情问候，则显得较为合适。带小孩的家长、公司白领、做生意的私营老板、政府上班的行政人员等，各种人群呈现的特点不同，网点人员应在工作中及时总结，以便最快速地准确识别客户，为后续服务奠定基础。

第三步：了解及引导客户需求（图 3-6）

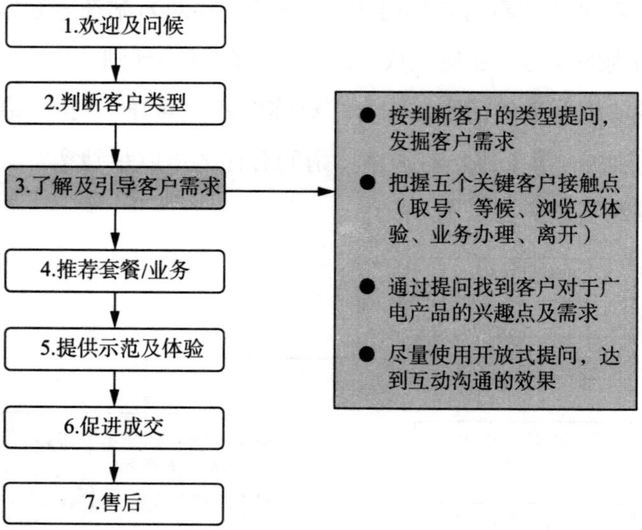

图 3-6　网点现场营销七步法之了解及引导客户需求

判断客户类型之后，则可以进行了解及引导客户需求的工作。

年轻的网民用户可能对宽带业务感兴趣；老年客户对价格敏感，对关于健康、养生及曲艺类的付费节目感兴趣；带小孩的家长对教育节目较关注，对于上网安全有着自己的理解；行政人员对于电视节目的本地新闻可能比其他类别的客户都关注；新开户的新婚夫妇也许还关注电视机等硬件设备的优惠。这些都是建立在判断客户类型后，网点工作人员依据以往的经验做出的客户需求的预测。

依据客户在网点的行走路线，取号、等候、浏览及体验、业务办理、离开，这五个时刻是了解及引导客户需求的关键时刻。网点人员要积极主动，通过提问去验证预测的需求。

通过提问来检验需求预测的准确性，常常用到“开放式提问＋封闭式提问”的方式。“开放式提问”能获得大量的信息，为后面的“封闭式提问”提供素材，而“封闭式提问”则能锁定客户的需求。

我们以一个培训中的实例来说明。

网点：您是从事什么职业呀？（**开放式提问**）

客户：我是做软件设计的。

网点：软件设计这是一个节奏很快的工作，压力很大吧？（**封闭式提问**）

客户：嗯，我们压力确实很大，都感觉身体出状况了。

网点：那你们平时舒缓压力一般用些什么方法呢？（**开放式提问**）

客户：跑步呀、聊天呀、喝茶呀、旅游呀，对了，还有看看电视放松放松。

网点：嗯，劳逸结合确实有必要。您平时那么忙，精彩的电视节目每期都能看到吗？（**封闭式提问**）

客户：确实有些节目看不到，比如我喜欢看“我是歌手”“中国好声音”等综艺歌曲类节目。直播的时候看不到，就只能去网上找视频了。

网点：嗯，这也是个方法，但也还是耽误时间。最主要的是清晰度、音效等还是打折扣的。（**引导需求**）

客户：是啊，我家里的电视和音响的配置还可以，在网上看视频当然不如躺在客厅里看电视舒服，效果好！哈哈。

网点：现在的电视有“时移回看”功能，您可以过来体验下，它能满足您没法看直播的需求。（**引导需求**）

……

在这个案例中，网点人员首先通过“开放式提问”拉近与客户的距离，找到“封闭式提问”的素材，再连续通过“封闭式提问”引导客户的需求，最终锁定客户的需求，成功说服客户体验“时移回看”功能。

当然，除了技巧性提问，“同理心”的“听”也非常重要。“问”与“听”的结合，才能最终引导客户需求，为第四阶段套餐的推荐打下基础。

第四步：推荐套餐 / 业务（图 3-7）

如果说引导客户需求，关键是“问”，那么第四阶段的关键就是在“问”的基础上，更精准地“说”。

“说什么”很重要：要在前面三步的基础上，针对客户兴趣点及需求，清楚地告诉客户能得到什么，将有什么收益，而这种收益是因为套餐及业务的特点、优势带来的。

网点人员在向客户推荐套餐及业务时，应该非常清楚自己在说什么，说的是客户想听的话，而不仅仅是自己想表达的。这里面有一个内容的结构问题，我们常常将之概括为 FADBE 五点。

所谓“F”，是指“FEATURE”，特性，是指套餐的价格、内容、时间及服务等。这是产品的基本组成。

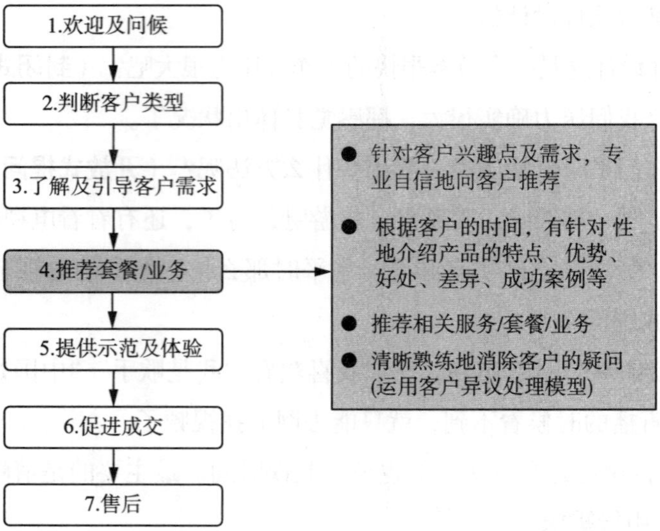

图 3-7　网点现场营销七步法之推荐套餐 / 业务

所谓“A”，是指“ADVENTAGE”，优势，是指产品的优势。既然是优势，肯定是针对竞品而言的。

所谓“D”，是指“DIFFERENCE”，差异，是指产品的独特点。它可以是客户所不能轻易认知的特点，也可以是和竞品相比的差异所在。

所谓“B”，是指“BENEFIT”，收益，是指产品能给客户带来什么。

所谓“E”，是指“EVIDENCE”，成功案例，是指由哪些佐证可以让客户分享，以此来说明产品的实力。

在网点转型培训中，我们常常要求大家针对某一套餐，运用上面“FADBE”结构，写出 3 分钟、1 分钟、30 秒及一句话的产品介绍。

案例 1：

下面两张图，第一张是某广电运营商的官网上的套餐介绍（图 3-8），第二张是运用“FADBE”结构整理出来的该套餐营销话术（图 3-9）。

对于同一个套餐，用两种不同的话术来说，效果自然不一样。

套餐名称	套餐组成	价格	赠品
TVU+ 尊享包	基本直播节目 + 电视回看 + 高清看吧 + 高清点播 + 标清点播 + 大片包 + 高清付费节目	详情垂询当地营业厅或者拨打客服热线	在网两年送机顶盒，送 4M 宽带一年，送高端付费频道半年，标清专业频道 40 套一年

图 3-8　某广电运营商套餐介绍

这是“说什么”很重要的问题。

TVU+尊享包营销话术

F：TVU+尊享包包括了186套高、标清直播节目，支持40套节目7天内回看，同时海量电影、电视剧正版片源，即点即看、流畅清晰。活动期间免费享受4M宽带

A：广电网络是双物理通道，看电视、上网互不干涉，节目更新及时，可快进快退跳过广告选时观看

D：相比其他运营商我们不光传输有××电视台和××电视台自办的5套节目，可随时随地关注本地焦点新闻，还支持40套节目7天内回看，无缓冲

B：广电网络收费透明，不捆绑，无任何额外费用。同时所有电影、电视剧均为正版片源，相比标清机顶盒的清晰度提高了5倍

E：在您所在的小区，已有80%用户办理了我们广电业务，经回访反映不错，现在办理不宜更多优惠活动等你哦

图 3-9　FADBE 套餐话术举例

接下来是“怎么说”的问题。言之有物、言之有理固然重要。但更重要的是还要“言之有情”，能打动客户，拨动心弦。

“什么时间说”“几人同行，对谁说”“说的时候借助什么工具”“说的时候语气、肢体做什么配合”……这些构成了“怎么说”的内容。实际培训中，“怎么说”技巧的培训比“说什么”技巧的培训时间更长。

案例 2：

某广电网络公司有一款售价为1580元的套餐。该套餐价格包含基本收视费、双向点播业务、付费节目、10M宽带、三网融合机顶盒1台、初装费等。

进行这个套餐的推荐，可以采用一种“画地图”的销售方法。

所谓“画地图”，是指在推荐套餐时，运用笔、纸，将套餐的价格给客户进行分解，其操作要点是正向画地图时讲“节约”，反向画地图时讲“优惠”。

正向画地图（图3-10），各业务及设备组成单价加在一起远超1580元，多余的部分就是为用户节约的价值，这就是所谓的“正向讲节约”。

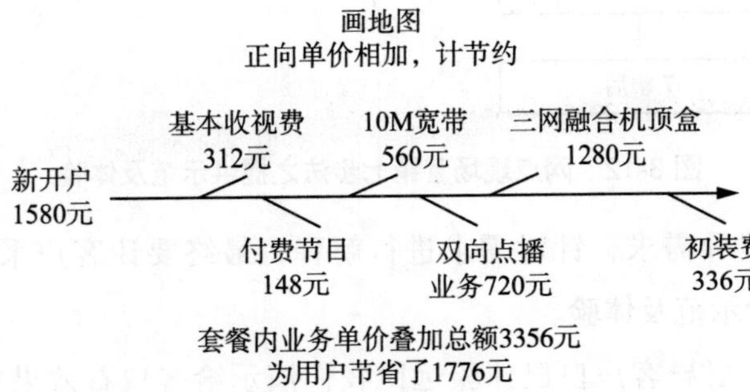

图 3-10　正向画地图推荐套餐 / 业务

反向画地图（图 3-11），用 1580 元减去初装费 336 元和三网融合机顶盒 1280 元，剩下的基本收视费、双向点播业务、付费节目和 10M 宽带就相当于赠送给用户，这就是所谓的“反向讲优惠”。

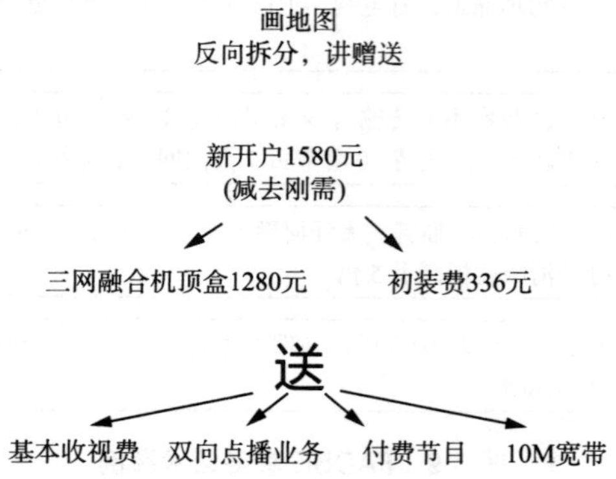

图 3-11　反向画地图推荐套餐 / 业务

简而言之，推荐套餐及业务就是在了解及引导客户需求的基础上，“说什么”及“怎么说”的问题。

第五步：提供示范及体验（图 3-12）

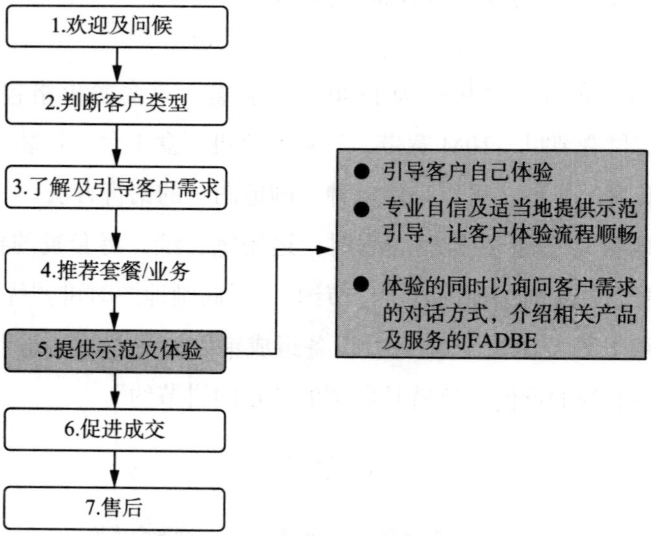

图 3-12　网点现场营销七步法之提供示范及体验

预测需求，引导需求，针对需求进行解释，最终要让客户采取实实在在的行动，一定不能缺少示范及体验。

实际操作中，引导客户自己体验远比我们演示给客户看效果要好。“这是遥控器，您来试试”“这是 3D 眼镜，您戴上试试”“这个键可以回看节目，您试试”。结合第四阶段的推荐，通过观察客户有疑问或者是有异议的地方，在第五阶段通过演示和体验加以化解，是关键。

此阶段，可以将“FADBE”的内容再次强调。“重要的事情说三遍。”当涉及竞品时，只需强调自己的优势和差异即可，贬低对手，也许会让客户反感。

当然，网点员工的站位、语气、手势、眼神等细节，都要通过长期训练。“大方、自信、具有亲和力”是基本要求。

实际培训中，常常通过角色扮演、案例模拟等方式让网点员工掌握这一技巧。

第六步：促进成交（图 3-13）

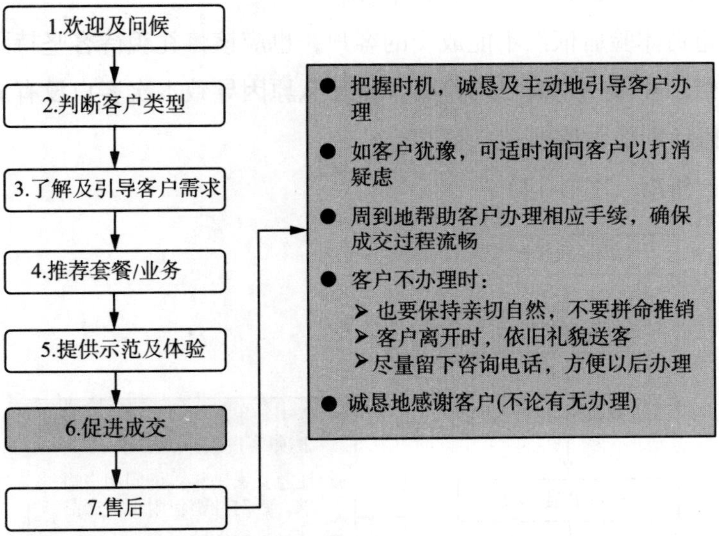

图 3-13 网点现场营销七步法之促进成交

销售中有这样的说法“一切都是为了成交”。虽然看似直接，倒也说出了销售的目的。

第六阶段最难的技巧有两点，第一是成交时机的把握；第二是要敢于开口要求成交。

网点转型培训中，我们常常提问：客户呈现什么特点时，我们可以提出成交的要求？

以下是我们的一些建议：

➢ 当客户重述你提供的利益，或称赞你的产品时；
➢ 当客户的异议得到满意答复，关注的问题得到圆满解决时；
➢ 当客户呈现出一些正面回应，气氛轻松时；
➢ 当客户表现出积极的身体语言和表情时，点头、微笑表示兴趣等；
➢ 当客户询问使用细节时；

- ➢ 当客户询问销售服务事宜时；
- ➢ 当客户询问你目前已经使用的客户情况时；
- ➢ 当客户询问费用支付方式时；
- ➢ 当感觉客户对你有信心时；
- ➢ 当客户听了你的说明，感觉有信心时；
- ➢ 当你总结产品利益，客户表示同意时；
- ➢ 当客户发出使用信息时，如“好！我们试一试……”

把握好了成交的时机，接下来就是要敢于开口成交了。我们常常说“张开嘴、迈开腿、主动问、促成交”就是这个意思。

当然，遇到体验后依然不能成交的客户，也应该将礼貌待客坚持到底，做好客户资料的存档，并做一个简单的判断，是什么原因导致本次客户没有成交，从而为制订后续销售计划提供依据。

第七步：售后（图 3-14）

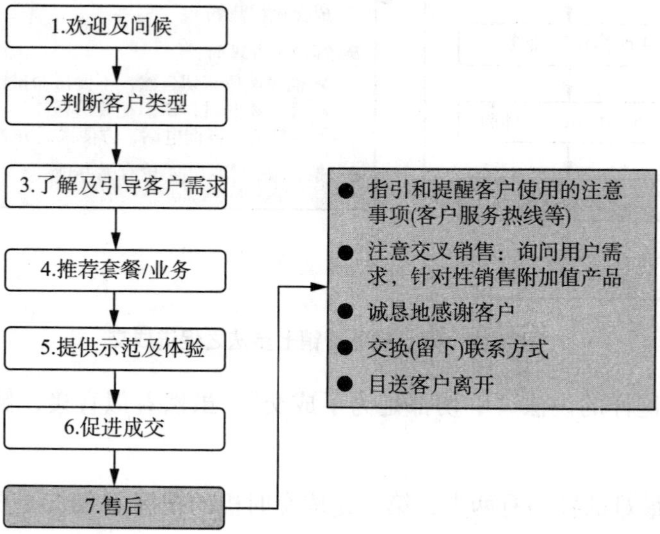

图 3-14　网点现场营销七步法之售后

售后阶段的关键动作主要有以下几点：第一，清楚地将所有涉及产品及套餐、服务售后的问题交代清楚，并留下自己的联系方式，表达自己乐意随时服务的意愿。第二，注意交叉销售，比如购买了宽带的客户是否有硬件采购的需求，开通了互动业务的客户是否有宽带的需求等，在已经建立了信任的基础上，此时的追加销售往往能取得较好的效果。第三，主动开口，请求客户转介客户。事实证明，客户转介是成本最低、效果最好的一种现场营销方式。但很多时候，网点人员羞于开口，或者是成交后的懈怠。殊不知“客户没有转介的义务”，殊不知“只要开口要求转介，就有转介成功的可能”。第四，做好客户的送别，此时应遵循“迎三送七”的礼仪规范，也就是送别客户的礼仪行为要“大”过迎接客户。

以上就是网点转型现场营销的七步法。

三、现场营销的七点心得及七点实战技巧

网点转型培训中，我们还有现场营销的七点心得及七条实战技巧，一并总结如下。

（一）网点现场营销的七点心得（图 3-15）

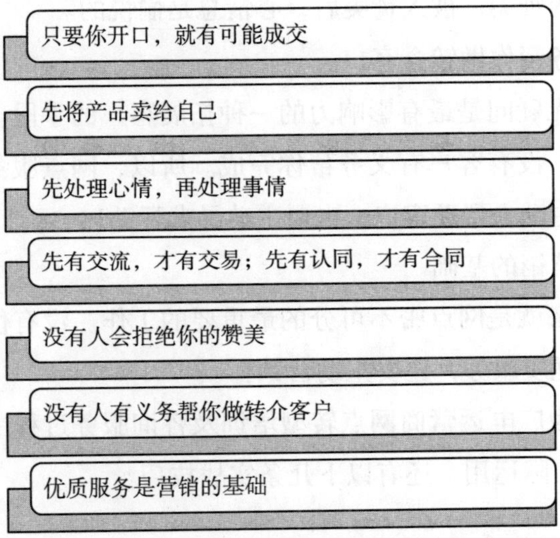

图 3-15　网点现场营销七点心得

1. 只要你开口，就有可能成交

这涉及主动营销的问题，因此，在网点现场营销管理中，要加大“营销开口率”的考核；并做好营销态度的培训，由被动营销转为主动营销！

2. 先将产品卖给自己

网点人员如果拥有了对产品的自信，自然在销售过程中就能有好的表现！在培训中或在实际工作中，尝试着将产品卖给自己，一是检验自己对产品的理解；二是换位思考，用客户的角度来看待产品，从而采用客户愿意听的话术。

3. 先处理心情，再处理事情

“先处理心情，再处理事情”这一条，不仅仅是网点现场营销时要注意的原则，也是网点处理投诉、对客关系处理等具体事宜都应该遵循的原则。试想，如果客户是来维修设备或者是来投诉的，在没有处理好他的抱怨或者痛点之前，是不可能对其进行现场营销的。

4. 先有交流，才有交易；先有认同，才有合同

很多时候，网点人员在对客销售时没有耐心，期待一次接触就有销售业绩出现。其实，换位思考一下，每一次销售的实现都是一个先接受人、再接受产品及服务的过程，特别是那些非生活必需品或者是价位比较高的产品，没有交流，怎会有对人、对产品及服务、对公司的了解，又怎会有认同？没有认同，又怎会有合同？

5. 没有人会拒绝你的赞美

这实际上说的是对客沟通的问题。对客沟通中，我们应遵循 3A 法则，即接受对方、尊重对方、赞美对方。赞美是一种技巧，更应该成为一种习惯，因为，没有一个客户会拒绝你的赞美，被人赞美后，心情总是愉悦的。

6. 没有人有义务帮你做转介客户

转介客户，毫无疑问是最有影响力的一种拓展客户的手段。但如果你不主动开口向客户提出要求，没有客户有义务帮你完成。所以，网点服务人员应该主动、主动、更主动！既要主动去帮助客户，也要主动寻求帮助！

7. 优质服务是营销的基础

服务与营销本来就是网点密不可分的最重要的工作。没有优质服务，营销是不可能实现的；有了优质服务，还要主动营销！

以上是我们在为广电运营商网点转型培训及咨询服务过程中总结、提炼的七点营销心得，具体到实际运用，还有以下几条实战技巧。

（二）网点现场营销的七条实战技巧

（1）在客户来办理新小区开户的业务过程中，网点可向该客户推介“高清 + 互动 + 宽带”或是“互动 + 宽带”等复合套餐，一般成功率会较高。

（2）在客户办理业务的过程中，可向客户了解基本节目包中喜欢观看的节目或栏目，如客户喜欢看 CCTV6 或是 CCTV5 频道的节目，则可向客户推荐 CHC 或劲爆体育等类似产品。

（3）客户来营业厅续费时可推介相似内容或更优惠的复合套餐；如 CHC 可推广中数第一剧场，宽带可推广互动，购买副机客户可推广互动升级机顶盒等。

（4）在与客户交流的过程中，注意了解其职业情况，如教师可向其推广宽带或是“中数节目包”，警察可向其推广“文广包的法制天地”，针对客户职业特点的推荐往往更能让客户接受。

（5）网点现场营销时需注意及时与客户进行适当沟通，比如可了解该客户电视机的品牌和功能，以推介适合该品牌和功能的增值业务，如“索尼”或“三星”品牌的液晶电视机（1920 × 1080 的），可推荐高清等相关业务。

（6）通过沟通了解用户喜爱的事物从而掌握其个性消费，适时推荐合适的业务，如带宠物的用户可向其介绍“宠物汇”节目，抱小孩的用户可向其介绍“育婴宝典”，穿着摩登的白领女性可向其介绍“女性时尚”“靓妆”，针对客户消费特点的推荐往往更能让客户接受。

（7）当客户明显对某项增值业务感兴趣时，服务人员应掌握主动，向客户推荐该业务，不仅进行口头推介，还可充分利用营业厅的各项资源，如体验区演示电视，向客户进行现场演示或让客户亲自试用，以激发客户的消费需求。

以上我们从网点现场营销的重要性、网点现场营销七步法、网点营销的七点心得、七条实战技巧等方面，梳理了营业网点现场营销的经验，希望能助力网点现场营销，实现营业业绩的提升。

第二节　营销氛围营造七个突破

网点现场营销的成功，离不开营销氛围的营造。

所谓网点营销氛围营造的七个突破，是指在遵循网点客户动线设计三原则的基础上，针对网点营销氛围营造的五个层次，运用在网点宣传陈列的四个技巧及三个关键点。

一、客户动线设计三原则

网点现场营销氛围营造的基础是客户在营业网点内的走动线路（客户动线）设计。

在营业网点内合理设计动线，可以促使客户按照设计的路线行走。网点可以使客户在设计的区域接触到相应的产品，加深对企业产品的认识，提升客户的兴趣点，丰富客户的关注点，延长客户在营业网点的逗留时间，最终达成交易。

由此可见，网点关于客户动线设计的基本想法是：不是让客户“简单地”通过，而是让客户“有意识地”停留。其目的在于**把人流转化成客流，把客流转化成业务流**。

因为我们都知道：**人流只是路过，客流是欣赏风景，业务流才是享受风景。**

根据网点内区域与客户接触的频次、接触便利度以及带给客户的体验（具体的体验效果是指视觉、听觉、触觉等综合的感知觉）效果，一般我们将网点划分为金、银、铜三类区域，如表 3-1 所示。

在上述分区的基础上，网点可从实际出发，考虑客户动线管理，从橱窗吸引、产品及服务体验、产品销售、业务受理至营销完毕，全程合理布局，实现高效运营。

表 3-1 网点的金、银、铜三类区域

区域等级	客户接触频次	接触便利度	体验效果
金区	高	易	好
银区	中	一般	一般
铜区	低	不方便	差

原则一：黄金右转原则。

据观察，客户在营业网点的活动习惯“偏右”。因此，根据“黄金右转”原则，建议网点将重要的、主推的、热门的产品尽量布置在客户行进路线的右侧。

原则二：设置障碍原则。

根据此原则，建议网点把握客户的走动路线心理，在其行进路线上设置“障碍”，不让客户“简单地”通过，而是利用道具摆放或人员引导增加客户触点，延长客户动线，让客户转为“有意识地”通过。

原则三：单进单出原则。

根据此原则，建议网点只设置一个出入口，使客户在网点内的动线呈环形，以此延长客户的停留时间，增加接触频次。

二、网点营销氛围营造的五个层次

营业网点的氛围包括物理氛围和团队氛围两个方面。其中，物理氛围的营造通过各种标准化的物料配置，形成简洁、热烈的气氛，通过视觉冲击，在潜移默化中影响客户的潜在需求。

通常，在物理氛围营造方面，临街、入口、营业网点区域（厅堂）、业务柜面和贵宾室是提升氛围效果的五个主要层次。

（一）临街

营业网点在临街处的氛围营造，主要是通过统一、醒目的机构标识来体现。建议结合临街玻璃窗的一体化灯箱设计，以此形成较强烈的视觉冲击力。在有条件的网点，可在与网点相邻的街道树立企业标识和街道广告灯箱，在以网点为核心的街道区域内形成品牌宣传效应。

（二）入口

按照由外到内、层次递进的原则，在营业网点入口处进行重点布置，将标准化的宣传物料集中展示在门口两侧或引导台两侧，使客户一进入网点即可感受到扑面而来的产品信息。

（三）厅堂

在营业网点内部，无论是等候区、墙面、柜面还是自助设备，都可以成为产品宣传的主阵地。通过对所有视觉点的统一布置，从而形成“无处不在”的宣传特点，使客户处于产品信息的宣传中心。

在柱面上，通过悬挂印刷精美的宣传海报，展示企业特色产品及服务；在墙面上，通过张贴大幅宣传海报，展示优秀团队和员工，传递专家服务的形象，使客户树立对网点服务的信心；在设备上，通过张贴温馨提示和使用指引，为客户提供业务操作的注意事项等；在座椅上可设置椅套并于椅背后进行相应宣传；在地面上，可以设置各业务区域的指引标识等。

（四）柜台

柜台是直接面向客户的接触点，每个细节都可以成为影响客户感知、促进销售的因素。因此，为了促进氛围的营造，在柜面可以摆放带有宣传单页的宣传架，使客户可以随时取阅；在电脑的背面可以设置宣传背贴；在有条件的网点，还可以在柜台外的统一位置安装数码相框，展示当期热播的电影或网点主推产品。

（五）贵宾室

贵宾室的设置，既可以用于贵宾的接待，也可以用于集团用户客户接待、业务咨询、产品展示、体验及客户投诉处理等。从贵宾室的门口标识到室内的摆放、物品的配备，均应能体现网点贵宾室的档次。“局部采光”“绿色植物”“智能设备”“咖啡茶具”“墙饰地毯”“馈赠礼品”“高端业务展示”等，往往是贵宾室氛围营造的主要内容，宜营造一种高档、私密的氛围。

三、网点宣传陈列的四个技巧及三个关键点

在遵循客户动线设计三原则的基础上，针对网点氛围营造的四个层次，在网点的宣传陈列要取得明显的成效，必须遵循以下操作细则。

（一）宣传陈列的四个技巧

1. 技巧一：位置明显

网点宣传陈列物品应设置在客户必经之路中心且明显的位置，产品设备的高度与客户的视线等高。

之所以要强调宣传陈列的高度，是因为高度及位置会引起销售的变化。

（1）最佳位置：60 ～ 160 厘米，平视可见，伸手可得，出销率占 50%。

（2）次佳位置：160 ～ 180 厘米，30 ～ 60 厘米，出销率占 30%。

（3）一般位置：180 厘米以上，30 厘米以下，出销率占 15%。

2. 技巧二：色彩过渡

色彩过渡具体体现为彩虹式、琴键式（黑白）、渐变式，并应选择一些装饰品美化产品设备，网点内照明亮度符合要求。

3. 技巧三：新颖突出

（1）可设置突出的造型和焦点，吸引客户眼球。

（2）善于使用立体堆头。

（3）撤销与产品主题无关的道具和 POP(卖点广告) 海报。

4. 技巧四：整洁时效

（1）设备使用后应整理放好。

（2）定期更新宣传品的展示形式。

（3）少用纸质宣传品，尽量使用多媒体宣传。

（二）宣传陈列三个关键点

1. 关键点一：抓住客户的眼，让客户容易看见

要求体验区产品陈列能够体现产品的特点，展现奇特、新颖的面貌；要求 POP 海报、礼品堆头等宣传物料能够造型独特，充分吸引客户眼球。

2. 关键点二：抓住客户的手，让客户容易操作

要求体验区设置有详细的操作指导、使用说明、产品介绍等宣传物料；要求所有的体验设施操作规范，产品设计要简单易懂，位置便利，方便客户操作。

3. 关键点三：抓住客户的心，促成客户购买

要求促销方案的设计、礼品的选择、宣传物料的使用能够满足客户需求，刺激客户消费；要求体验区流动咨询员能充分抓住客户购买欲望的瞬间，促成客户购买的冲动。

总之，网点的现场营销氛围营造其根本即是利用网点的每一寸空间，有序地、系统地、专业地展现网点销售的产品及服务，尽可能多地增加客户接触产品的机会，从而让客户“有意识、受影响地”停留，实现将网点人流转化成客流，客流转化成业务流。

第三节　台席工作改善四大举措

在提升了网点现场营销的操作流程、明确了网点氛围营造的七个突破之后，网点现场营销还必须要对营业网点内最基础的业务办理岗位——台席的工作进行改善。

一、网点台席的发展历程

台席，作为营业网点最为普遍的硬件基础设施，也是企业为客户搭建的沟通平台，不仅体现企业整体服务水平及服务质量，更是企业对外开放整体形象的最好诠释。作为企业价值观与发展观的体现，它所承载的不仅仅是迎接一个客户，送走一个客户那么简单，而更关乎整个社会对企业最为直接与真实的感官认知和心理接受程度。

历经无数春秋的洗礼，台席依旧发挥着它的作用。追溯它的源头，从最早的收费台演变为后来的销售台，职能也从单向转变为双向，这一进步在当时也引起了不少行业人士的首肯与认可。随着时代的变化，市场经济的发展，越来越多的行业人士也开始意识到，销售台也无法满足人们对通信服务业的需求及企业拓新战略。这一变化也加速了台席更快更好的发展。台席的发展历程如图 3-16 所示。

图 3-16　网点台席的发展历程

二、网点台席的功能演变

移动互联网时代，各种新技术的运用，我们可以预见，台席将肩负起更为重大的责任，提供综合服务与客户体验强大功能的同时，也能像营业员一样人性化地服务客户，为客户解决问题。当然，随着客户对数字新业务的体验需求不断增加，台席将不再是仅仅作为一个简易的工作台。台席功能的演变体现在以下四个方面（图 3-17）。

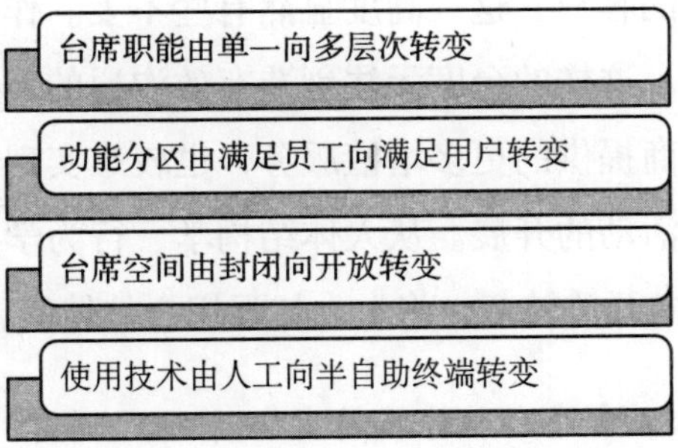

图 3-17　网点台席的功能演变

(一) 台席职能由单一向多层次转变

在营业网点中，台席的受用对象不仅仅是处理业务的前台人员，还有办理业务的客户。在多数营业网点中，我们发现，营业员在操作流程中因无暇顾及一旁的客户，使得正在办理业务的客户总是处于较为被动的等待，使得企业在增长营业利润上错失良机。营业员对台席职能的认识还是只停留在收费、交易这一层面。用户办理业务等候的空隙原本可以进行最新优惠政策的宣传，来实施网点现场营销。

台席的职能从单一化的交易演变为多层次服务营销的融合是市场新的需求。这就要求台席在保留原有职能的基础上，拓宽使用范围。这一点也是营业网点转型对其提出的要求。

（二）功能分区由满足员工向满足用户转变

传统的台席功能分区侧重员工的操作流程及工作便利而忽略了用户的感受。比如传统台席基础的硬件设施，其用处在于将客户数据资料输入终端，通过终端输出数据，打印文档，复印相关证件，核实协议，客户签字，数据的再导入，等等。这一系列流程目的在于确保资料输入无误且保护客户与企业双方的利益。但对于正在办理业务的客户也好，排队等候的客户也罢，都极易造成客户不良情绪的产生。同时台席所摆放的协议单种类较多，比较杂乱，从视觉整体来看，不利于服务场所舒适度的提升，也难于实现业务量增长及工作效率的提高，不利于企业提升服务质量及打造行业口碑。

功能分区向满足用户转变强调在符合服务人员的工作流程及操作规范的同时也要合乎客户的行为习惯，进而提升服务水平。

（三）台席空间由封闭向开放转变

传统的台席注重封闭的空间，用户体验效果不佳。比如传统台席高度在 1.2 米左右，这样的高度导致工作台面采光差，客户通常是站着与客服人员交流。对于一些年纪较大、行动不便的客户，这一高度显然有些不妥。作为企业的形象窗口，团队精神面貌也难以捕捉。这样的台席无法创造有效沟通的环境，客户也无法了解新的业务信息及体验运营商提供的更多增值服务，也较难实现客服人员倾听客户的真实需求，制约正常营销活动的开展。从人体结构学、行为学、美学以及心理学角度出发，台席空间由封闭向开放转变，将大大加强用户的体验，打造高品质的服务。

（四）使用技术由人工向半自助终端转变

传统的纯人工操作将向用户开放，通过半自助终端理念来充分展现数字时代的科技融合，体现数字化与信息化的综合优势，更好地提供一条龙服务。

三、网点台席工作改善的四个举措（图 3-18）

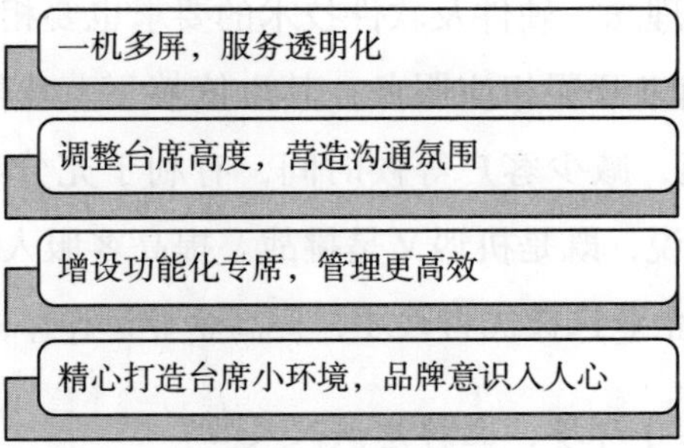

图 3-18　网点台席工作改善的四个举措

（一）一机多屏，服务透明化

台席职能从单一化交易演变为多层次服务营销是市场新的需求，这就要求台席在保留原有职能的基础上，拓宽使用范围，保留原有平台技术的同时，与服务终端技术加以契合，以实现一机多屏互动的技术支持。可运用桌面虚拟化（桌面虚拟化是指将计算机的桌面进行虚拟化，以达到桌面使用的安全性和灵活性）技术，增设屏幕手写功能与视频功能，实现客户数据自行导出。客户端可采用 In-cell（In-cell 是指将触摸面板功能嵌入到液晶像素中的方法）触屏技术，通过指纹或有效证件进行身份验证以此导出数据。屏幕可清楚呈现当前该客户享有的业务及相关资费信息，客户可以“对症问医”，客服也将更好地“对症下药”，同时也能做好此次服务满意度的调查，确保调查输入的严谨。终端作为业务辅助设备，增设视频功能，具有其法律保护意义；同时实现交易透明化，利于协议保存，节约资源，减少台面设施过多造成的拥挤。但企业也得通过横栏的设施设计、增加台席间距等细节以避免客户信息的泄露。除此之外，内部数据库的不断更新与完善，一机多屏设备定期进行的维护以及做好营业人员终端投入使用的各项在职培训，都需要企业花费一笔可观的开销。

（二）调整台席高度，营造沟通氛围

通过我国劳动部门对办公用具的研究分析，台席高度设置可参考 70 ～ 72 厘米，台席可用面积适度加大。屏幕应旋转在营业员双目俯角的 15 度为好。光源则应置于上方，以避免反射光直接进入眼球。此外，电脑与环境中的光线对比不宜太大。

（三）增设功能化专席，管理更高效

针对营业网点办理业务种类的日统计、周统计或月统计，对功能台席的开设进行有效管理。网点主任可根据业务量的统计进行功能席位的增减，不仅仅停留在当前的维修专席、投诉专席、政企客户专席等，可按业务多品牌、多层次进行有效

划分。这就要求台席对各项业务办理具备成熟的技术与先进的设备，在专席设计之初就要植入综合业务的理念，硬件及软件技术的要求也要相应提高。以功能台席为主、专席流动机制为辅来开展相应服务，其也依赖于营业网点管理人员的管理水平，从而实现有效分流，减少客户等候时间，有利于充分利用企业资源，减少浪费。对专席工作人员来说，既是机遇又是挑战。提高客服人员对该项业务学习的热情与积极性，也能帮助企业选拔优秀人才，提高企业运作率。

（四）精心打造台席小环境，品牌意识入人心

精心打造网点台席的小环境，培养内部文化氛围，加强企业对外宣传，可通过一些企业有代表性的吉祥物或图标设计来进行渗透。

日常管理中，应将台席摆设形象化当做常规工作来抓，致力于打造人文和谐、舒适的服务标杆场所。最直接的做法就是在台席摆设上植入企业文化，哪怕一支笔、一张纸，也可在细节处让文企业化深入人心，令人愉悦。

综上所述，我们从四个方面介绍了台席工作改善的具体操作方法，即“处处用心皆服务，处处留心皆营销”。提高网点现场销售的成功率，塑造良好的网点形象，从日常的台席工作改善开始！

第四节　炒店“五五七七”工作法

营造好了网点的营销氛围、优化了网点现场营销及台席工作的流程，接下来要做的就是快速地通过网点的聚焦活动将网点“炒”起来。

炒店，就是炒作你的网点、炒热你的网点，提高网点的知名度，提高网点在消费者中的人气，吸引尽可能多的客户来光顾你的网点，从而增加现场营销的机会，推动销量增长。

每逢重要节日，或是有新产品、新业务出现时，总能看到运营商在网点开展各式各样的活动，有宣传，有优惠，有体验，等等。这些其实都是通过炒店来增加网点客流量的营销方式。

实际操作中，我们将炒店五大目的、五大原则、七步流程及七个技巧概括为为“五五七七”工作法，下面简要进行介绍。

一、炒店的五大目的

（一）目的性

炒店是目前提升网点绩效的有效手段，也是网点销售规模上量的加速器，只要方法得当、规定动作、关键点落实到位就能达到规模上量的目的。需要明确的是

炒店是以提升销量为目的，而非单纯的做品牌宣传，故在活动的组织方面需统筹考虑。

（二）针对性

由于每个网点的区域特点、周围消费者类型、资源投入、人员配备等情况存在较大差异，所以要针对每个网点特点制订“一点一策”的炒店方案，提高针对性。

（三）创新性

只有在炒店的形式和内容上有所创新，才能长期吸引用户眼球，刺激用户购买欲望，提高门店的知晓率，形成口碑效应，从而达到销售持续提升的效果。

（四）多样性

炒店中体验的方式、抽奖的形式、销售的主题、塑造的氛围等不能拘泥于一种展现形式，要根据时节性、热点事件、主推活动及销售情况的变化，不断转变和增加展现形式。

（五）自发性

要将短期的炒店活动转变成自发的、常态化的活动，网点应在节日、周末等时刻持续开展活动，提升销量，聚集人气。

总之，炒店的目的是聚人气，通过扩大网点的知名度，扩大用户的参与度，实现网点的人流转客流、客流转销量流、销量流转销售额。

二、炒店的五个原则

炒店是针对现有网点（新点或老点重开）的炒作，通过“炒”来带动网点的宣传及终端销量的提升。

“炒”要根据每个网点所处位置及人流的不同，因地制宜、量体裁衣，一店一案，为确保效果最佳，需做到“五个适合”原则（图3-19）。

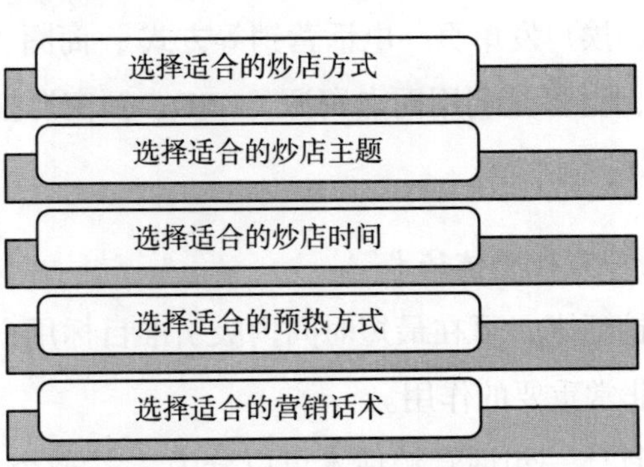

图3-19　炒店的五个原则

（一）选择适合的炒店方式

不是所有的网点都适合做路演等“爆炒”方式，具体的炒店方式要结合网点周围的环境。

例如：在竞争对手云集的商圈，关键在于吸引目标客户入店，可采用路演等“爆炒”方式。针对店面位置相对偏僻的专营店、自有网点，或客流量相对固定的超市（有入驻柜台）的地方，可通过搭帐篷、拱门或摆堆头等，聚集人气，寻找目标客户。

（二）选择适合的炒店主题

根据网点位置的不同，选择不同的主题。以电信运营商为例，如商圈店突出“4 吋大屏智能机 0 元购”主题，小区店突出“宽带提速，续费还送智能机”的主题；根据节日的不同，选择适合的主题，如父亲节突出“感恩”主题，情人节可做“情侣机、情侣号”主题等。

根据当地热点事件的不同，选择相呼应的主题。例如：某地有演唱会，购机抽奖中演唱会门票等；高考结束前后，活动主题可定为“上大学，换手机，选天翼”和“高考生购机送千元话费”等。

（三）选择适合的炒店时间

对于网点的炒作要根据网点周边人流的特点和高峰期，有针对性地选择炒店的时间。例如：写字楼附近的网点，选择周五炒店（中午及下午下班时间效果最好）；集市附近的网点，选择赶集时炒店（9:30 ～ 14:00 效果最好）；小区商圈、校园附近的网点，选择周末炒店（16:30 ～ 20:00 效果最好）。

（四）选择适合的预热方式

针对网点炒作的预热准备要因地制宜，根据周边人员活动的习惯方式进行。例如：小区、校园及写字楼门店提前两天预热，可采用在小区（或校园、写字楼）的宣传栏张贴活动海报、挨户发单页、电话营销等方式；商圈、通信一条街等，除在网点内提前做预热外，更多是利用网点资源（LED、橱窗海报等）及活动现场拦截用户进行预热。

（五）选择适合的一句话营销话术

适合的一句话营销话术，可在最短时间内吸引准目标用户，适合的营销话术对于促进成交来说具有非常重要的作用。

对于炒店现场的具体一句话营销话术可以分为：拦截类、推介类、体验类等。

以电信运营商为例：小区网点的拦截类话术核心点为“办宽带送智能机”，以便迎合小区用户的需求点；商圈网点拦截话术的核心点“凭单页免费抽奖，100% 中奖”，以吸引过往的准客户到店，增加销售机会；推介类话术如“0 元购智能机还送大礼，限时优惠，机不可失”等。

三、炒店操作的七步流程

确定完炒店的时间、地点和主题后，活动的现场流程基本如下：前期预热宣传→会议部署及总结→实施用户拦截→优化体验区布置→邀请客户参与→促成业务销售→抽奖聚集人气（图 3-20）。

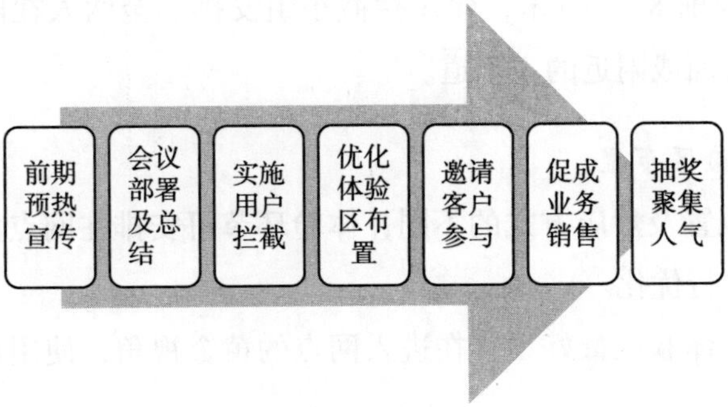

图 3-20　炒店操作的七步流程

（一）前期预热宣传

活动开展三天前要进行预热工作，预热工作做足、做细，此次活动就成功了一半。

（1）活动前三天，更换网点 LED 宣传广告语，网点全员开通个人微博、微信等进行整体活动的宣传。

（2）活动前两天，进行自制海报的粘贴和单页的上门发放工作。

（3）活动前一天，电话外呼营销结合。

（二）会议部署及总结

活动当天召开晨会部署安排、午会小结及晚会总结。

（1）晨会：活动当天由活动总负责人（店长）召开全员例会，进行活动部署，会议内容包含本次活动的政策、人员分工、现场布置、关键环节操作的注意事项等活动的具体工作。

（2）午会：根据活动当天上午的现场销售情况及存在的问题，及时对展位、人员分工等做出相关调整。

（3）晚会总结：根据一天的销售量，做出此次活动的日总结。日总结要求所有店员全部参加并每人总结活动的优点和不足，以保证第二天的活动质量。同时，做好记录并补充到本店的炒店方案中，为以后炒店工作的开展提供积累。

（三）实施用户拦截

活动期间拦截小组的工作主要是在网点外的沿街及周边店铺等进行单页发放和拦截工作。在拦截过程中，要求工作人员不能以发放单页为目的进行拦截，而是要总结一句话的营销，吸引用户到网点体验业务。

例如："我们现在搞活动，凭借本单页可以免费抽奖，100% 中奖。"最佳的场外拦截位置在店面前 8 ～ 10 米，建议拦截小组安排一至两人在网点外，另外一至两人安排在马路对面或附近的主干道。

（四）优化体验区布置

根据网点的位置及炒店方式的不同，体验环节可安排在网点内或网点外，并要对体验区的布置进行优化。

（1）位置上，体验区最好设置在进入网点的黄金视角，使用户产生强烈的视觉冲击。

（2）设备上，要求体验设备必须预装不同的业务来满足各个消费群体的需求。

（3）布局上，要求考虑客户行走路线，尽可能延长客户在网点的停留时间，并尽可能将主推业务及产品展现在客户视线所及之处。

（五）邀请客户参与

在体验区周围要有专业的导购人员，总结出用户所体验产品及服务的一句话营销，短时间内引起用户的共鸣。通过用户在体验过程的表现来判断其是否为准用户，若为准用户则进入销售环节；若为凑热闹的人员，则安排其参加派对抽奖，提升人气。

（六）促成业务销售

促成业务销售时，要注意成交氛围的营造。常常见到在车展或者楼展中，对于现场成交的客户，主办方都会在成交之际，敲锣祝贺或是击掌鼓励，这都给周围的客户一个很好的暗示。人都是从众的，现场成交气氛越强烈，往往销售业绩也越好！

（七）抽奖聚集人气

抽奖环节是聚焦人气的非常好的手段。

抽奖区要设立在网点外的显著位置，抽奖方式可多样化，可以设立普奖和大奖。例如：用户凭借宣传单页体验完毕后填写个人信息表便有小礼品相送。

现场抽奖要根据参与人数定时、定量组织，形成排队，传递现场有抽奖活动的信息，引导客户积极参与。例如：购买产品或参与体验的用户可以待到整点或半点时进行现场抽奖，以抽奖的形式聚集人气，吸引更多用户入店。

四、炒店实操的七个技巧

在炒店实际操作过程中，有很多可使用的工作技巧（图 3-21）。

图 3-21　炒店实操的七个技巧

（一）宣传预热技巧

（1）依托现有网点内资源预热。更换网点 LED 宣传广告语，24 小时滚动式播放活动的具体时间和活动内容。

（LED）屏宣传要点如下：

- 惜字如金，最好不要超过 12 字；
- 翻页比滚屏效果好，至少要停留一分钟；
- 炒店主题在炒店期间固定显示或活动前显示；
- 字体够大，要醒目，要有震撼、惊爆、钜惠等字样。

（2）微博及微信预热。网点所有店员开通微博及微信，通过个人微博、微信朋友圈平台的网络优势进行整体活动的宣传。

（3）发放单页或张贴海报。分析活动网点的地理位置，对网点沿街商铺或居民区进行自制海报的粘贴和单页的上门发放工作。20:00 后，在人流量较大的区域，如广场、商超等，组织工作人员发放单页，并提炼一句话营销语“周末搞活动，凭此单页可免费领取礼品”。

（4）其他预热方式。如夹页海报、电视字幕广告（三天）、条幅、广播、宣传车等。

（二）氛围营造技巧

活动当天要提前在网点外通过安置彩虹门、帐篷，组织活动游戏来烘托活动氛围。

1. 礼品摆放技巧

礼品要放置在户外靠近用户的位置，并且要求以实物或包装箱的形式，大规模地进行摆放，最好可以摆放如“电视、洗衣机”这样的大物件并张贴上特等奖的爆炸贴以制造噱头，吸引、刺激顾客。

礼品选择的五个技巧如下：

- 尽量选择带有公司 LOGO 的物品，可以公司统一定制；
- 选择适合季节性的物品，如夏季的太阳伞、小扇子、夏凉被等；
- 选择实用性强且不是一次性的物品，如不锈钢锅、水壶、自行车等；
- 慎选用食品和有安全隐患的物品，如牛奶、饮料、打火机、电器等；
- 终端销售赠品与抽奖礼品要区分，达成销售的赠品尽量选择与终端使用相关的，如上网本等，抽奖礼品个头要大且种类丰富。

2. 帐篷摆放技巧

炒店活动投放的户外帐篷不少于两顶，一般帐篷摆放在离店面马路最近的位置，同时应提前做好活动相关主题的条幅，悬挂在帐篷上，以此吸引用户，做好活动宣传。

3. 网点内的气氛布置

在网点内通过悬挂海报、粘贴爆炸贴来烘托活动促销气氛，尤其在网点内显著位置张贴海报，既能烘托气氛也能起到宣传的作用。

4. 户外听觉氛围营造技巧

活动期间，通过投放户外音响，循环播放活动宣传内容，制造现场效果，并通过麦克风来宣传。

5. 单页印制的技巧

单页是让用户了解活动内容的重要形式之一，单页的主题或内容足够吸引人才会达到聚集人气、引客入店的效果。

单页的制作有以下五个技巧：

- 单页要有突出的主题，主题的内容要通俗易懂，有阶段性，有针对性，如结合奥运会、结合店庆等内容；
- 通过在单页醒目位置印制“免费抽奖”“进店抽奖”等内容（或雕刻类似内容的印章提前盖在单页上），提高顾客的参与性；

➢ 将单页背面或下边设计为用户资料收集或订单格式，通过“填写订单更多优惠”等方式找准顾客；
➢ 在单页上印刷代金券、礼品券等内容，这一招可以帮你找到“目标顾客”；
➢ 单页上要提前印好联系方式或空出位置写上联系方式。

（三）客户拦截技巧

发单页拦截是聚集人气、发现准目标客户非常有效的方式，通过一句话营销，吸引用户了解活动内容，进行体验。

（1）单页上要提前留好联系方式。

（2）发单页人员男女搭配，男的发女的、女的发男的。

（3）遇到情侣发一张，发给女的；带小孩的发给小孩。

（4）年龄太大或太小的单人不要发。

（5）要防范收单页 / 废品的，如遇到可采取告知不要收电信单页或站在其上边发让其跟不上收的方式。

（6）实在不想要的人不要勉强发。

（7）发单页时，必须有拦截话术，如“我们搞活动，免费抽大奖”等。

（8）统一服装，如统一的工装或 T 恤，可佩戴绶带，给人以正规、大气的印象。

（9）派发小礼品，如钥匙扣、扇子等，但需要带 LOGO 标识，并简单介绍本次活动。

（10）通过麦克风大声宣传。

（11）进店填表送礼品券，由销售人员在其填表时介绍活动。

（四）客户体验技巧

体验用品包括电视、音响、电脑、体感游戏设备，通过音乐、影片、游戏吸引用户。

（1）体验人多时控制节奏，等待人员要有销售人员进行活动介绍，并组织游戏竞赛。

（2）播放影片中间插播产品及服务广告，根据广告内容进行有奖问答。

（3）通过产品及设备的一些特殊功能让用户学习使用，并进行操作比赛。

（五）抽奖操作技巧

炒店中多数店面都会通过抽奖的方式吸引用户、聚集人气，主要有免费抽奖、体验抽奖、购买抽奖等。

（1）想抽奖的顾客首先要填写信息表，有条件的在网点内填写，填表时销售人员上前演示，并介绍产品，意向用户快速下单（冲动消费期），可用户先排队，销售人员代办。

（2）顾客抽奖信息表不要太简单，提高用户感知。

（3）控制抽奖速度，让抽奖客户排队，能够更加吸引人气。

（4）确保排队人员人手一张单页。

（5）摊前无人气可找几人排队引人气。

（6）网点外抽奖，网点内领奖（奖品摆店外），可再次进行业务及产品演示。

（7）大奖用户通过照相、喊口号等方式增加客户在网点的停留时间。

（六）路演实施技巧

（1）节目不要太多，表演完一个节目后，就要穿插活动或产品介绍或应用体验，一般节目间隔时间不少于10分钟。

（2）应提前与主持人进行沟通，对主持人的业务知识进行培训，主持时要隔几分钟就重复下活动主题和活动内容。

（3）路演的主要目的是聚集人气，但炒店的主要目的是销售。所以，一旦路演聚集较多人气后，就应该暂停路演，引导客户入网点参与体验等。

（4）路演最易陷入“有人气无销量”的误区，一旦发现路演网点出现有人气无销量情况时，必须进行总结并对现场安排进行调整。

（七）产品销售技巧

通过一段时间炒店，多数网点能够炒出声势、炒出人气，但也会出现“有人气没销量”的误区现象。下面总结提高成交率的三个技巧。

（1）提前将产品包装成礼包，变合约品为快销品，缩短业务办理时间。

（2）通过顾客的基本信息、体验兴趣、体验时长等方面筛选目标顾客。对于意向顾客转入销售环节，可通过绿色通道等方式加快成交速度，非目标顾客引导其网点外排队抽奖，吸引人气。

（3）各小组分工形成闭环，网点外拦截组尽快将顾客引导至网点内交给销售组，网点内顾客较多时网点外抽奖、体验组要延长顾客体验时间，进行简单介绍；有网点外路演的，提前和主持人做好沟通，根据网点内人数控制现场节奏。

综上所述为炒店“五五七七”工作法的基本内容。“新点开业”及“老点重开业的”的炒店操作细则，详见“工具运用”部分。

第五节　网点五类营销话术编写

无论是网点的现场营销还是网点的炒店活动，都需要规范、统一、高效的营销话术作为工具支撑。

营销话术的统一既体现了规范的管理，也体现了员工的高素质，更是产品品牌的延续及产品销售统一管理、精准营销的保证。对于网点销售而言，尤其如此。

一、营销话术的作用

营销话术作为销售的一个辅助工具，其作用就像是装备对于运动员，具体表现为以下几点。

1. 标准话术是应对客户异议的有力工具

将能够成功、高效解决异议的对话（应答）编成标准话术（文本），让所有营销人员记住，让大家都有解决异议的有力“武器”。

2. 标准回复能让客户增加信心

当客户对产品不够了解或犹豫不决、不知如何选择产品的时候，标准回复能让客户及员工增加信心。

3. 标准话术能快速培养营销人员

培养一名合格的营销人员需要六个月至一年，培训成本高、耗时长。标准话术的提供能缩短培训营销人员的时间。

二、营销话术的编写方法

既然话术这么重要，话术的编写理当集全公司之力，而不是仅仅是市场部或者是营业网点的职责。一般而言，营销话术的编写方法有以下几种。

（一）岗位编写法（图 3-22）

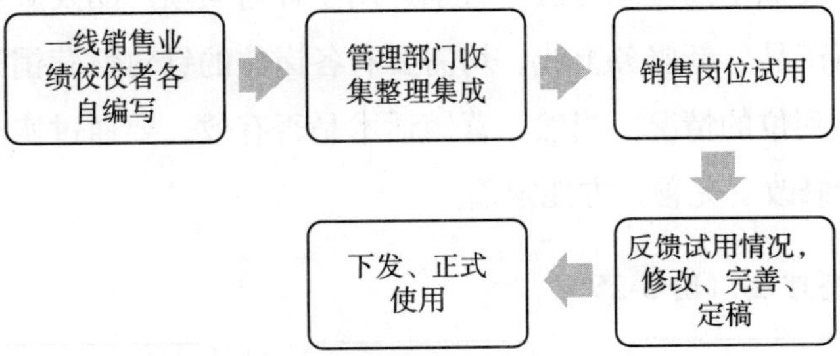

图 3-22　营销话术编写方法之岗位编写法

岗位编写法要发动优秀员工参与编写，“从群众中来，到群众中去”，这样产生的话术，在话术的针对性、口语性方面的优势比较明显。

（二）权威编写法（图 3-23）

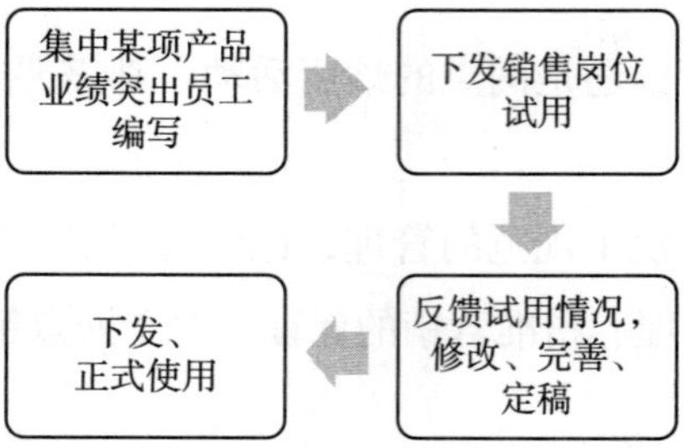

图 3-23　营销话术编写方法之权威编写法

相对于岗位编写法，采用权威编写法，由部门主管或专业人员编写集成的话术，在系统性、理论性方面有一定的优势。

使用权威编写法编写营销话术时应注意以下两点。

（1）“权威”是“真权威”，即既对公司产品业务熟悉、具有丰富的营销实战经验，又掌握了一定营销话术编写的理论知识，属于那种“做得漂亮、说得精彩、写得生动”的人。

（2）权威编写法编写出的营销话术，一定要放到营销实战中检验。

（三）集中编写法（图 3-24）

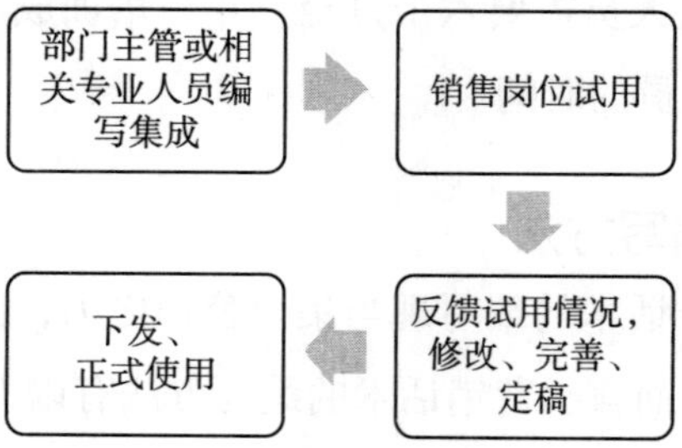

图 3-24　营销话术编写方法之集中编写法

集中编写法类似于岗位编写法，特别适用于针对某项产品及服务短期编写营销话术。但凡是新产品、新服务上线，均需要有各岗位的针对性营销话术。不能出现营销话术支撑不到位的情况。当然，营销话术是否有效，要通过实战检验，并反馈使用情况，不断修改、完善、方能定稿。

（四）收集整理法（图 3-25）

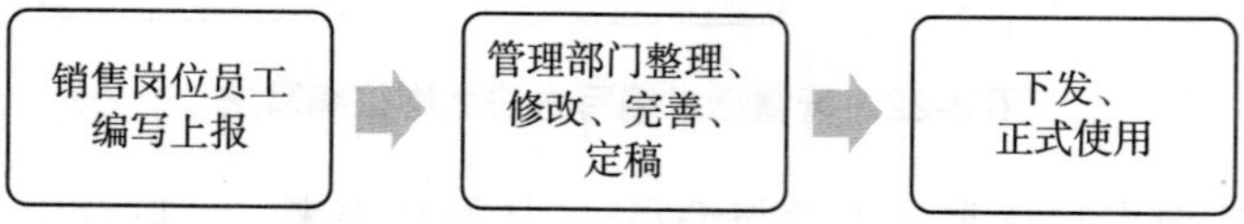

图 3-25　营销话术编写方法之收集整理法

收集整理法是指让销售岗位员工编写上报，再整理完善、定稿。这也是一种集思广益、很有效率的编写方法。

（五）借鉴法（图 3-26）

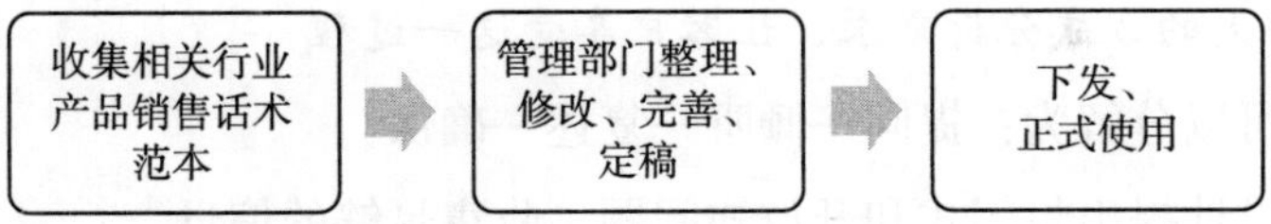

图 3-26　营销话术编写方法之借鉴法

他山之石，可以攻玉，借鉴其他行业产品营销话术范本，加以针对性的修改，能起到事半功倍的效果。

三、营销话术的编写要点

营销话术的编写，要站在客户的角度，以成果为导向、以绩效提升为基础，编写内容应突出实战性。以一个完整的面对面销售流程为例，营销话术的编写要点应包含以下几点。

（一）引起客户的兴趣，寻求面对面的沟通机会

依据 AIDA（引起注意—产生兴趣—激发欲望—采取行动）销售模式，销售话术的编写首先要引起客户的兴趣。

1. 吸引客户注意力，有吸引力的开场白，充分表示对客户的尊重

（1）问候语。

（2）自我介绍。

（3）询问需求。

2. 引导客户兴趣，设计同理心式的提问来培育兴趣

（1）直接陈述产品的最终价值。

（2）介绍、陈述具有刺激性。

（3）陈述能够让用户感到惊讶。

（4）利用好奇心。

（5）真诚地赞美用户。

3. 及时满足客户渴望，立即让客户体验与需求相吻合的产品或服务

（1）感官体验：视听上的体验，强调舒适性。

（2）交互体验：操作体验，强调易用可用性。

（3）情感体验：心理上的体验，强调友好性。

（4）信任体验：强调质量及可靠性。

4. 及时帮用户做决定，设计语言要果断

例如 ：“您先把礼品拿好”“我马上去给您开通”“您是刷卡还是付现金”“我先帮你数钱吧”等。

（二）以聊天的方式分析需求，让客户享受这一过程

这一过程可以分解为：提问—倾听—复述—确认。

1. 提问：设计提出封闭式和开放式问题，收集足够的信息

例如：“除了这些，先生，您能再说一点对产品的期望吗？”

2. 倾听：开放友好的肢体语言，对客户的观点予以肯定

例如 ：“您对这类产品已经很了解。”倾听客户谈话时，注意身体前倾，适当点头对客户的观点予以肯定。

3. 复述：用自己的语言复述客户的表述

例如 ：“请允许我简要确认一下‘您想买一个既能看电视，又能上网的一体电视机，您看是这样吗？’”

4. 确认：确认你的理解与客户达成共识

例如 ：“听了您的意见，我认为您很适合这款产品。先生，我请您一起到产品展示区那里体验一下。”

（三）充分展示产品价值，增强客户对产品的依赖

展现产品价值，用得最多的是“FAB”模式。

（1）产品特性（F）：将“我的标准”设定成客户的“购买标准”。

（2）产品优点（A）：主要以“五感销售”强化产品优点。

（3）产品利益（B）：有针对性地介绍产品的优点，以突出对客户的好处。

（四）有效展示产品优势，突显高于竞争产品的价值

1. 认可客户

承认客户的判断是明智的，承认竞品的优势，牢记客户的需求，介绍本产品与竞争产品相比的其他优点。

2. 进行比较

从对客户有意义并对产品有利的方面进行比较。如 ：高科技亮点，品牌声誉，售后服务等。

3. 提升地位

强调与竞争对手不存在优势差异，例如 ：固定电话是电信特长，但有线电视是我广电的优势，全国有两亿用户在使用我们的有线电视……

（五）有效化解客户对产品的疑义，消除疑虑

（1）客户表示异议是一个得到客户更多想法和向其展现更多优势的绝佳机会。

（2）回应前，应首先倾听客户的意见。

（3）将异议转变为卖点。

（4）对客户表示关怀，以提高成交的机会。

（5）认可他们的担忧，理解并认同客户的感受，然后给出您的解决方案。

（六）帮助客户体会到我们对其价格期望的感同身受

（1）认可异议：表明客户有异议是正常、正确的。

（2）换位思考：交换立场。

（3）扩大话题：站在客户的立场扩大话题，创造机会。

（4）延迟处理：给予承诺和建议，稳住客户，让客户感觉有影响力。

我们要做的是：能够让客户体会到我们对其价格期望的感同身受，让客户感觉价格商谈是直接、有诚意的，最终体现出我们服务的物超所值、诚意和透明度，超越客户对价格的期望。

（七）在轻松的气氛中促成销售

（1）同理心：表达对客户慎重考虑购买决定的认可。

（2）分析：说明客户现在购买的好处，稀缺性、时效性……促成销售；如果客户不能确定，尊重客户的想法。

（3）提供方案：站在客户的角度提出特别方案。

（4）埋下伏笔：定下一次联系和促成的理由，持续跟进。

我们希望和每个客户的议价都可以一次成功、立刻成交。然而由于每位客户所处的购买阶段不同，并不一定都会立即成交，这个讨价议价的过程省略不了。

（八）将客户注意力聚焦在共同的利益上

（1）让客户了解你要做的事情、对客户的好处以及所需时间。

（2）向客户提问，了解他对服务的期望，试探客户的反应，如果期望无法达成，则尝试了解客户期望的来源，如个人经历、他人转述等。

（3）展现经验：告知客户专业的经验，举例说明产品服务的必要性和复杂度，客户了解得越多，对其原有期望值的影响越深。

（4）展示关心：真诚表达潜在的风险和你对客户利益的关心。

（5）了解客户的期望，并引导客户了解我们工作对他的利益，将客户的注意力聚焦在我们和客户共同的利益上。

四、网点营销话术的编写（以广电运营商为例）

（一）网点营销话术的分类

根据网点服务销售的流程，我们一般将网点营销话术分为以下五类：①欢迎话术；②产品介绍话术；③价格应对话术；④投诉应对话术；⑤结束成交话术。

（二）欢迎话术的编写

欢迎话术的编写应突出热情及规范。

当客户发出沟通信号时，在 10 秒内必须先有问候语的反馈，让客户感受到尊重和热情的接待。

- “您好！我是营业员 ××，很高兴为您服务！有什么可以为您效劳的？”
- “您好，我是导购员 ××，很高兴为您服务！您刚才提到的无线猫的机顶盒有货，请问您现在需要马上办理吗？”
- “您好！我是客服代表 ××，很高兴为您服务！您的业务正在办理，麻烦您稍等。”
- “您好！我是导购员 ××。您的排号可能还要稍等一会儿，要不请您到这边坐坐，顺便可以体验一下我们的高清互动电视。”

（三）产品介绍话术的编写

产品介绍话术的编写一定要注重将产品的功能转换为客户的利益。

（1）产品介绍时，一定要让客户了解他没使用过的产品或功能，让他知道有一个尚未被满足的需求，或是一个尚待解决的问题。

- “请问您知道我们近期上市了一款有很多新功能的机顶盒吗？”
- “现在看电视、用宽带，我们广电一根线就可以实现了。”
- “以前您是看电视，现在可是已经到用电视的时代了。”
- “电视机已经开始更新换代了。”
- “手机上网、看电视，我们的机顶盒一样可以实现。”

（2）将产品或服务的功能转换为客户利益：向客户展示你的产品或服务是解决他（她）问题的最佳及最经济的方案。通过你的产品，让他（她）能享受生活和工作。

- “高清机顶盒清晰度是标清的五倍，对小孩眼睛好。”
- “液晶大屏电视不用高清机顶盒是一种浪费。”
- “互动时移电视让您不用担心错过足球比赛。”
- “开通‘高清影院’，等于把电影院搬回家，新电影随时看，还省钱。”

➢ “参与购买（套餐）活动能增加很多您喜欢的节目内容，为您省了很多费用，使您得了实惠！”

(四) 价格应对话术的编写

编写价格应对话术，首先要了解客户要求降价的基本原因，一般而言，客户要求降价，主要有以下四个原因。

（1）客户习惯性试探价格底线。

（2）客户认为产品价值与价格不符，以前买的比现在便宜。

（3）客户的经济承受能力与产品价格的确有差距，需要下很大决心。

（4）通常类似产品卖得更便宜，所以要求降价。

你需要问“您为什么会觉得这个价格贵呢？”并耐心说明，可以采用以下话术：

➢ “我们是国有企业，定价机制很严格……”

➢ “因为您买的是单件产品不能降价，如果您买的是套餐包……”

➢ “我非常理解您的心情，当然，谁都希望能以最低的价格购买到最好的产品。”

➢ “您绝对放心，像这么好的产品，今年上市以来我们每天销售几十套，从来没有降过价。”

➢ “我们有完善的24小时服务热线，维护人员可以随时上门服务，保证您的正常使用，让您完全无后顾之忧。”

➢ “非常抱歉！您说的价格真的很难办，这个价格是我们公司今年以来最低活动价格了，如果不是搞活动，是没有这么优惠的。”

关于价格应对，我们应认识到：

➢ 广电有线电视产品的贵与不贵跟产品本身没有多少关系，而跟客户的自我判断有关系，值就不贵，不值就贵；

➢ 只要话术说得好，客户就能理解你的心情，自然就不会跟你讲价了；

➢ 你要千方百计让客户有台阶下，有面子，让他放心，让他感觉到物超所值，自然就不会讨价还价了。

(五) 投诉应对话术的编写

在耐心听取客户投诉的基础上，投诉应对要做到避免升级、快速补救、减小影响。可采用以下话术：

➢ “您好！是有什么问题让您不满意了吗？哦……，很抱歉给您添麻烦了，请您放心，我们公司现在实行无条件更换，我马上给您办理。”

- “您好！很抱歉给您造成的不便，给您添麻烦了，请稍等，我马上向领导反映，我们一定会给您一个满意的答复。”
- “谢谢您给我们提出的意见和建议，我们虚心接受，并请您监督我们的服务。”
- “如果这个瑕疵不影响您收看的话，您继续使用吗？不过，有什么问题可以随时来更换，这次我们特意赠送您一袋强力洗衣液，以表歉意。”
- “这个事情给您添麻烦了，请接受我们的歉意！您认为不可以接受的话，需要我们退款，请您到这边（VIP 室）来办理。”

（六）成交结束话术的编写

成交结束阶段，要对客户表达谢意，夸奖客户。因为我们都知道，没有讲出来的赞美是被克扣的报酬！

成交结束阶段，要祝贺客户，同时向他表明他的决定是正确的，谁不喜欢听别人称赞自己做出了正确的选择呢。可以采用的话术有：

- “您真有品味（您很讲究生活质量、您很在行等），我相信，您把这件产品带回去，您的家人一定都会很满意！”
- “真羡慕您（对夫妻）有这么一位好丈夫，他这么爱家，您真幸福。”
- “恭喜您做了一个明智的决定。”

网点营销话术编写后，要通过培训、辅导等方式，确保人人过关，让网点所有员工掌握，并在实际运用过程中不断完善、优化！

第六节　现场营销督导关键六步

前文已经对网点的制度管理做了基本的介绍。对于网点而言，规章制度、操作规范、服务流程、考核标准等是网点日常管理的基础。网点日常运营管理、现场营销管理同样需要专业的方法及工具支撑。

一、两会三巡两示范

营业网点日常运营的管理可以概括为“两会三巡两示范。”

“两会”即指营业网点每日进行的晨会及夕会。利用晨会的简短时间，对昨日的工作进行回顾，对今日的工作进行布置，并且对重点要推荐的业务进行介绍，对特别注意事项进行交代，培训激励、振奋情绪等，都可以归入晨会的内容。很多网点还将员工业绩承诺加入晨会内容，和夕会的总结相呼应，也是一个不错的做法。

“三巡”即指营业网点主任每日选择三个时间点对网点进行巡视，检查网点各项工作。这三个时间点的选择可以根据网点的业务情况、员工的表现及业绩情况灵活调整。一般选择网点刚刚开始营业时，网点员工最为懈怠或者疲倦时，以及网点业务最为繁忙时。

“两示范”即指营业网点主任通过两次示范做出服务及销售的表率。现场辅导是网点管理者的一项重要工作。发现问题，及时解决问题，并且身体力行，做出表率，这样的辅导方法比事后的指导效果要好很多。

“两会三巡两示范”对于网点服务及销售工作的效率及质量提升起到了积极的作用。

二、现场营销管理“六看检查法”

现场营销“六看检查法”是“两会三巡两示范”管理动作的细化。通过“一看氛围、二看士气、三看动线、四看激发、五看数据、六看活动”这六个关键动作，检讨检查项是否具备或达到规范标准，分析存在的问题，提出优化建议，最终形成落实到人的具体整改意见加以实施。

现场营销“六看检查法”既包含了硬件指标，也包含了软件指标；既有结果评价，也有过程管理；既有对员工个人的检查，也包含了对整个团队的评估，对于网点的运营管理具有非常强的指导作用！

（一）一看网点氛围

依据营业网点的功能分区，对于网点的氛围检查从外至内又可分为临街、入口、厅堂、柜面、贵宾室这五个部分。对这五个部分，应从宣传设施及氛围效果两个方面来评判网点的氛围营造工作。既要对网点氛围营造的设备设施的清洁、完整以及宣传内容的规范、清晰、时限等进行考评，又要站在客户及管理者的角度对氛围营造的效果进行考评。

1. 临街部分

客户走近网点，首先从网点的临街部分开始感知网点的形象（图 3-27）。应由远及近、由上至下、由面到点，逐一检查。特别是 LED 的完好程度、宣传橱窗、客户权益告知、活动公告、特色服务展示等内容的规范性、准确性、时效性是检查的重点。

从效果方面来看，临街部分的氛围营造既要体现网点的风格及档次，在保持一定通透性的同时，兼顾网点内用户的隐私，又要具备对客户的吸引力。

2. 入口部分

入口部分（图 3-28）应该强化临街部分留给客户的良好印象。在宣传设施上，应注意产品推荐、员工风采、促销活动展示等内容的规范性。有些网点老年客户相对较多，则宣传品字体的选择等方面要有所兼顾。

临街	宣传设施	LED跑马屏(公益或产品)
		宣传橱窗(权益或礼品或优惠)
		贵宾客户权益
		活动公告(促销或回馈)
		特色服务展示
	氛围效果	目标客群明确
		对客户到访具有吸引力

图 3-27　网点氛围检查之临街部分

入口	宣传设施	明星产品推荐榜
		热销产品排行榜
		优秀员工风采榜
		当日促销活动展示
	氛围效果	主打产品突出
		产品卖点鲜明
		促销展示直观显眼

图 3-28　网点氛围检查之入口部分

对于网点当下主推的产品，比如“高、互、宽”等业务，或者是网点配合运维进入社区营销的促销活动等，要在显要位置呈现。宣传时，宜使用简短语句，少说套话，少说术语，多用时尚的、老百姓喜闻乐见的方式来表达。很多时候，顺口溜、漫画等形式都是可以尝试的。

3. 厅堂部分

客户在厅堂部分的感受（图 3-29）直接决定了现场营销的成功率。要尽可能地延长客户在厅堂部分的行走路线，尽可能多地增加和客户的接触机会。在宣传设施上，厅堂部分的检查注重“海陆空”立体检查。从天花吊旗到地面、墙面的宣传，从座椅背后产品的资料袋到摆放的促销活动展示，都要从氛围效果方面进行衡量。

4. 柜面部分

柜面是业务办理的主要阵地（图 3-30），电脑背面宣传、一句话营销的台卡、宣传物品等，要放置在客户视线可能停留时间最长的位置上。对于贵宾客户的权益，也宜用实物的方式具象直观的呈现。

厅堂	宣传设施	座椅背后产品资料袋
		柱面/墙面海报框
		天花吊旗
		当日促销活动展示
	氛围效果	主打产品突出
		产品卖点鲜明
		促销展示直观显眼

图 3-29　网点氛围检查之厅堂部分

柜面	宣传设施	主打产品水牌
		当日促销展示
		贵宾客户权益展示品
	氛围效果	主打产品卖点突出
		促销礼品直观显眼
		贵宾客户权益展示具象直观

图 3-30　网点氛围检查之柜面部分

5. 贵宾区部分

贵宾区（图 3-31）的设置是网点服务体现差异化的一个举措。因此，贵宾区入口的标识，贵宾区内相关服务设备设施的配置，贵宾区给客户营造的尊贵的感受，贵宾区对客户隐私的保障，贵宾区内客户权益的展示等都应和非贵宾区形成差异。这些都是贵宾区氛围营造检查的重点。

贵宾区	宣传设施	贵宾区入口标识
		贵宾区入口尊贵装饰
		贵宾客户服务设施（饮料机等）
		贵宾客户权益展示（栏或柜或台）
		知识宣传海报
	氛围效果	体现尊贵
		服务设施有明显差异化
		贵宾客户权益展示具象直观

图 3-31　网点氛围检查之贵宾区部分

以上五项内容并不是氛围营造检查的全部内容，比如填单区、体验区的氛围营造并未罗列，但这些区域检查的原则和方法一样。这其中的关键技巧在于“既要从网点的角度检查氛围，又要从客户的角度检查氛围”。毕竟，网点氛围的营造是为了客户服务的。

（二）二看员工士气

网点形象的构成除了硬件的氛围营造，还有一个很重要的部分就是员工通过形象、礼仪、精神面貌展现的士气。

1. 员工职业形象（图 3-32）

无论是业务引导岗、业务咨询岗、业务体验岗还是业务受理岗，网点的每一位员工，和客户直接接触的以及不一定在网点和客户直接接触的，都应该在发型、服饰着装、仪容仪表上严格要求自己。因为每一位员工都是网点形象的组成。

2. 员工服务礼仪（图 3-33）

员工的语言使用、举手投足、站坐行礼、服务动作等，都体现了网点的服务礼仪。

如遇到员工在对客服务过程中，服务礼仪出现失误，网点管理者可以运用管理手势来对员工的服务礼仪做出指导。

员工职业形象	大堂经理/引导员
	柜员
	客户经理
	厅堂（营销）主管
	保安

图 3-32　网点员工士气检查之员工职业形象

员工服务礼仪	大堂经理/引导员
	柜员
	客户经理
	厅堂（营销）主管
	保安

图 3-33　网点员工志气检查之员工服务礼仪

3. 员工精神面貌（图 3-34）

“主动、积极、热情、友善、同理”，这是网点员工应该有的精神面貌。特别是要改变被动服务、推诿服务的陋习，要改变“不愿开口”“被动开口”的惰性。

员工精神面貌	大堂经理/引导员
	柜员
	客户经理
	厅堂（营销）主管
	保安

图 3-34　网点员工志气检查之员工精神面貌

以上三项检查参照营业网点服务规范中的相关标准执行。

（三）三看客户动线

客户动线（图 3-35）的检查既要考虑客户的感受，又要考虑网点销售的效果。客户动线设计不合理，业务办理、业务体验等几条线在网点交叉，在业务高峰期网点则会给人混乱的感觉；网点促销宣传品没有沿着客户行走路线摆放，则达不到宣传效果；宣传品摆放时，将重要宣传品突出摆放，更能吸引客户的兴趣。

客户动线	客户动线合理无交叉
	沿着动线两侧布施营销宣传
	重要宣传没有远离客户动线

图 3-35　网点客户动线检查

（四）四看业务激发

业务激发，在网点现场营销中即指主动营销，主动出击。

网点现场营销是一个营销协同的过程，需要各岗位之间的协同配合、互相支撑。激发发生行为，按岗位可分为柜员、客户经理、大堂经理、网点主管、保安等岗位。各地可能对这几个岗位的称呼不一致，但激发行为的发生应涵盖客户行走路线及业务办理全流程。

主要检查三项内容：激发的产品种类，激发的行为是否主动（图 3-36），激发话术（图 3-37）是否规范。

激发行为发生	大堂经理主动激发
	柜员主动激发
	客户经理主动激发
	厅堂（营销）主管主动激发员工
	保安主动介绍促销活动（可选）
激发种类	产品激发
	活动激发
	达标权益激发

图 3-36　网点业务激发检查之激发行为及种类

激发话术掌握	主打产品话术	大堂经理 / 产品介绍
		柜员 / 一句话营销
		客户经理 / 产品展示
	近期活动话术	大堂经理 / 活动介绍
		柜员 / 一句话营销
		客户经理 / 活动邀约
	达标权益展示	大堂经理 / 权益介绍
		柜员 / 关键权益一句话营销
		客户经理 / 权益告知

图 3-37　网点业务激发检查之激发话术

激发种类包括如下内容。

产品激发，指营业网点主推的套餐及业务。

活动激发，指营业网点利用优惠、促销等方式开展的销售活动。

达标权益激发，指消费额处于临界点的客户，给予达标权益告知，以此来激发更多的销售行为。

激发话术是销售话术在网点现场营销活动中的具体运用。前文中我们已经介绍了网点五类销售话术的编写及内容，网点各岗位员工都应该熟练掌握，人人过关。

激发话术的检查可分为主打产品、近期活动及达标权益展示三个部分，同样涵盖网点各岗位。

比如结合社区营销，网点客户经理有没有对客户进行活动邀约；对于处于临界点的客户，大堂经理有没有对客户进行权益告知；柜面人员有没有对主打产品实施一句话营销等。

（五）五看经营数据

经营数据分析是网点现场营销管理最重要的指标。经营数据包含三类：业绩数据、客户数据和员工关键行为数据。

业绩数据（图 3-38）最直观地反应了网点现场营销的效果。三类主推业务是否达到了进度要求，一目了然。业绩数据还可以落实到每一个岗位，采用对比的方法来分析。业绩数据同样还是晨会及夕会中最为重要的通报内容。

如果说业绩数据是结果指标，那么，客户数据（图 3-39）可以算是现场营销的过程指标。

客户的结构决定了网点产能能否持续提升。从贡献价值来看，高端及中端客户必须要下大力气维护；从业务成长来看，潜力客户必须关注激活，到期客户必须挽留；从竞争形势来看，异网客户必须策反；从业务开拓来看，特色客户必须开发。网点的客户结构，给网点现场营销活动的策划及客户关系管理工作的调整提供了准确的依据。

业绩数据	基础业务（销售额）是否达到进度要求
	宽带业务（新业务）是否达到进度要求
	增值业务（重点业务）是否达到进度要求

图 3-38 网点经营数据检查之业绩数据

客户数据	潜力客户激活数
	中端客户提升数
	高端客户流失数
	到期客户留存数
	策反客户数
	特色客户新增数

图 3-39 网点经营数据检查之客户数据

网点现场营销过程中，各岗位的关键行为数据（图 3-40），诸如“开口率”“一句话营销”“转介率”“客户关怀”“电话联系”等是否执行到位，直接反应了网点现场营销的整体水平。

（六）六看网点活动

基于网点的营销体系可概括为“走出去、引进来、动起来”。要让客户来网点，来了以后留得住，因此网点活动（图 3-41）少不了。

员工关键行为数据	大堂经理关键行为数据
	柜员关键行为数据
	客户经理关键行为数据

图 3-40 网点经营数据检查之关键行为数据

网点活动	厅堂促销活动
	片区开发活动
	当日引客活动

图 3-41 网点现场检查之网点活动

厅堂促销活动决定了网点的人气，影响网点现场营销的业绩；片区开发活动、当日引客活动，则为网点源源不断地引流，持续提供客源。

这里要强调的是，网点活动要注重线上线下的联动，做到“线上宣传、线下活动”。前文介绍的炒店的“五五七七”工作法，其目的、原则、方法及技巧，同样适用于网点其他活动的开展。

以上简要地介绍了营业网点现场营销的“六看”检查法的具体内容。网点对照实施时可参考图 3-42 。

在给很多广电运营商营业网点转型培训时，我常说：工作常常因为**有计划没布置，有布置没跟进，有跟进没检查，有检查没考核，有考核没奖惩，所以结果往往不尽如人意。**

管理是规范，管理必须依靠工具，简单地重复。营业网点的现场营销管理也如此。“六看”检查法是工具，必须与每日的“两会三巡两示范”结合起来，对照图3-42，做到“**有计划有布置，有布置有跟进，有跟进有检查，有检查有考核，有考核有奖惩**”“简单的事情重复地做，重复的事情专业地做”，现场营销的效果一定能得到大幅度的提升。

检查项	是否具备/达标	存在问题	优化建议	整改时间	责任人
氛围					
士气					
动线					
激发					
数据					
活动					

图 3-42 营业网点现场营销“六看”检查法

案例分析

某广电运营商网点营销岗位联动的具体实施

案例介绍

狭义的岗位联动是网点内部员工之间的联动，广义的岗位联动则可以包括网点内外、企业业务及职能部门的业务联动。

本案例分析的是某广电运营商的营业网点内部员工之间的联动，即通过业务接待岗、业务受理岗、业务支撑岗、业务监督岗转介客户给业务咨询岗而形成的岗位联动。

1. 岗位联动的准备工作

岗位联动是网点转型的一件大事，必须在网点范围内得到重视。在宣传层面上应做足功夫，营造全员参与转型的氛围。转型启动会、内部推动会议、网点督导检查和日常工作，都要强调岗位联动工作。而对具体实施联动的岗位，则要做好思想动员、技能指导、任务分配和业绩核算等配套工作。

2. 岗位联动对各岗位的基本要求

（1）业务受理岗的岗位联动要求如下。

业务受理岗是网点主要的业务操作岗位和基础服务的提供者。因此，快速、高效和正确地提供交易操作服务，是业务受理岗的基本职责。客户来到柜台是为了办理当前的业务，业务受理岗通过刷卡和交易信息，判断客户适销的产品，进而通过“一句话话术”来激发客户需求，将有兴趣的客户通过业务接待岗（大堂经理）的引导转介给业务咨询岗。

（2）业务接待岗（大堂经理）的岗位联动要求如下。

大堂经理是网点的专职服务岗位，主要工作职责包括网点现场管理、客户接送服务、现场接待服务、客户问询和指导服务等。大堂经理要根据客户的表征来识别客户，了解客户的需求，在为客户提供帮助或指导的过程中获取客户信息，结合客户实际情况激发客户需求，有针对性地提出营销建议，从而实现业务转介。

（3）业务支撑岗（后台人员）的岗位联动要求如下。

后台人员与客户接触机会相对较少，但仍有转介机会，只要后台人员用心，基于客户信任的转介往往效果很好。在网点转型实践中，后台人员转介客户的成功率较高。对于后台人员的转介，要通过鼓励、激励与发动来进行。故了转介，就要借助晨会、夕会、业绩看板、内部网点等平台对后台人员进行宣传和表扬。

（4）业务监督岗（管理人员）的岗位联动要求如下。

管理人员在网点转型中的作用至关重要。管理人员不仅要推动和激励员工转型，自身也要处处发挥表率作用，在转介方面尤其如此。当管理人员进行了转介并在网点与大家分享自己转介的经验时，其示范作用往往会产生意想不到的效果。

3. 岗位联动过程管理要求

岗位联动是多成员合作的过程，因此过程的衔接十分重要。一般来讲，大堂经理转介的客户由大堂经理完成转介的全过程；而管理人员、后台人员转介的客户，可以自己转介到业务咨询岗，也可以由大堂经理代为引领到业务咨询岗；业务受理岗转介的客户，通常由大堂经理代为引领到业务咨询岗。

一个完整的转介过程通常包括以下三项内容。

一是转介客户。将客户引领到业务咨询岗，先介绍接待人员姓名，再介绍客户姓名。

二是转介信息。将跟客户沟通过程中获得的信息和激发的需求告诉业务咨询岗。

三是转介信任。大堂经理将业务咨询岗的从业经验和特长告诉客户，建立客户对业务咨询岗接待人员的信任。在转介过程中，建议填写转介卡，以此作为传递转介信息的辅助手段，也可作为转介业务的凭证。

对产品有需求或有兴趣了解产品更多信息的客户，有时候由于时间不便或是其他原因未能实现转介，大堂经理应当建立《客户关怀卡》进行跟进，对《客户关怀卡》上的客户进行跟进邀约，从而实现转介。

4. 考核机制保证岗位联动的持续

很显然，岗位联动既保证了服务的专业性，也保证了全员参与。为激励参与者的积极性，应将转介的收益向转介人倾斜。转介人所获得的积分，要在月底的工资核算中兑现。管理人员、后台人员的转介，可直接获得转介积分相应的报酬。业务办理岗的转介机会比较多，为业务办理岗鼓励多开口，可将岗位员工的部分绩效工资纳入积分考核，让员工通过转介积分得到回报。大堂经理全天在大堂服务客户并挖掘转介机会，因此，要将大堂经理的全部绩效工资纳入积分考核。

案例点评

在快速便捷提供服务的同时，通过推荐、体验、咨询等方式有效地向客户销售网点产品及服务，是网点现场营销重点要解决的问题。

本案例中，广电运营商的网点现场营销由业务接待岗、业务受理岗、业务支撑岗、业务监督岗、业务咨询岗等岗位形成岗位联动、业务协同，有效地化解了员工“单兵作战”的“困惑”，抓住了营销机会，保证了网点的营业秩序，增加了现场营销的成功率。该运营商的岗位联动营销，既体现了“专人专岗”的优势，又发挥了“兵团作战”的威力！

案例分析

某通信运营商网点排班制度优化的六项原则

案例介绍

一、网点的排班周期

营业网点负责人在每月25日前根据当月的排班资料及上月员工的工作表现（积极程度、业务技能）进行分析，制订出排班表，每月26日将下一个月份的排班情况通报网点人员，每月30日之前将本网点下一个月的排班汇总到营业网点管理部门。

二、网点的班次安排

在一个班次，值班经理可根据营业网点客流是否是高峰期，安排迎候和咨询岗人员与业务受理岗位人员进行轮换。轮换周期原则上两小时一次。营业高峰期增加业务受理台席，以求在最短时间内为客户提供满意的服务，营业低峰期尽可能为营业网点员工提供其不熟悉岗位的上岗操作机会，以求营业人员业务操作技能的全面提升。

三、网点客流高、低峰应对方式

业务高峰期或促销期可根据员工的班时要求员工进行适当补班。

当营业网点办理业务的客户比较多而参观和咨询的客户比较少时，可将流动咨询人员以及迎候员调配到营业柜台进行业务受理。当营业网点参观和咨询的客户比较多而办理业务的客户比较少时，可将业务受理员调配到营业大厅进行流动咨询服务。营业网点人员可根据身体状况以及当营业网点客流量较少时，向当日值班经理申请休息，休息时间原则上不超过10分钟。

四、网点排班制度设计示范

依据上述排班原则及排班制度设计内容，再结合营业网点实际运营状况，以营业网点为例，进行营业网点人员的排班设计。

（注：营业网点的营业时间是8:00～20:00，全天营业12小时，营业台席均提供“一台清”服务）

（一）业务受理员的班次安排

（1）业务受理员的班次安排主要依据客流量的变化规律来进行设计。观测营业网点的营业特点，我们总结出这样的规律：营业网点早上刚开始营业、中午休息时间和晚上结束营业前的这三个时间段相对来说客流量较少，而 9:30 ～ 12:00 与 14:00 ～ 17:30 是全天营业的高峰期（见表 3-2）。

表 3-2 全天营业时间的客流量情况

时间段	8:00 ～ 9:00	9:00 ～ 12:00	12:00 ～ 14:00	14:00 ～ 18:00	18:00 ～ 20:00
时长	1 小时	3 小时	2 小时	4 小时	2 小时
客流量	少	多	少	多	少

（2）根据营业时段，我们将营业网点分成四种班次，即：A、B1、B2、C、R。A 班的工作时间为 8:00 ～ 12:00；B1 班的工作时间为 12:00 ～ 18:00；B2 班的工作时 间为 12:00 ～ 20:00；C 班的工作时间为 9:00 ～ 12:00，14:00 ～ 18:00；R 为休息。排班记录见表 3-3。

表 3-3 四种班次的排班情况

班次名称	班次代码	工作时间	工作时长	备注
上午班	A	8:00 ～ 12:00	4 小时	早班和晚班的交接班时间为 10 分钟
下午 1 班	B1	12:00 ～ 18:00	6 小时	
下午 2 班	B2	12:00 ～ 20:00	8 小时	
白班	C	9:00 ～ 12:00　14:00 ～ 18:00	7 小时	
休息日	R	无	无	

（3）以 4 个营业台席为例，编制业务受理员 7 名。我们将 7 名业务受理员分成 4 组，每组各负责一个台席，即：A 班员工与 B 班员工共同负责一个台席，C 班员工各负责一个台席，记录见表 3-4。

表 3-4 4 个营业台席的排班情况

员工工号	班次	负责台席	备注
001	A	台席一	①营业闲时开放 2 个台席，忙时开放 4 个台席 ② 001 号和 002 号相互交接，共同负责台席一的全天工作 ③ 003 号和 004 号相互交接，共同负责台席二的全天工作 ④ 005 号、006 号负责忙时的台席三四的工作
002	B1		
003	A	台席二	
004	B2		
005	C	台席三	
006	C	台席四	
007	R	无	

（4）以 001 号员工为例，一周的班次安排如表 3-5。

表 3-5　001 号员工一周的班次安排

时间	星期一	星期二	星期三	星期四	星期五	星期六	星期日
班次安排	A	B1	C	A	B2	C	R
工作时间	4 小时	6 小时	7 小时	4 小时	8 小时	7 小时	0 小时
总计工作时间	36 小时						

（5）通过上面的描述，可以制作出业务受理员全月的工作排班表（见表 3-6）。

表 3-6　业务受理员全月的工作排班表

工号 / 日期	台席	1	2	3	4	5	6	7	8	9	10	11	12	13	14	15
001	一	A	B1	C	A	B2	C	R	A	B1	C	A	B2	C	R	A
002	一	B1	C	A	B2	C	R	A	B1	C	A	B2	C	R	A	B1
003	二	C	A	B2	C	R	A	B1	C	A	B2	C	R	A	B1	C
004	二	A	B2	C	R	A	B1	C	A	B2	C	R	A	B1	C	A
005	三	B2	C	R	A	B1	C	A	B2	C	R	A	B1	C	A	B2
006	三	C	R	A	B1	C	A	B2	C	R	A	B1	C	A	B2	C
007	四	R	A	B1	C	A	B2	C	R	A	B1	C	A	B2	C	R
工号 / 日期	台席	16	17	18	19	20	21	22	23	24	25	26	27	28	29	30
001	一	B1	C	A	B2	C	R	A	B1	C	A	B2	C	R	A	B1
002	一	C	A	B2	C	R	A	B1	C	A	B2	C	R	A	B1	C
003	二	A	B2	C	R	A	B1	C	A	B2	C	R	A	B1	C	A
004	二	B2	C	R	A	B1	C	A	B2	C	R	A	B1	C	A	B2
005	三	C	R	A	B1	C	A	B2	C	R	A	B1	C	A	B2	C
006	三	R	A	B1	C	A	B2	C	R	A	B1	C	A	B2	C	R
007	四	A	B1	C	A	B2	C	R	A	B1	C	A	B2	C	R	A

业务咨询员的排班原则与业务受理员排班原则相同，在此不赘述。

（二）值班经理的班次安排

假设营业网点共有两名值班经理，一个负责早班的营业情况，一个负责晚班的营业情况。

值班经理每周休息一天，另一位值班经理则需在对方休息时上全天班，负责全天的营业状况，见表 3-7 和表 3-8。

表 3-7　值班经理工作班次时间表

班次	工作时间	休息时间	工作时长
早班	上午班	无	6 小时
晚班	下午班	无	6 小时
整班	白天	中午	10 小时

表 3-8　值班经理周工作时间表

岗位 / 时间	周一	周二	周三	周四	周五	周六	周日
值班经理 1	早班	晚班	早班	晚班	早班	整班	休息
值班经理 2	晚班	早班	晚班	早班	晚班	休息	整班
周工作时长	40 小时						

案例点评

为确保营业网点服务人员了解其在工作场所的工作内容，合理分配人力资源，激发工作热情，为客户提供优质的服务，提升人力资源使用效率，排班制度的设计显得尤为重要。营业网点在设计排班制度时，应遵循以下排班制度优化的六项原则。

（1）排班时应尽量满足法定每周工作时间（40 小时）的标准，尽量避免加班并尽量通过调休解决加班问题。

（2）排班统一，便于统计各员工每周平均工作时间、各员工平均每周各班次时间等各项数据，使之便于管理。

（3）尽量减少交接班的次数，便于现场的控制。

（4）根据客流量及业务量的变化灵活排班。

（5）尽量做到每位员工每周工作时间一致。

（6）保证营业现场至少有一名管理者进行现场值班。

在遵循上述排班原则的前提下，充分调动员工积极性，合理安排人力资源，这才能让排班不成为困扰网点管理者的一件难事！

案例分析

电话营销效果提升的六个关键

案例介绍

“× 先生，您好！我是 ×× 网点的客户经理小刘啊，还记得吗？上周三您到我们网点看过 ×× 啊，当时您说要考虑一下，请问您现在考虑的怎样了呢？……哦！您现在不方便接电话啊……那您看什么时间方便呢？……出差啊？那好吧！那您有空给我打电话吧！我的电话是 13××××××……”“没说完就挂电话了……什么人嘛？”

以上的文字真实地记录了网点客户经理进行电话跟进时的场景。

为了改变以上状况，某广电运营商通过易道咨询广电研究院的专题辅导，总结出提升网点电话营销效果的六大技巧。

一、技巧一：做好通话前的准备

在打电话之前，通话双方，尤其是率先拨打的一方，通常要进行一些必要的准备。

（一）拨打电话的准备

1. 心态调整

拨打电话之前，要调整好心态，不可过于紧张，应当使心态保持平和，但也不能过于平静，也要保持积极而有活力的状态。

2. 电话号码

拨打电话之前，通常需要准备好可联系到对方的若干方式，如电话号码、移动电话号码、传真号码等，以防万一。

3. 通话内容

联络服务对象之前，特别是重要的通话，都应当对内容有所准备，比较有效的方式是准备一份通话提纲。这样，在正式通话中就可以抓住重点、条理分明、不宜遗漏，节约时间和费用。

4. 通话时间

网点工作人员在拨打电话之前，要选择一个方便对方接听的时间。具体要求在后面做详细介绍。

5. 准备回呼

在致电用户且留下口信后，一定要确定时间和联络方式，以等候他人的回呼，不可随机更换号码，或者立即离去。

（二）接听电话的准备

网点工作人员在岗位上接听电话通常也需要有所准备，常规的准备如下。

1. 心态调整

在接听电话之前，先要有充足的心理准备，平复好心态，切不可给对方以慌乱感。

2. 确保畅通

服务单位的电话，特别是对外公布的服务号码或者热线电话，一定要经常检查，发现故障要及时检修，更换号码要及时对外公布，以确保畅通无阻。

3. 专人值守

营业网点对外联络的电话，一般都应指定专人负责，在工作时间要保证随时有人接听。

4. 预备记录

有时候，网点工作人员可能会需要将外来电话的部分内容记录在案，作为转达之用。记录电话一般有三种方式：一是簿记，二是板书，三是录音。无论何种记录方式，都应当将必要的工具，如笔、纸、记录板、录音设备等提前准备好。

二、技巧二：选择合适的通话时间

选择合适的时间进行电话服务是非常必要的。下面从周、天的时间选择及客户类型分析等方面具体说明与客户通话时间的选择问题。

（一）按周来选择合适的通话时间

1. 周一、周五：不宜跟进

周一是双休日刚结束上班的第一天，客户肯定会有很多事情要处理，一般公司都在星期一开商务会议或布置这一周的工作，所以大多会很忙碌。如果要联系业务的话，应尽量避开这一天。如果我们找客户确有急事，应该避开早上的时间，选择下午会好一些。周五是一周工作的结尾，这一天和客户联系，特别是周五下午，效果往往不好！

2. 周二至周四：适合跟进

这三天是最正常的工作时间，也是进行电话业务最合适的时间，电话跟进，应该充分利用好这三天。这也是业绩好坏与否的关键所在。

注明：如果适逢节假日上班，最好避开。如果是春节和大假以后，可以在上班次日（顺延3天）对你的客户进行节日问候。

（二）按天来选择合适的通话时间

1. 8:30～10:00：不适合跟进

这个时段大多数客户手头事情较多，这时接到业务电话也无暇顾及甚至直接挂断。所以这时，客户经理不妨先为自己做一些准备工作（回顾下网点接待的细节，最好把客户在电话中的疑虑和异议做个预防准备）。

2. 10:15～11:00：适合跟进

这时客户大多不是很忙碌，一些事情也会处理完毕，这段时间应该是电话跟进的最佳时段。例如：× 先生 / 小姐，方便接听电话吗？……今天跟您沟通会占用您 ×× 分钟。（注意：3～8分钟是个客户比较容易接受的跟进时区。）

3. 11:30～14:00：不适合跟进

午饭及休息时间，除非有急事否则不要轻易给客户打电话。

4. 14:00～15:00：不适合跟进

饭后在血糖和大脑皮层的交互作用下，人会感觉到烦躁、疲劳，尤其是夏天。这个时间可以安排与电话无关的工作。

5. 15:00～16:10：适合跟进

努力地打电话吧，这段时间是我们创造佳绩的最好时间。当然，前提是你要清楚你在电话里和客户说些什么？客户会问到哪些问题。（建议：留些话头给下次跟进做铺垫。）

（三）按职业类别来选择合适的通话时间

（1）财务人员：切勿在月初和月末，最好是月中才跟进。

（2）医生：早上11:00后和下午2:00前，最好的日子是雨天（看病的人相对少些）。

（3）销售员：早上10:00前或下午4:00后，最热、最冷或雨天会更好。

（4）行政人员：上午10:30后到下午3:00为止（最好规划好时间和跟进主题）。

（5）股票行业：避开在开市后，最好在收市后，另外，熊市就别打电话了。

（6）商人：最好在下午1:00到3:00（最好给些祝语和赞美之词）。

（7）公务员：工作时间内，切勿在午饭前或下班前（大客户人员最好约出来详谈）。

（8）餐饮从业者：避免在进餐的时候，最好是下午3:00到4:00（最好你也照顾下他的生意，夸夸他，太高档的地方，你看着办吧）。

（9）建筑装修老板：清早或收工的时候（晚上9:00点左右也可以跟进）。

（10）律师：早上10:00前或下午4:00后（逻辑思维清晰，话题别太发散，注意沟通效率）。

（11）教师：下午4:00后，放学时（别聊孩子和教育经验，成天和孩子打交道处理各种事情，她可不希望电话里再遇到家长式任务，多点问候，别开过分的玩笑）。

（12）零售商：避免周末或周一，最好是下午2:00到3:00。

（13）工薪阶层：最好在晚上8:00到9:00。

（14）家庭主妇：最好在早上10:00到11:00。

（15）报社编辑、记者：最好在下午3:00以后。

三、技巧三：遵守通话时的礼仪规范

（一）通话之初要互相问好、自报家门、进行确认

在通话之初，双方首先要问候对方，通常是“你好”或者“您好”，不能一张口就“喂”，然后就开门见山直奔主题；即使是由总机代转电话，也应问候对方；如果通话对方率先向自己问好，则应立即以同礼对待。

问候完毕应立即以适当的方式自报家门，进行简单的自我介绍。自我介绍通常分为以下几种形式。

（1）报单位全称，例如“您好，×× 网点”，一般适用于总机或者是对外服务的热线电话。

（2）报出单位全称和具体部门，如“××× 公司 ××× 网点”，主要适用于办公电话的使用。

（3）仅报出具体部门，如“××× 部门”，适用于单位内部电话联络。

（4）报出通话人全名，如“我是范 ××”，适用于专人负责值守的电话，或者是专人使用的电话。

（5）报出具体部门和通话人的全名，如“办公室李明”，适用于内线电话或者由总机结转的电话。

（6）报出单位全称、具体部门以及通话人姓名，例如“××× 网点李伟”等，大都适用于较为正式的对外电话联络。

有时候，通话一方未作自我介绍，网点工作人员就有必要进行确认，如作为拨打方，可以这样说“请问是××集团销售部吗？”“您找谁？”“请问您是哪一位？”等。

（二）通话中主次分明，确认重点，积极呼应

工作岗位上与人通话，主要是为了服务于人，既要礼貌待人，又要在表达上做到内容紧凑，这就要求网点工作人员主次分明，确认重点，积极呼应。

所谓主次分明是在相互问好和介绍之后，立即转入主题，拨打方应将致电原因、事由交代清楚。例如，可以告知对方：“有一件事情想和您商量”，或者“有两件事情要通知您”，首先给对方一个整体印象，接下来把自己预先要声明的事件叙述一遍，有条不紊。

在通话过程中，为确保重点内容被对方正确理解，需要适当地加以强调和重复。例如事件、地点、价格、数据等，都应和对方确认，或者有技巧地说“请允许我再重复一下有关事项”，而不是冒昧地问“你听懂没有？”

当通话时间较长的时候，或者对方以较长时间叙说某件事情的经过时，不论是否认为对方谈论内容重要，网点工作人员都应表现出积极回应的态度。不妨在通话过程中以适当的短句和对方互动，如“是”“好的”“没错”“请您继续说”等，而不能长时间保持沉默。

四、技巧四：注意通话时态度声音的把控

在通话时双方虽然不能见面，但是彼此间的表现却是完全可以通过声音感觉到的。网点工作人员在通话时要以礼待人，检点自己的通话表现，对自己的声音、语调等进行有意识的控制，以达到良好的服务效果，具体要求如下。

（1）心态积极。网点工作人员应保持积极的心态，这样会使自己的声音听起来很积极而且有活力。

（2）态度平和。网点工作人员在通话时要保持平和的态度，做到不卑不亢，不论对方是谁，都保持尊重友好的态度；不骄不躁，保持冷静和理智，不可以在电话中发泄个人情绪。

（3）咬字清晰。电话交谈由于线路、距离以及其他方面的原因，在声音上会有一些失真，这就特别要求网点工作人员咬字清晰、准确，力求让对方听清楚。

（4）音量恰当。在通话中，音量的大小非常重要，过大过强的音量会让客户产生防备和抗拒心理；过小过弱的音量则令客户觉得客户网点工作人员缺乏能力或者心不在焉，从而使客户有不被重视的感觉。另外，话筒的位置对音量

也有影响，不要直接将话筒对着嘴部，要放在嘴的右下角，这样对保证正常电话音量和提高音质有很大的帮助。

（5）语调合适。语调过高会给人不愉快的压迫感；太过平淡的声音会使人注意力分散，产生厌倦。在重要的语句上，网点工作人员要擅用重音。

（6）语句简洁。尽量不要谈及太多与业务无关的内容。为了与客户建立关系，适当谈些与个人有关的内容是有必要的，但应适可而止。不要耽误自己的时间，也不要占用客户太多的时间。

（7）节奏适中。与面对面的交谈相比，通话的语速应当适当放慢，具体包括两个方面：一方面指自己讲话的语速，另外一方面也指对客户所讲问题的反应速度。适当的停顿可以吸引客户的注意力，停顿也会让客户有机会思考，停顿还可以让客户主动参与到电话沟通中来。

五、技巧五：注意通话结束时的细节

通话结束，除了要注意谁先挂断电话的顺序（一般遵循尊者有优先决定权，网点服务以客为尊，故强调客户先挂断电话），还需要注意以下五个方面。

（1）再次重复重点。在通话即将告终之际，拨打方可以将谈话内容的重点重复一遍，以最终确认；为避免对方有烦闷之感，应多用礼貌用语。

（2）暗示结束通话。在即将结束时，网点工作人员可首先向对方发出暗示，如“您还有什么吩咐？”“我要讲的就是这些”等。

（3）感谢对方帮助。在通话中，如果自己的请求得到对方满足，或者对方直接给予一定的帮助，则在即将结束通话时，应正式地进行感谢。

（4）代向他人问候。如果双方是旧交，在通话结束之前，不妨问候一下对方的同事或家人。

（5）相互道别。在任何情况下，结束通话的最后一句以“再见”或“谢谢你的致电”为宜。

六、技巧六：注意使用手机时的细节问题

手机（移动电话）是商业活动中最便捷的通信工具，和座机使用一样，在手机使用中也有一些事项应该特别注意。

（一）注意场合

随着手机的日益普及，无论是在社交场所还是工作场合，手机都大量被使用，这已经成为当代公共礼仪中出现的最突出的现象。然而最为便捷的手机在一定的场合和时间，其使用是需要被限制的。例如，在进行重要聚会时，不应携带手机，或者需要关机；在重要的公共场合聚会时，如重大仪式、重要聚会、音乐会、电影院等，需要关机或者至少把手机设定为振动；在一些特殊的容易引起危险的场合，如飞机场或飞机上、加油站、医院等，必须关机。

网点工作人员可以先拨打客户的固定电话，不通时再拨打手机，通话中应更加注意说话简洁明了。

（二）注意音量

音量包括铃声的音量和接听电话时说话的音量，音量过大是普遍存在的一个问题。无论是在公共场所还是工作场合，手机使用者都应控制好自己的手机铃声和说话的音量。这主要体现在铃声内容要健康，铃声风格和身份岗位相匹配，铃声音量适中，以及说话声音适中，避免影响他人，特别是网点工作人员在工作中使用手机说话音量过大的话，有泄漏公务或者客户机密之嫌。

（三）注意手机的存放

网点工作人员在服务过程中，手机的摆放位置也很重要。手机存放在适当位置体现了网点工作人员对待工作的严谨态度，也给客户以整齐有序之感和信任感。手机不宜别在腰间，或者挂在脖子上。

（四）避免以下行为的出现

迟迟不接电话；不分场合打移动电话；通话前未准备好通话时所需的资料，边打电话边找材料；没话找话；占用对方过多的时间；一心多用，边打电话边与旁人交谈；声音太响，震耳欲聋；边打电话边吃东西；未经同意使用免提键。

案例点评

电话作为网点销售的一个重要手段及工具，具有点对点、即时性、成本低、操作方便等诸多优势，网点工作人员应该予以足够的重视。本案例中，该广电运营商提炼出来的提高电话营销效果的六个技巧，既全面又实用。

除了日常演练，及时整理电话营销话术，平时做好客户资源整理及归档外，网点电话营销效能的提升还需从通话前的准备，注重通话技巧、通话时间、礼仪规范等方面寻求突破，才能满足客户需求，提升电话服务的效能。

工具运用

网点客户类型及服务应对话术

针对网点服务中遇到的不同类型的客户，提供以下服务及应对话术。

（一）忠厚老实的顾客

（1）客户表现：说什么都点头，会附和，但心中设置拒绝的界限。

（2）服务应对：和这样的顾客打交道，最要紧的是让他点头说“好”，在不知不觉中完成交易。

（二）沉默寡言的顾客

（1）客户表现：出言谨慎，一问三不知，反应冷漠，外表严肃。

（2）服务应对：除介绍商品之外还要亲切、诚恳，拉拢感情，了解其工作、家庭、子女以及拉拉家常了解客户的真正需要。不要强迫他说话，应该顺着他的性格，轻声说话，并且提一些容易回答的问题来问他。服务人员应该避免讲得太多，尽量使对方有讲话的机会和体验，要表现出诚实稳重，注意讲话的态度、方式和表情，争取良好的第一印象。好好把握与这种人的关系，因为这种沉默寡言的顾客反而会成为忠实的顾客。

（三）令人“讨厌”的顾客

（1）客户表现：带有敌意，挖苦他人，贬低他人，否定他人。

（2）服务应对：这种客户虽然令人伤脑筋，但不应该忘记他也有和别人一样的想要某种东西的愿望。这种人往往是由于难以证明自己，所以他希望得到肯定的愿望尤其强烈。对这种人还是可以对症下药的，关键是自己在这种人面前不能卑下，必须在肯定自己尊严的基础上给他以适当的肯定。

（四）知识渊博的顾客

（1）客户表现：侃侃而谈，细心，精明，能够一语道破产品的缺陷。

（2）服务应对：面对这种顾客，注意多聆听对方讲话，这样可以吸收各种有用的知识及资料。服务人员客气而小心聆听的同时，还应给以自然真诚的赞许。这种人往往宽宏、明智，说服他们只要抓住要点，不需要太多的话，也不需要用太多的心思，仅此就很容易达成交易。

（五）优柔寡断的顾客

（1）客户表现：没主见，消极被动，难以做出决定。

（2）服务应对：服务人员要牢牢掌握主动权，充满自信地运用推销话术，不断向他做出积极性的建议，多运用肯定性语言，强调你是从他的立场来考虑的。这样可促使他做出决定，或在不知不觉中替他做出决定。

（六）先入为主的顾客

（1）客户表现：直接、明了，他似乎知道你想问些什么。“我只看看，不想买。”

（2）服务应对：这种类型的顾客是容易成交的典型。虽然他一开始就持否定的态度，但是对交易而言，这种心理抗拒是微弱的，精彩的商品说明很容易奏效。和他们打交道，对于先前的抵抗语言，你不必理会，因为那并不是真心话。只要你以热忱的态度接近他，便很容易成交。此外，你可以告诉他一个优惠价格，他一定会接受。开始时的否定态度正表明，只要条件允许，他一定有购买的意思。

（七）擅长交际的顾客

（1）客户表现：热情、幽默，反应迅速，滔滔不绝，喜欢和你探讨很多问题。

（2）服务应对：赞成其想法、意见，忌催促、争论、不耐烦。注意引导话题，给足对方面子，大方应对，成交率会很高。

（八）强烈好奇的顾客

（1）客户表现：不存在抗拒，只要时间许可，他想更多地了解商品。

（2）服务应对：你必须主动热情地为他解说商品，使他乐于接受。同时，你还可以告诉他，商品正在打折……所有商品都特价优惠，这样他们就会很高兴地掏钱了。只要你能引发他的购买动机，就很容易成交。

（九）爱炫耀的顾客

（1）客户表现：喜欢炫耀身份、首饰、时装、财物。

（2）服务应对：他既然爱炫耀，你就成全他，恭维他，给足他面子。如果你觉得他手头当真没有钱，那么在接近成交阶段时，你可以这么说：“您可以先付定金，余款改天付！”一来照顾了他的面子，二来让他有周转的时间。

（十）颐指气使的顾客

（1）客户表现：冷漠，高傲，盛气临人，爱挑刺。

（2）服务应对：保持工作井然有序；不要辩论个人好恶；做到精确、有效、严格遵守时间，有条理。在向他推销的时候有计划、有准备，要中肯；保持条理性；研究他的目标和目的，想达到什么，目前情况如何变化；提出解决办法，要明确说明与其目标特别有关的结果与好处。

（十一）急性子的顾客

（1）客户表现：语速快，动作敏捷。

（2）服务应对：要精神饱满，清楚、准确而有效地交流，说话要简洁，抓住要点，避免扯一些闲话。一定要尽力配合他，处理事情的动作要利落一点。因为这种人下决定很快，所以，服务人员只要应和他，生意就很快做成了。

工具运用

网点现场巡检操作模板

网点现场巡检的具体内容包括：环境管理、服务功能、信息管理、大堂管理、柜面服务与效率、员工表现等六大方面内容。

网点可根据网点定位及运营的实际情况，确定每一项内容的分值，设计相应的权重，对营业网点的各项工作进行巡检。值得注意的是，每一项巡检内容的分值及权重设计，应根据员工及市场情况动态调整。

例如：网点在近段时间的工作中，环境管理的内部环境表现不佳，则可以增加这一部分的分值设计及权重占比，等到调整到较好状态时再回复至常规数值。

具体现场巡检内容设计见表 3-9。

表 3-9　现场巡检内容

第一模块：环境管理	
项目：1.1　室外环境维护	
序号	巡检内容
1	营业网点外部设置醒目的门楣标牌，形象标识的制作要规范统一，保持清洁，无污渍、无破损
2	营业网点外部设置醒目的机构名称牌、营业时间牌，制作规范统一，保持清洁，无污渍、无破损，中英文对照；其中营业时间牌区分工作日和节假日、业务类型等
3	对外设置电子显示屏、宣传橱窗、电子宣传屏或广告灯箱，营业时间正常显示且播放时间、形式、内容符合法律法规及监管规定，无过期宣传内容
4	营业网点外部管辖区域内环境整洁，无安全隐患，无卫生死角，无杂物摆放，网点外墙、门窗、台阶、地面无损毁，无乱喷涂，无乱张贴，无污渍
5	为客户提供机动车停车位，结合当地实际情况设置非机动车专用停车区域或无障碍停车位；标识醒目，门前车辆停放有序
6	营业网点外设置无障碍通道等相当功能服务设施，并公示求助电话或设置呼叫按钮，标识醒目，通行顺畅，便于使用；无障碍通道坡度合理；求助电话或呼叫按钮响应及时
项目：1.2　室内环境维护	
序号	巡检内容
7	营业网点内环境干净整洁，客户视线范围内无乱张贴现象，无杂物摆放，无灰尘、污渍、损毁
8	营业网点内各区域温度适宜、空气清新、光线明亮，合理摆放绿色植物、花卉，常绿常新，无刺伤危险

续表

项目：1.2　室内环境维护	
序号	巡检内容
9	营业时间内各区域呼叫系统及音、视频系统播放音量适中，无嘈杂现象
10	营业网点内外设置必要的免责提示标识或图标，制作统一规范，在恰当位置醒目提示，且具人性化
11	营业网点内设备机具布线安全、隐蔽、整齐，无安全隐患
项目：1.3　便民服务	
序号	巡检内容
12	配备数量充足、整齐干净、舒适宜用的客户等候休息椅，进出通道畅通，并明示爱心专席或区域
13	配备供客户使用的点验钞机，正常使用，且摆放在录像监控范围内，无遮挡，无死角
14	设置排队叫号机或相当设施，运行正常，中英双语显示，实现身份识别
15	配备 6 种（含）以上常用便民服务设施，放置适当，摆放有序，方便使用，保持整洁
16	配备便于客户使用的饮水设施、一次性饮水用具，干净卫生，数量充足；加热饮水设施标注"小心烫伤"提示标识
17	设置碎纸设备或废弃凭条回收箱（盒、筒），及时清理，方便客户使用，保护客户信息安全
18	在营业网点内为客户提供网上网点、手机网点等服务设施，并提供无线上网（WiFi）服务；客户私密保护措施到位
19	以公告栏公示或客户提示卡等方式，提示周边区域本单位或其他单位营业网点的地址和联系电话
20	向客户提供常办业务简介、风险提示等，内容包括所需证件、办理渠道、流程和范围等必要提示
项目：1.4　营业环境设置	
序号	巡检内容
21	各类业务办理窗口设置数量充足，并设置弹性服务窗口；未使用的窗口设置遮挡帘
22	设置快速业务办理营业窗口（通道）、爱心窗口及涉外服务窗口，标识醒目、便于引导
23	营业窗口、柜台之间设置遮挡板、一米线等相当功能设施，形成相对独立的客户办理业务区域
24	营业窗口玻璃干净整洁，通透明亮，无污渍，无乱张贴；整合相关提示牌摆放，可公示、发布信息资讯
25	营业窗口、网点员工工作台面机具布线安全、隐蔽、整齐；各类物品定位管理，客户视线范围内无私人物品

续表

项目：1.4　营业环境设置	
序号	巡检内容
26	营业窗口配备客户座椅，客户使用体验舒适
27	营业窗口语音对讲装置工作正常，通话音量适中，网点员工点钞机显示正常，客户查看清晰、无遮挡
28	设置填单台及电子填单设备，客户使用体验舒适，并设置常用业务填单模板、空白凭条齐全，摆放有序，数量达到储存单格的 1/3 以上
29	营业网点内明显位置摆放中英文对照的客户意见簿，格式规范，页码连续，少数民族地区的客户意见簿实现少数民族文字对照
30	营业网点明显位置设置免拨直通客服电话，标识醒目，中英双语服务
31	营业网点水、电、气、火等方面无使用安全隐患，配备灭火器等消防设施，符合消防要求
第二模块：服务功能	
项目：2.1　服务功能分区	
序号	巡检内容
32	营业网点实现分区服务，包括咨询引导、客户等候、业务受理、业务咨询、业务体验、自助服务、贵宾服务、公众教育等相当功能的服务区，且分区合理
33	设置功能分区引导牌或平面分布图，制作规范统一，标识明显，指示方位、名称、功能与各区域相对应，少数民族地区设置少数民族语言标识指引
34	非对外营业区域有明显标识，办公楼与营业区共享大厅的，与办公区互通处有明显提示
项目：2.2　自助服务	
序号	巡检内容
35	自助服务区与营业网点内部连通，实现 24 小时服务，外部标识醒目、规范、清洁，中英文对照
36	自助服务区机具的配备数量与营业网点规模相当
37	自助服务区设置免拨直通客服电话，标识醒目，中英双语服务。
38	客户进入自助服务区或使用自助机具时，通过屏显、语音适时进行安全、免责及风险等提示
39	自助服务区设置一米线，各机具之间设置遮挡板，或设置封闭、客户独立使用的安全仓及安全区域
40	自助服务区设置在录像监控范围内，且客户进入自助服务区、使用自助机具等均在监控范围内
41	自助机具完好率达到 100%；不能供客户使用时设置暂停服务或相应提示标识并及时排除故障

续表

第三模块：信息管理	
项目：3.1　服务价格公示	
序号	巡检内容
42	在营业网点及自助服务区显著位置通过各种方式，向客户公示本区域常用服务价格及免费服务项目表，标识醒目、中英文对照，滚动播放，翻页及时
43	在营业网点内显著位置摆放全部服务价格目录册，包括业务类型、收费项目、免费项目，客户查阅方便
44	及时在营业网点显著位置公告服务价格变动信息，明确生效日期
45	在办理收费业务时，工作人员提前告知客户服务项目和收费标准，充分尊重客户知情权；实际收取的服务价格与公告情况相符
46	客户明确表示不接受相关服务价格的，不得强制客户接受服务，充分尊重客户选择权
47	对于需要与客户签署服务协议等合同文件的服务项目，合同文件以通俗易懂和清晰醒目的方式明示服务项目、服务内容、服务价格、优惠措施、与价格相关的例外条款和限制性条款、咨询联系方式等信息
项目：3.2　服务资讯发布与产品营销宣传	
序号	巡检内容
48	以电子屏显公示或电子自助查询系统等形式，向客户提供业务信息，电子屏显播放与本网点业务有关的信息资讯，设备运行正常、滚动翻页及时
49	营业网点内设置折页架、宣传栏，资料摆放充足、整齐，无卷角翘边现象，及时更新，依次摆放，展示有序
50	营业网点内产品宣传内容符合有关规定，无摆放赠送物品，无诋毁、贬低同业、误导客户现象，更新及时，明示清晰
第四模块：大堂管理	
项目：4.1　大堂服务	
序号	巡检内容
51	规范设置大堂经理（咨询引导）台，台面整洁，有专人负责，便于观察与识别客户
52	大堂服务人员热情接待客户，微笑示意并问候，主动询问需求，引导取号、有效分流
53	大堂服务人员实行走动式服务，进行营业网点及自助服务区现场巡视，当客户需要帮助时主动提供帮助
54	大堂服务人员熟知业务种类、产品特性、办理流程等，并准确熟练地向客户介绍
55	大堂服务人员主动指导客户填写业务单据，必要时帮助客户复印相关证件
56	大堂服务人员主动与客户进行交流，目视对方，态度诚恳，耐心回复咨询，语言通俗易懂

续表

项目：4.1　大堂服务	
序号	巡检内容
57	大堂服务人员为等候的客户提供必要的安抚服务，及时响应并解决客户诉求，预防投诉发生
58	大堂服务人员主动为特殊群体客户提供便利服务，积极协助特殊群体客户办理业务
59	客户离开时，大堂服务人员主动向客户道别
项目：4.2　大堂管理	
序号	巡检内容
60	按照公示的时间营业，保证满时点服务
61	大堂服务人员有较强的现场管理能力，有效协调服务资源
62	大堂服务人员对各营业岗位服务人员的不规范服务行为进行监督，主动提示
63	大堂服务人员主动巡查机具设备，确保正常使用；熟练掌握自助机具故障应急解决方法，知晓相应的工作流程及预案
64	大堂服务人员主动指导保洁人员及时清理服务区域内纸屑等废弃物品，维护服务环境
65	客户在办理业务时，大堂服务人员及时劝导、避免其他客户进入一米以内距离区域的围观、等候行为（同行人员需征得客户同意），维护营业秩序
66	营业结束后，大堂服务人员及时关闭非 24 小时值机设备电源
67	大堂服务人员做好《大堂经理日志》等簿册登录工作，详细记录当天服务情况，整理并及时响应客户对服务工作的意见和建议
项目：4.3　安保、保洁与第三方驻点人员管理	
序号	巡检内容
68	安保、保洁人员、第三方驻点人员规范着装，仪容仪表符合上岗规范
69	安保人员站姿挺拔，行姿稳健，手势自然，连续在岗，履行职责，交接班记录完整，规范携带安保器械设备
70	保洁人员在不影响客户的情况下，及时维护营业网点各区域环境卫生，及时清理纸屑杂物、水渍污痕；各种清洁工具隐蔽保管
71	安保、保洁人员不得履行大堂经理职责，如遇客户咨询，主动友好示意，引导至大堂服务人员
72	安保、保洁人员与第三方驻点人员无代填单、代取号、提供业务咨询等现象
73	第三方驻点人员着装与营业网点员工有明显区别，佩戴明显胸牌，便于客户识别，言行符合网点服务礼仪基本要求，无冒用网点员工名义进行产品宣传和营销行为

续表

第五模块：柜面服务与效率	
项目：5.1　柜面服务	
序号	巡检内容
74	客户走近柜台时，网点员工应微笑示意，主动问候，行举手礼或站立迎接
75	网点员工态度亲切自然，大方得体，用语规范，了解客户姓氏后，使用尊称
76	需要客户签字时，网点员工主动提示客户核对单据上的交易信息，并对签字位置予以必要提示
77	所办业务涉及现金时，网点员工应及时提醒客户清点核对，注重语言私密性
78	办理业务过程中，如需客户等候，网点员工主动知会客户并说明原因，回到工作岗位后，向客户的耐心等待致谢
79	网点员工临时离柜，明示“暂停服务”温馨提示
80	业务办理完毕后，网点员工主动询问客户是否还有其他业务需要办理，并提示客户带齐各类物品、保管好财物，向客户礼貌告别
项目：5.2　贵宾服务	
序号	巡检内容
81	贵宾服务区设有贵宾客户专属通道，设有专人接待、引导，客户经理及时迎接、主动问候、明示身份，询问客户姓氏，使用尊称
82	贵宾服务区分区合理、功能齐全，服务区域内实现一对一专属服务，客户私密保护措施到位
83	贵宾服务区设置现金服务窗口，且实现独立、封闭、遮挡操作，有效保护客户隐私
84	贵宾服务区配备饮品，工作人员主动询问客户饮品需求
项目：5.3　服务效率	
序号	巡检内容
85	优化整合操作流程，提高业务办理效率；建立弹性服务制度，实行弹性排班
86	网点员工办理业务熟练、准确、快捷、高效
87	以公告栏公示或客户提示卡等方式，提示本网点业务办理高低峰时段信息
88	无因客户排长队而投诉的现象
89	加强快速业务办理窗口的管理，保持快速窗口的畅通
90	营业网点各岗位建立联动响应服务机制，通过配置呼叫设备、使用管理手语等方式，实现各服务环节的互动交流、联动协作服务
第六模块：员工表现	
项目：6.1　员工仪容仪表	
序号	巡检内容
91	员工统一佩戴工作胸牌或摆放中英文服务公示牌（或电子显示屏），并明示企业标识，以及员工工号或姓名

续表

项目：6.1　员工仪容仪表	
序号	巡检内容
92	员工形象大方，着装规范、统一、整洁，鞋袜、发式、饰物等不夸张，符合上岗规范
93	员工精神饱满，举止文雅，站姿挺拔、坐姿端庄、行姿稳健、手势自然，符合上岗规范
94	员工微笑服务，热情周到，表情自然，有亲和力和良好的沟通能力
95	员工适时与客户进行目光交流，保持对客户的自然关注
96	员工语言规范，语速平稳，使用文明服务用语，首问使用普通话
项目：6.2　员工服务行为	
序号	巡检内容
97	实行首问负责制，对客户提问认真对待、不搪塞、不推诿，需同事协助时及时呼叫联动服务，并将客户推介至相关区域或岗位人员
98	坚持"先外后内"的服务原则，在客户办理业务过程中，始终关注客户业务办理的情况和进程
99	服务过程中行为得体、举止大方，无不雅手势和动作
100	认真值守岗位，工作期间无聊天、不大声喧哗、无接打私人电话现象，不做与业务无关的事

工具运用

网点现场管理手语规范

手语是一种具有优美造型的语言，通过使用多种不同的方法或技巧，清晰有效地传达信息。

营业网点的手语使用可以分为服务类及管理类，它通过手形、方向、位置和运动来传递服务及管理信息。

服务类即指网点人员在面对残障人士及需要手语服务的人士时，利用手语为之服务。管理类即指网点管理人员在网点现场管理中运用的，用于检查员工职业形象、服务流程、突发事件管理等具体业务时的一种手势。

网点管理手语，作为一种网点全员约定俗成的手势，在距离较远、不便语言表达、需要即时沟通等网点服务营销场景下，发挥着重要的作用。实际操作中，将网点现场管理手语分为职业形象类、客户接待类和现场应对三大类。

一、职业形象类手语

网点营业员是企业形象最直接的体现，个人的职业形象非常重要。随时保持一个端正优雅的职业形象，是优质网点服务的基本要求。针对网点服务中偶尔出现的忽视职业形象的小问题，需要通过以下的管理手语加以提醒。

（一）提醒员工整理工装（图 3-43）

动作要求：双手捏住工装胸前的衣领部位或两个衣角抖动。

（二）提醒员工调整工号牌（图 3-44）

动作要求：右手食指指向工牌，接连指两次。

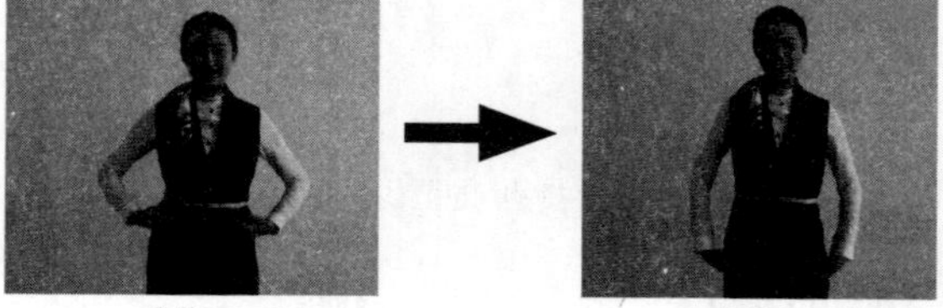

动作一　　动作二

图 3-43　提醒员工整理工装手语

图 3-44　提醒员工调整工号牌手语

（三）提醒员工调整丝巾或领带（图 3-45）

动作要求：可以用左手指向自己的丝巾或领花，或相同部位，轻轻点一点；男士领带不正的时候，可以用右手拿住领带结，轻整两下。

动作一

动作二

图 3-45　提醒员工调整丝巾或领带手语

（四）提醒员工保持挺胸收腹（图 3-46）

动作一

动作二

图 3-46　提醒员工保持挺胸收腹手语

动作要求：端正身体，伸出右手贴于腹部，手背朝外，往上移动至胸前，手掌朝上平放。

（五）提醒员工保持目光平视（图 3-47）

动作要求：头部端正，目视前方，右手握拳放在眼前，手背朝上，伸出食指、中指，指尖朝左，从眼部开始，向前方平移两下。

图 3-47　提醒员工保持目光平视手语

二、客户接待类手语

网点营业员在接待客户的过程中，很多细节往往容易被忽略，而使客户产生不好的印象，甚至给企业的形象造成不良影响。为了更好地规范营业员在接待客户时的相关礼仪，以下管理手语能起到较好的提醒作用。

（一）提醒员工注意起立迎候（图 3-48）

动作要求：动作一，左手横伸至胸前，手掌张开，掌心向上；动作二，右手食指、中指分开成剪刀状，指尖朝下立于左手掌心上。

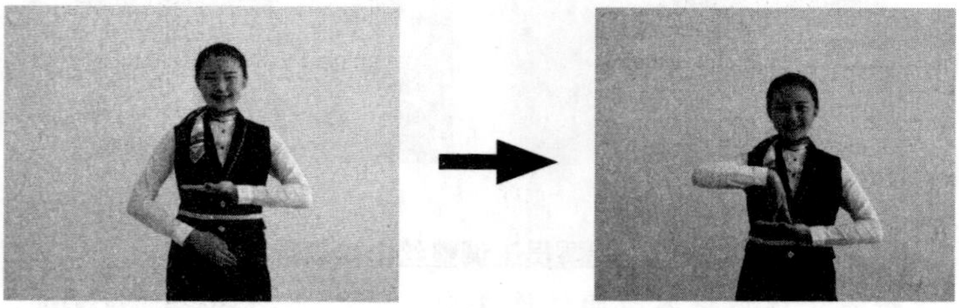

动作一　　动作二

图 3-48　提醒员工注意起立迎候手语

（二）提醒员工标准站姿迎宾（图 3-49）

动作要求：用标准的前交手手势，右手搭在左手手背上，贴放在小腹部前方。

（三）提醒员工注意微笑待客（图 3-50）

动作要求：微笑，同时右手大拇指和食指分开，成倒八字状，放在嘴唇下方，提醒员工。

图 3-49　提醒员工标准站姿迎宾手语

图 3-50　提醒员工注意微笑待客手语

（四）提醒员工敬语迎宾（图 3-51）

动作要求：右手五指微曲，虎口贴于嘴边，形似喇叭。

（五）提醒员工双手接递物品（图 3-52）

动作要求：用双手大拇指、食指和中指做双手递送物品状。

（六）提醒注意接一待二顾三（图 3-53）

动作要求：右手成拳放在胸前，伸出食指和中指，指尖向下，二指平行做剪刀状，接连做两次。

图 3-51　提醒员工敬语迎宾手语

图 3-52　提醒员工双手接递物品手语

图 3-53　提醒员工注意接一待二顾三手语

（七）提醒员工给客户宣传页（图 3-54）

动作要求：可以指着自己手上的宣传彩页，也可以用各手的食指和拇指张开成直角，再两个直角拼接成一个方形，作为宣传彩页的提示。

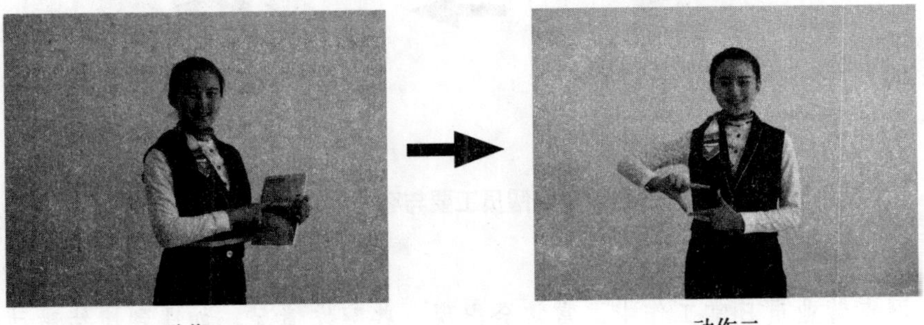

动作一　　动作二

图 3-54　提醒员工给客户宣传页手语

（八）提醒员工注意唱收唱付（图 3-55）

动作要求：右手食指先指向嘴，然后指向胸前前方。

（九）提醒员工注意向客户致谢（图 3-56）

动作要求：右手成拳举至胸前，伸出拇指，指尖向上，弯曲两下。

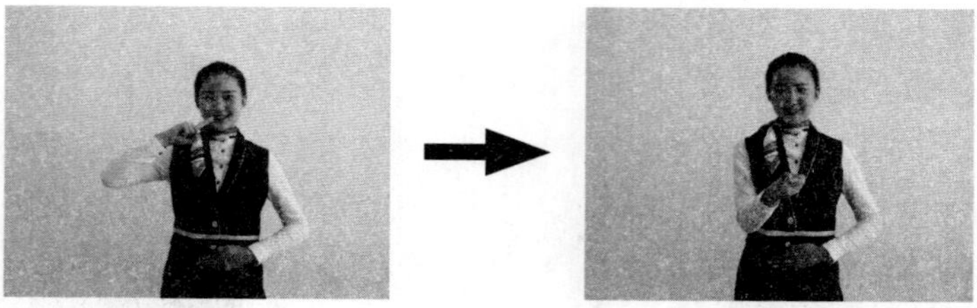

动作一　　　　动作二

图 3-55　提醒员工注意唱收唱付手语

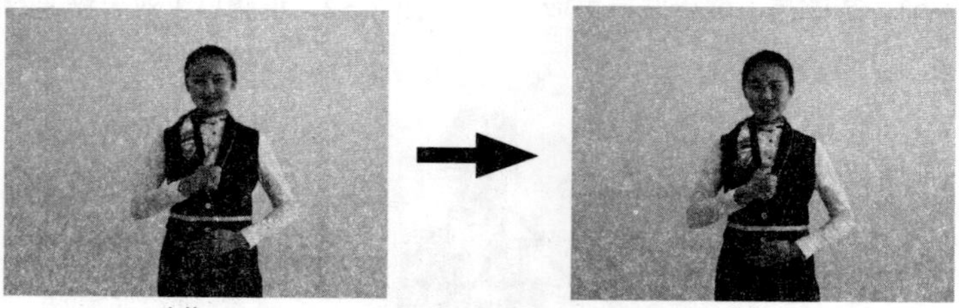

动作一　　　　动作二

图 3-56　提醒员工注意向客户致谢手语

（十）提醒员工要与客户道别（图 3-57）

动作要求：右手举到与下颌同高，掌心朝外，五指微微并拢，手掌轻摇两下。

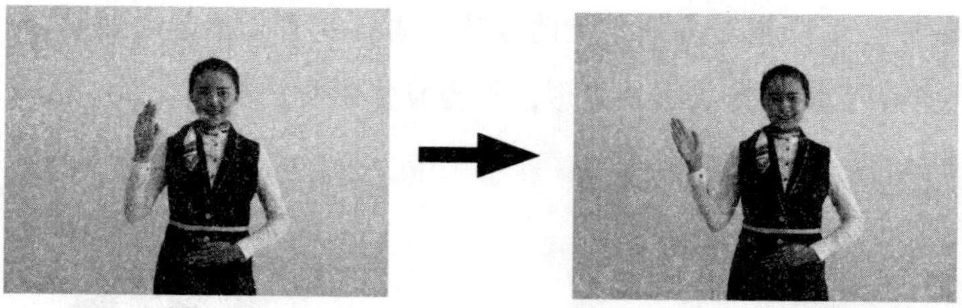

动作一　　　　动作二

图 3-57　提醒员工要与客户道别手语

三、现场应对类手语

网点营业员日常工作中，常常会出现一些突发情况，如遇到情绪激动的客户、台牌不小心放错等小状况，而营业员本人并未注意到。这时，需要网点主任给予一定的提示，以下的管理手语可以起到提醒作用。

（一）稳定情绪激动的客户（图 3-58）

动作要求：右手手掌打开，掌心朝下，贴于胸前，手掌往下轻按两下。

（二）提醒员工不要推诿客户（图 3-59）

动作要求：双掌在胸前，掌心朝外，向外推，连续推两下。

图 3-58　稳定情绪激动的客户手语

图 3-59　提醒员工不要推诿客户手语

（三）提醒员工纠正台牌放错（图 3-60）

动作要求：左掌摊开，手指并拢，掌心向上，右手拇指与食指张开，在左手掌上做旋转动作，连转两次。

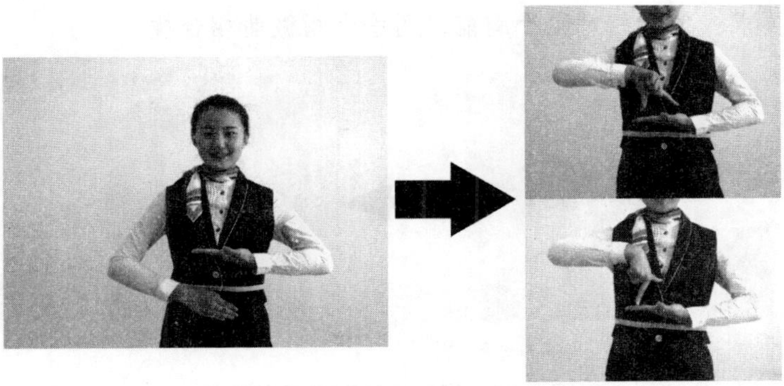

动作一　　动作二

图 3-60　提醒员工纠正台牌放错手语

（四）提醒员工主动推荐新业务（图 3-61）

动作要求：先用右手按住心脏部位，然后做朝前的手势，接连做两次。

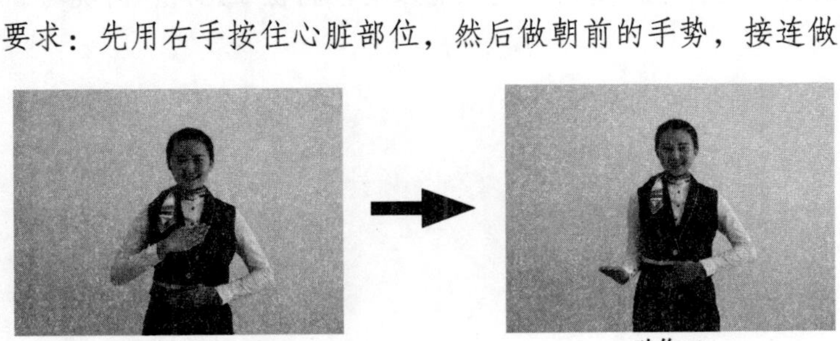

动作一　　动作二

图 3-61　提醒员工主动推荐新业务手语

（五）提醒员工不要与客户争执（图 3-62）

动作要求：伸出右手食指，竖放于嘴前。

（六）表扬员工“你很棒”（图 3-63）

动作要求：右手做 OK 形状，放于腰前右侧。

图 3-62　提醒员工不要与客户争执手语

图 3-63　表扬员工“你很棒”手语

（七）提醒员工即将开会（图 3-64）

动作要求：掌心相对置于胸前，两手十指微曲相合拢。

动作一　动作二

图 3-64　提醒员工即将开会手语

以上三大类网点现场管理手语，其有效实施的关键在于网点全员形成共识、养成默契！这样才能起到“随风潜入夜，润物细无声”的现场管理效果！

工具运用

网点炒店活动操作细则

场景一：新点开业炒店

执行要点：新点开业，预热为先，引流聚客，实现销售	
执行思路	新点开业炒店重在通过前期宣传预热渗透开店优惠信息，让更多的附近人流知晓门店，便于开业炒店当天有足够的人流，结合现场炒店活动，实现成功炒店
时间要求	• 预热准备：线上预热在正式开业 10 天前启动；线下预热在正式开业 1 天前启动 • 资源申请：同线上预热启动时间 • 现场实施：上午 10:00 ～ 12:00，下午 4:00 ～ 6:00，夜场 7:00 ～ 9:00（根据实际情况自行选择炒店开展时段） • 总结归纳：炒店开展当日做好日清日结工作，炒店结束两天内总结本次炒店效果
频次要求	开业当天及当月周末、节假日
规定动作	• 预热准备：促销主题确定，促销现场物料准备；线上预热包括位置短信、电话外呼、朋友圈活动信息推送；线下预热包括 LED 屏幕，外发单页宣传，POP 海报张贴 • 资源申请：提前与市场部申请炒店当月专项优惠政策，协调厂商促销资源 • 现场促销：做好人员组织分工，协助渠道进行现场促销 • 总结归纳：对现场促销活动进行归纳总结，持续提升
执行指引	• 预热准备 （1）促销主题：促销主题是促销活动的灵魂，是顾客心理上接受促销的最好借口，如：新店开业庆，进店就有礼 （2）场地准备：最佳选择为门店外（附近），并结合客户人流高峰时间、天气进行设点。在现场促销前与所属城管等就场地问题达成一致意见 （3）线上预热：最佳方式利用“位置短信＋朋友圈”转发活动；同时也可以采用“电话告知＋回访客户” （4）线下预热：在炒店开始的前一天，在周边张贴“明日有活动”的 POP 海报，在印刷促销单页上要标明“进店有礼”活动及店面信息，包括新点名称、电话、地址等，在店面周边 1000 米范围内社区住宅、热点商超、人口聚集地等地派发单页。每家店每天发放 2 次，每小时发放量不低于 100 张 ××××年××月××日盛大开业，凭此单页即可到店免费兑换××礼品一个 店面地址：×××××联系电话：××××××××××× （5）提前做好现场促销人员的培训，确保现场口径统一 • 现场促销（分工准备） （1）到达现场营销目的地后，人员分工合作

续表

执行指引

岗位	活动范围	人员	工作描述
受理员	受理区附近	1名	高效讲解，紧抓成交
互动手	抽奖附近	1名	负责组织现场人员参与抽奖活动和发放礼品
拦截手	厅门口	1名	负责看管展示设备，负责发放彩页和客流引导
喊麦手	现场	1名	手持无线话筒现场活动主持，吸引人气和造势

（2）帐篷：帐篷必须制作促销横幅、竖幅，可在帐篷下摆放热销机型、礼品

（3）桌子：制作桌子促销前档，选用折叠桌方便轻巧，可以拼接或折叠，方便运输

（4）台布：以红色丝绒布为佳，如条件不允许可在桌前张贴海报

（5）音响：长期的可用 VCD 及功放，流动性较大的建议采用充电的手提式音响，一次充电可连续播放十多个小时，播放内容预先录制好（方言讲一次，普通话讲一次），可编制琅琅上口的顺口溜作为广告语

（6）灯：夜间流动性较强的，建议用应急灯，既安全又方便

（7）礼物：赠送的或抽奖用的促销礼物尽量摆出来，吸引路人，礼品选择以实物（体积较大）为佳，如油、米、洗涤用品

（8）终端及卡号、选号单/架：（手机+卡）套包、号卡等

（9）宣传相关物料：海报、单页、门店宣传小卡片、海报架、KT 板 3 块以上（5mm 厚以上的；尺寸约 60×90、与普通海报一样大最佳；有条件的多准备几幅，视场地布置）、手绘 POP 海报（针对每次促销的宣传）、红纸若干（号码可抄在大字报上，再贴在 KT 板上）

（10）塑料收纳箱：放海报、单页等容易整理和运输的物品

（11）腰包：供业务受理人员使用

（12）其他物品：剪刀、绳子、笔、双面胶、夹子（现场布置用）；零钱（找零用）；照相机（用于拍摄办理业务的用户身份证）；矿泉水、润喉片等

（13）人员及仪表：最好要会讲本地方言，一半人员着工作服，一半人着便衣（派发宣传单等）

（14）音乐选择：可以专项录制促销厅外音乐或者根据促销主题选择一些舞曲或轻音乐

- **现场促销（活动实施）**

（1）现场促销三步曲：①喊麦邀请；②销售活动；③售后处理

（2）喊麦邀请作为现场促销的第一步，直接关系到顾客购买的多少，是非常重要的。促销员必须热情、大方地喊麦邀约，同时注意礼仪规范，并保持微笑，邀请客户过来体验或参加活动。喊麦词要连贯上口，易懂有趣

（3）喊麦词举例：今天开业大促销，还送优惠大礼包。绝对超值绝对震撼。产品多，按键触屏样样全。无论你是用手机的还是不用手机的，总有一款呵护你。心动不如行动，行动不如马上行动。不买不要钱，卖了才要钱

（4）销售过程中，促销员必须眼到、耳到、口到、手到和心到。“眼观六路，耳听八方”，随时观察整个推销过程中顾客的言行、情绪变化、周围环境变化以及各种对推销过程有影响的因素

续表

<table>
<tr><td>执行指引</td><td>
<table>
<tr><th>游戏名称</th><th>道具</th><th>方式</th><th>条件</th></tr>
<tr><td>抽奖转盘</td><td>转盘一台</td><td>奖励等级定奖品</td><td>具备合适场地，转盘购置，礼品陈列，活动介绍，扩音器，选择人相对集中或人流较多的时间段</td></tr>
<tr><td>砸金蛋</td><td>金蛋若干，砸蛋工具一件</td><td>金蛋内部直接写明奖励即可</td><td>具备合适场地，若干金蛋，礼品陈列，活动介绍，扩音器，选择人相对集中或人流较多的时间段</td></tr>
<tr><td>抽红包</td><td>提供红包墙</td><td>用户直接选择指定红包获奖</td><td>具备合适场地，若干红包，礼品陈列，活动介绍，扩音器，选择人相对集中或人流较多的时间段</td></tr>
</table>
（5）现场人员一边递单页给过路者，一边用一句最吸引人的话向用户介绍，以套餐产品最佳卖点吸引大家驻足了解更详细的内容
（6）营销技巧及话语：要认真解答客户提出的咨询问题，不能解决的记录下客户的联系方式，并以最快的速度做出回复
（7）售后处理。不但现场销售产品，更重要的是对产品的宣传和后续获得更大的收益。当成交后，除了完善一些必要的手续外，还必须将客户的档案完整填写，同时向客户说明工作人员将进行电话跟进，对使用产品过程中出现的问题进行解答，并将新体验提前告知，避免以后客户拒绝回访电话
● 总结归纳
（1）对照活动促销目标，对每次现场促销的以上几个方面进行系统的分析和总结归纳，如做得好的地方，需要改进的地方等，便于在今后的销售活动中持续改进
（2）做好预算成本管控，对能重复使用的炒店物料妥善保管，便于后期炒店促销活动再次使用
</td></tr>
</table>

场景二：老点重装炒店

<table>
<tr><th colspan="2">执行要点：老点重装，造节造势，有节炒节，无节造节</th></tr>
<tr><td>执行思路</td><td>老点重装炒店根据产品、终端、店、时间、热点事件等五类方向思考主题，选取最有利于促销上量的热点事件，通过炒店促销从周边门店中脱颖而出，实现销售上量</td></tr>
<tr><td>时间要求</td><td>● 预热准备：线上预热在正式开业 10 天前启动；线下预热在正式开业 1 天前启动
● 资源申请：同线上预热启动时间
● 现场促销：上午 10:00 ～ 12:00，下午 4:00 ～ 6:00，夜场 7:00 ～ 9:00（根据实际情况自行选择炒店开展时段）
● 总结归纳：炒店开展当日做好日清日结工作，炒店结束两天内总结本次炒店效果</td></tr>
<tr><td>频次要求</td><td>（1）如依托节日热点选择节日
（2）如依托其他主题事件选择中午、傍晚人流易于聚集时段</td></tr>
</table>

续表

<table>
<tr><td>规定动作</td><td>
• 预热准备：促销主题确定，促销现场物料准备；线上预热包括位置短信、电话外呼、朋友圈活动信息推送；线下预热包括 LED 屏幕、外发单页宣传、POP 海报张贴
• 资源申请：提前与市场部申请炒店当月专项优惠政策，协调厂商促销资源
• 现场促销：做好人员组织分工，协助渠道进行现场促销
• 总结归纳：对现场促销活动进行归纳总结，持续提升
</td></tr>
<tr><td>执行指引</td><td>
• 预热准备
（1）促销主题：（节日 / 店庆 / 热点 / 业务 / 终端）
金秋十月贺国庆，千款型机全优惠
开店三年庆，优惠送不停
××× 明星演唱会，买手机送门票
买手机送宽带，直降 ××× 元
手机团购季，让你秒开心
（2）场地准备：不局限在店门口，可以根据目标用户群，选择在人流聚集区等，并结合人流高峰时间、天气进行设点。在现场促销前与所属城管等就场地问题达成一致意见
（3）线上预热：最佳方式为用好存量老用户资源，利用“电话 + 平台”预约回访（老用户专享活动），结合“位置短信 + 朋友圈”转发活动扩大传播触点
（4）线下预热：在炒店开始的前一天，在网点周边张贴“明日有活动”的 POP 海报，在印刷促销单页上要标明“进厅有礼”活动及店面信息，包括厅名称、电话、地址等，在店面周边 1000 米范围内社区住宅、热点商超、人口聚集地等地派发单页。每家店每天发放 2 次，每小时发放量不低于 100 张
×××× 年 ×× 月 ×× 日开展 ××××× 专场促销，凭此单页即可到店免费兑换 ×× 礼品一个
店面地址：×××××　联系电话：×××××××××××
（5）提前做好现场促销人员的培训，确保现场口径统一
• 现场促销（分工准备）
（1）到达现场营销目的地后，人员分工合作
<table>
<tr><th>岗位</th><th>活动范围</th><th>人员</th><th>工作描述</th></tr>
<tr><td>受理员</td><td>受理区附近</td><td>1 名</td><td>高效讲解，紧抓成交</td></tr>
<tr><td>互动手</td><td>抽奖附近</td><td>1 名</td><td>负责组织现场人员参与抽奖活动和发放礼品</td></tr>
<tr><td>拦截手</td><td>厅门口</td><td>1 名</td><td>负责看管展示设备，负责发放彩页和客流引导</td></tr>
<tr><td>喊麦手</td><td>现场</td><td>1 名</td><td>手持无线话筒现场活动主持，吸引人气和造势</td></tr>
</table>
</td></tr>
</table>

续表

执行指引	（2）帐篷：帐篷必须制作促销横幅、竖幅，可在帐篷下摆放热销机型、礼品 （3）桌子：制作桌子促销前档，选用折叠桌方便轻巧，可以拼接或折叠，方便运输 （4）台布：以红色丝绒布为佳，如条件不允许可在桌前张贴海报 （5）音响：长期的可用 VCD 及功放，流动性较大的建议采用充电的手提式音响，一次充电可连续播放 10 多小时，播放内容预先录制好（方言讲一次，普通话讲一次），可编制琅琅上口的顺口溜作为广告语 （6）灯：夜间流动性较强的，建议用应急灯，既安全又方便 （7）礼物：赠送的或抽奖用的促销礼物尽量摆出来，吸引路人，礼品选择以实物（体积较大）为佳，如油、米、洗涤用品 （8）终端及卡号、选号单 / 架：（手机＋卡）套包、号卡等 （9）宣传相关物料：海报、单页、门店宣传小卡片、海报架、KT 板 3 块以上（5 毫米厚以上的；尺寸约 60×90、与普通海报一样大最佳；有条件的多准备几幅，视场地布置）、手绘 POP 海报（针对每次促销的宣传）、红纸若干（号码可抄在大字报上，再贴在 KT 板上） （10）塑料收纳箱：放海报、单页等容易整理和运输的物品 （11）腰包：供业务受理人员使用 （12）其他物品：剪刀、绳子、笔、双面胶、夹子（现场布置用）；零钱（找零用）；照相机（用于拍摄办理业务的用户身份证）；矿泉水、润喉片等 （13）人员及仪表：最好要会讲本地方言，一半人员着工作服，一半人着便衣（派发宣传单等） （14）音乐选择：可以专项录制促销厅外音乐或者根据促销主题选择一些舞曲或轻音乐 ● **现场促销（活动实施）** （1）现场促销三步曲：①喊麦邀请；②销售活动；③售后处理 （2）喊麦邀请作为现场促销的第一步，直接关系到顾客购买的多少，是非常重要的。促销员必须热情、大方地喊麦邀约，同时注意礼仪规范，并保持微笑，邀请客户过来体验或参加活动。喊麦词要连贯上口，易懂有趣 （3）喊麦词举例：走大街，凡是来到现场买手机，送自行车，送一元购机，送免费贴膜，免费抽大奖。百分百中奖率，完全免费，不分上下，不分左右，不分男女，不分老幼，上至九十九，下至小朋友，只要你伸手，现场大奖免费拿走。三巨网手机好不好，用过之后才知道，牛皮不是吹的，火车不是推的，真金不怕火炼，好货不怕试验。现场直播，实话实说，咱们先体验再消费，用的实在，欢迎您再来。让您买的安心，用的放心。全场 199 元起，买一送一，买一送二，买一送三，买的越多送的越多，来就送，买就赠，送到你手软，送到你心动，送到你抱也抱不动。请广大顾客朋友们赶快抢购，抢到就是赚到，最低只卖 199 元，抓住时机买实惠，错过时机贵几倍，来得越早时机越多，走过路过，千万不要错过！保证让您快乐而来，称心而归 （4）销售过程中，促销员必须眼到、耳到、口到、手到和心到。“眼观六路，耳听八方”，随时观察整个推销过程中顾客的言行、情绪变化、周围环境变化以及各种对推销过程有影响的因素

续表

<table>
<tr>
<td>执行指引</td>
<td>
<table>
<tr><th>游戏名称</th><th>道具</th><th>方式</th><th>条件</th></tr>
<tr><td>抽奖转盘</td><td>转盘一台</td><td>奖励等级定奖品</td><td>具备合适场地，转盘购置，礼品陈列，活动介绍，扩音器，选择人相对集中或人流较多的时间段</td></tr>
<tr><td>砸金蛋</td><td>金蛋若干，砸蛋工具一件</td><td>金蛋内部直接写明奖励即可</td><td>具备合适场地，若干金蛋，礼品陈列，活动介绍，扩音器，选择人相对集中或人流较多的时间段</td></tr>
<tr><td>抽红包</td><td>提供红包墙</td><td>用户直接选择指定红包获奖</td><td>具备合适场地，若干红包，礼品陈列，活动介绍，扩音器，选择人相对集中或人流较多的时间段</td></tr>
</table>
（5）现场人员一边递单页给过路者，一边用一句最吸引人的话向用户介绍，以套餐产品最佳卖点吸引大家驻足了解更详细内容
（6）营销技巧及话语：要认真解答客户提出的咨询问题，不能解决的记录下客户的联系方式，并以最快的速度做出回复
（7）售后处理。促销不但现场销售产品，更重要的是对产品的宣传和后续获得更大的收益。当成交后，我们除了完善一些必要的手续外，还必须将客户的档案完整填写，同时向客户说明工作人员将进行电话跟进，对使用过程中出现的问题进行解答，并将新的体验提前告知，避免以后客户拒绝回访电话
● 总结归纳
（1）对照活动促销目标，对每次现场促销的以上几个方面进行系统的分析和总结归纳，如做得好的地方，需要改进的地方等，便于在今后的销售活动中持续改进
（2）做好预算成本管控，对能重复使用的炒店物料妥善保管，便于后期炒店促销活动再次使用
</td>
</tr>
</table>

第四章

网点营销创新之道

——由规范管理阶段转型至绩效管理阶段

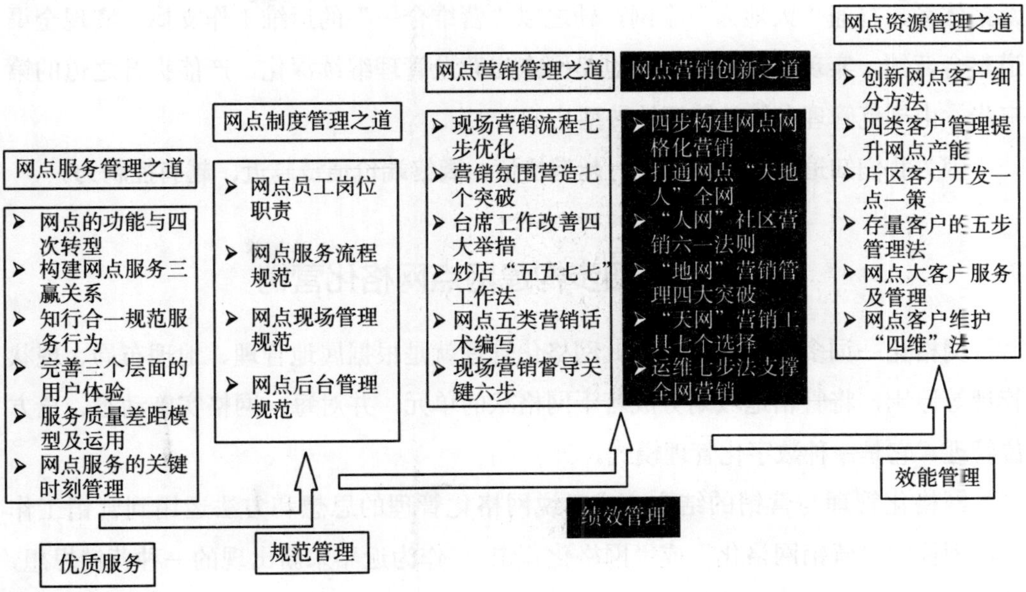

企业间的竞争依次表现为技术层面、营销层面、产品层面、服务层面、文化层面的竞争。这些层面的竞争都是围绕着客户资源展开的。所以说，企业的一切工作都是围绕着客户资源。

随着四大运营商之间关于用户资源竞争趋于白热化，“保用户、保存量，扩大增值业务占比”，已经成为广电运营商急需解决的最重要课题。

第一，怎样下沉营销渠道，贴近用户，做好客户关怀？

第二，怎样在社区营销中既有“人气”，也有“财气”？

第三，怎样通过精准调研，为用户提供真正满足其需求的产品及服务？

第四，怎样在网点现场营销中，活动创意不断、业绩不断提升？

第五，怎样提升用户服务的效能，实现运维成本的控制与营销效能的提升？

第六，怎样才能满足用户全渠道选择、全渠道消费、全渠道互动的需求？

第七，怎样通过常态化的客户关系管理，让用户感知我们就在身边，增加客户的黏着力？

……

这些问题都需要通过设计一个基于对用户实施网格化管理的网点全网营销体系，并在实施过程中创新网点营销工作去回答。具体而言就是通过构建网点网格化营销体系，打通“天地人”全网，辅之以“营维合一”的运维工作支撑，实现全渠道整合营销，实现业绩倍增！这也是网点运营及管理继续深化、产能提升之道的第三步，由规范管理向绩效管理的转型！

因为我们知道：**离用户越近，越有价值；离终端价值链越近，越有控制力。**

第一节　四步构建网点网格化营销

网格化一词多用于城市管理。网格化管理就是根据属地管理、地理布局、现状管理等原则，将管辖地域划分成若干网格状的单元，并对每一网格实施动态、全方位管理，它是一种数字化管理模式。

网格化管理与营销的结合，或者说网格化管理的思想和方法运用到营销工作中，则称为“营销网格化”或“网格化营销”。作为近年来新出现的一种营销思想，其目的是帮助企业更加贴近用户，使企业的资源分配更加以市场变化为导向，这种营销思想及方法的有效性在几大运营商的实际运营中得到了充分的检验！

实施网格化营销的意义在于改进前端营销方式，进而改变企业资源配置机制、组织结构、企业战略等一系列传统意义上的后端机制，由网到端，从而使得企业管

理更加精细化，企业的资源分配更加有效率。

下面以广电运营商为例，介绍实施网格化营销的具体步骤。

一、广电运营商实施网格化营销的背景

背景一：市场逐渐饱和

近年来，随着全国广电网络数字电视整体平移的工作已接近尾声，数字电视用户增长速度在放慢，发现市场空白点、挖掘现有用户消费潜力已经成为广电运营商主要的市场竞争方向。网格化营销强调贴近用户、响应用户、营维一体，这些理念符合企业现阶段的竞争需求。

背景二：市场竞争压力增大

“三网融合”在一二线城市的实质推进，电信的 IPTV 不断抢夺传统的电视用户，广电运营商从来没有像现在这样感觉到市场的竞争压力。除了拓展双向高清互动电视、付费节目的营销及宽带数据业务外，抢夺现有的客户资源，留住用户，提高用户的 ARPU 值是广电企业应对竞争最主要的方法。

对于传统数字电视用户来说，双向高清业务、广电宽带数据业务都是新鲜事物，这些都需要企业在引导和辅助用户过程中投入更多的营销资源。

随着营销与服务过程的逐渐融合，营销人员工作所包含的内容日益增加，所需的资源也随之增加，而这些与企业现有资源能力相冲突，可行的解决方案就是通过网格化营销。

网点作为广电贴近用户最主要的渠道，作为网格化体系中的据点，势必将在网格化营销中发挥重要作用，网点网格化营销成为必然。

二、广电运营商实施网格化营销的好处

网格化营销为广电运营商带来的好处是多方面的。

（一）快速响应市场，实现区域内精耕细作

网格化营销所带来的最直接和最明显的好处就是广电运营商可以对网格内市场精细耕作。资源的落实以及片区责任制度的建立，使得广电运营商基层营销员工的工作指向性更强，应对竞争时更具灵活性。

（二）迅速调配企业资源，减少部门合作的“非效率”

广电运营商采用网格化营销可以提高资源配置效率，使得以往由于不同部门分属管理而造成的合作困难以及资源协调“非效率”可以通过自下而上的需求响应得到解决。同时，通过不同部门彼此分担考核指标（比如网格内数字电视用户的净增

数、在线率、满意度；付费节目用户的订购率；双向高清用户发展比率及宽带数据业务的续费率等），可以切实从任务导向上增加部门之间协作的积极性，提升企业整体组织的柔性。

（三）从“推销型营销”向“服务型营销”转变，以适应新媒体时代市场竞争需求

通过实践网格化营销，可逐渐提升各部门员工对数字电视行业未来竞争环境的认识，使得员工切实感受到“服务型营销”将成大势所趋，从而也有效提升相关技术支撑部门、运维部门的服务意识和市场意识。

三、广电运营商实施网格化营销的步骤

网格化营销的实施不仅是营销部门自身的调整，而且涉及市场、技术、客服等各个部门职责和结构的调整。总的来说，广电运营商实施网格化营销需要经过四个步骤（图 4-1）。

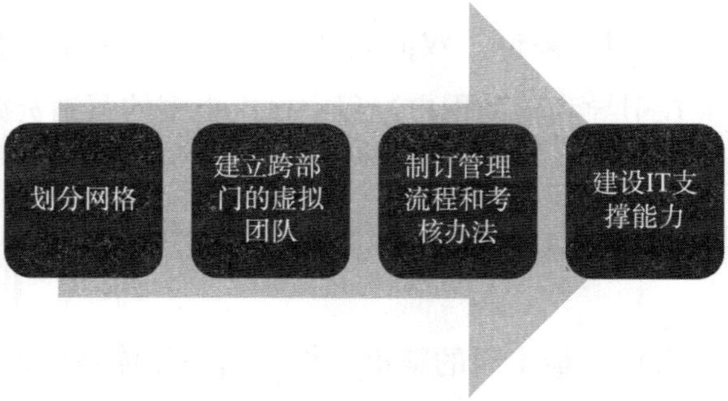

图 4-1　广电运营商实施网格化营销的步骤

步骤一：划分网格

网格化营销的基础是网格的划分，网格划分是否合理、边界是否明确、目的是否清晰都会直接影响到广电运营商网格化营销的执行效果。

广电运营商的用户在空间分布上具有明显的特征，为此网格划分应以空间为主要维度，这也可以方便企业营销团队在有限的范围内更准确快速地接触到用户。企业需要充分考虑自身资源能力，来确定划分区域的数量。

以市公司为例，一般来说，在市公司（主网格）下设立分区分公司（子网格）的个数应等于或多于现有的行政区划个数，分区公司的划分则应根据实际情况而定。

此外，主网格和子网格的划分需依据现有分前端机房覆盖的用户数量或光节点的数量来进行，这样可以有效地避免市场营销与运维服务的脱节。如果市场内存在

相对独立的地理区域，或存在大型重点集团企业，则应设立独立的分公司或片区。

由于需要综合考虑不同网格区域之间的用户数量和资源能力对比，因此要尽量做到网格间的实力均衡，网格间的边界划分务必明确，以免后续可能出现网格间的争执，同时还要综合考虑公司营业网点的分布。对于一个网格来说，若能有一个营业网点对应，则好像是打仗有了据点，便于构建基于网格化管理的网点营销体系。

步骤二：建立跨部门的虚拟团队

在企业基层工作中常常会出现由于资源调配不当而引起的"非效率"问题，一方面是因为企业某一生产领域需要迅速增加投入，另一方面是因为企业部分资源闲置或效率低下。基于这样的问题，广电运营商需要考虑引入虚拟组织的概念，组建虚拟团队。

广电运营商网格化营销的虚拟团队应由一线客服、营销人员为主，同时根据企业资源情况可选择涵盖集团客服人员、个人 VIP 用户服务人员及网络维护人员。

虚拟团队可设立网格负责人一职，该岗位通常由市场营销人员担任。虚拟组织中除市场营销人员以外，其他人员均同时从属于各自部门和虚拟团队，工作考核指标也同时分属两个部分。这部分人员的主要责任目标任务是听从网格负责人的安排，部分考核指标从属于原部门管理。当工作内容发生冲突时，片区经理应与其他部门负责人沟通解决。

虚拟团队还可由网点主任担任网格负责人，网格负责人可将网络维护人员、集团客服人员、个人 VIP 用户服务人员组织起来，并结合网点工作人员组建网格化营销团队。

以上两种虚拟团队的组建方式，在近几年的广电实践中也取得了很好的效果。

案例实战

某广电运营商网格划分及虚拟团队组建方式及职责

一、片区及网格划分

1. 划分原则

以城区规划、街道、楼栋等为基础，综合考虑区域内业务覆盖、地理位置、市场竞争形势、片区经济、人口信息、客户资源等情况，做到网格的营销市场均衡，网格间的边界划分明确。

2. 片区划分

××城区划分为 3 个片区，分别为南市区、新城区、北市区，每个片区再划分为 3 个网格，每个片区平均约 2 万公众用户。农网目前暂划分为 15 个网格，每个网格以各乡镇所属区域为一个网格，待农村网络双向建设完成后再重新划分。

二、人员配置

每个片区设片区经理1名，每个网格配置网格经理1名、业务经理2名。每个片区总计10人。采取自愿报名、双向选择，报名人员范围为除农网部、户户通用户管理部以外的其余部门人员。

三、工作职责

1. 公司的职责

监管所属片区、营业厅、营业网点的各项业务发展指标的完成，片区业务推广的协调、服务工作。

2. 片区的职责

负责片区内整体业务的宣传、推广，保质保量落实完成各项经营指标；通过成本定额核算，控制经营成本，完成成本的利润指标；各项业务的安装调试，故障处理。

3. 片区经理的职责

按照目标责任书，保证业务指标的完成和超额完成，根据网格成本定额，进行营销成本控制，并且对网格人员进行工作安排、管理，具有人员的考核调配权利及工资分配权利。

4. 营业厅的职责

按相关操作规范及业务流程进行业务受理、业务查询、业务咨询、业务展示、业务统计、投诉处理，成为产品的演示、宣传、推广的营销中心。

5. 营业厅经理的职责

全面负责公司营业厅日常运营工作，负责营业厅受理的账目管理，配合公司进行对账、查账工作，做好业务宣传、推广工作，进行营业员的各项工作考核，调动营业员的积极性，从服务中心转向销售中心。

步骤三：制订管理流程和考核办法

网格内营销单位以虚拟团队的形式存在，外部部门间的资源冲突和目标不一致可能会造成虚拟团队内部的冲突。为了避免由于双重领导指令带来的困难，须有一名分管市场销售的负责人来协调各部门的工作，还需要完善的管理流程和考核方法保证工作的顺利开展。

管理流程的制订应从网格化营维一体的流程出发，贴近用户，优化流程；考核方法宜建立在对网格内各岗位科学客观的价值评价基础之上，并应突出对网格内各岗位的激励。

案例实战

××分公司市场部绩效考核办法

为使市场部首次网格化管理模式落到实处，形成更规范、更科学、更有序的员工薪酬发放机制，充分调动员工融入市场的积极性，结合初次细分用户所面临的实际问题，特制订适合市场部全业务发展的绩效考核办法。

××公司市场部绩效考核的依据如下。

计算公式：员工月薪＝基本薪酬＋工龄薪酬＋绩效薪酬－扣除项

基本薪酬：正式员工基本薪酬＝基本工资（912元）×基本薪酬系数

聘用员工基本薪酬＝基本工资（750元）×基本薪酬系数

工龄薪酬：工龄×20元

绩效薪酬：基本绩效薪酬（基础薪酬×绩效薪酬系数）＋补助及提成

扣除项：是由财务部门根据各种社会保险规定、个人所得税和公司相关规定核算的应扣数额之和。

提成定为全部营业额的8.78%，由市场部总监（1名副总兼任）、市场部经理（2名）、副经理（3名）、网格员（27名）共同分成，按照多劳多得、公平公正，按绩考核、利益共享、风险共担的原则，真正达到激活市场创造利润的目的。

1. 月效率定义

员工每月目标任务完成的百分比。根据岗位的不同，员工的月目标任务的不同，效率则是多项指标完成的比例与权重的乘积。最高效率不超过100%。

2. 月薪的计算方法

月薪＝基本薪酬＋工龄薪酬＋绩效薪酬－扣除项

市场总监月薪＝基本薪酬＋工龄薪酬＋（基本绩效薪酬＋上月基本绩效薪酬余额）×市区月平均效率＋补助提成－各类扣除项

市场部经理月薪＝基本薪酬＋工龄薪酬＋（基本绩效薪酬＋上月基本绩效薪酬余额）×（市区月平均效率×30%＋个人月效率×70%）＋补助提成－各类扣除项

片区经理月薪＝基本薪酬＋工龄薪酬＋（基本绩效薪酬＋上月基本绩效薪酬余额）×片区月平均效率＋补助提成－各类扣除项

网格员月薪＝基本薪酬＋工龄薪酬＋(基本绩效薪酬＋上月基本绩效薪酬余额)×(网格月平均效率×30%＋个人月效率×70%)＋补助提成－各类扣除项

3. 月效率核算

市场部月平均效率以付费、高清互动、宽带及收费总额来考核，付费户数占

10%，高清互动户数占 10%，宽带户数占 10%，收费总金额占 70%，即：月平均效率 =(付费实户 ÷ 付费目标任务户数)×10%+(高清实户 ÷ 高清目标任务户数)×10%+(宽带实户 ÷ 宽带目标任务户数）×10%+（实收费金额 ÷ 目标任务收费额）×70%。

根据以上核算公式，每月核算出市区月平均效率、片区月平均效率、网格月平均效率和个人月平均效率，代入相应公式可以准确核算出基本绩效薪酬与绩效挂钩后实际应得基本绩效薪酬金额。

4. 提成比例核算

市场总监：市区总收费额的 2.5‰

市场部经理：三个片区总收费额的 2.5‰；数据专网个人收费的 10%

市场部片区经理：本区片总收费额的 1.5%

网格营业员：本片区个人实际收费额的 6%

网格维护安装人员：本网格内营业额的 2%

按 1800 万总任务核算，总提成合计：1845000 元，总提成比例：10.25%

5. 提成人员说明

（1）除市场部外公司所有员工只对高清互动、付费、宽带等增值业务进行提成，提成比例与网格营业员相同，即为 6%，收费额算所属片区任务。

（2）市场部内部员工按规定比例只提成本区片内所属业务。

步骤四：建设 IT 支撑能力

网格化营销企业 IT 支撑，也对企业 IT 支撑能力提出了更高的要求。IT 支撑内容涉及用户归属的划分、网格内经营数据分析、满意度分析、营销产品的挖掘等，后台数据仓库的容量、技术支撑及运维响应度等都需要重新考虑。同时，IT 支撑还应包括基层营销团队的操作平台研发，保证虚拟营销团队可以第一时间掌握所需的数据内容。

网格化营销管理让我们的销售人员、支撑人员、客户形成三点一线，真正做到“以市场为导向，以客户需求为中心”的基于客户深度洞察和快速响应营销服务的闭环工作流程，有效提高销售人员的工作效率和综合素质，充分发挥各个渠道的优势，提升销售成功率。

案例实战

江苏有线南京分公司网格化营销支撑系统介绍

一、江苏有线南京分公司网格化营销支撑系统组成

网格化营销支撑系统由门户（PC 门户和手机客户端）、应用支撑、系统后台管

理、数据接口层等组成。

1. 门户

包括PC门户和手机客户端。手机客户端可以帮助营销人员随时随地开展营销活动。

2. 应用支撑

应用支撑层包含商机管理、风险预警等九大功能，全面支撑营销工作的开展。

3. 数据接口层

网格化营销支撑系统通过数据仓库，对接了BOSS系统、资源管理系统、运维支撑系统、用户行为分析系统等B、O、D域的各类IT支撑系统，整合30多种类型的数据。通过数据的整合以及数据集市的建立，全面支撑营销活动的开展。

4. 系统后台管理

包括系统功能权限、数据权限管理、组织与人员管理等。由于网格化营销支撑系统整合的数据量大、种类多，且多是公司核心数据，所以出于数据安全的考虑，系统设计了严格的数据权限管理功能和数据权限控制流程。

网格化营销支撑系统采用集群管理、负载均衡方式进行部署，可根据用户发展规模灵活扩容，满足后期业务发展带来的大数据、大规模用户的需求。

二、网格化营销支撑系统主要功能

1. 营销网格管理

营销网格的划分是网格化营销体系的基础。网格化营销支撑系统设计营销网格管理功能既支持通过标准地址进行网格划分，又支持人工地把各个客户关联到某一个网格。在此基础上，支持网格的删除、拆分和合并，灵活地管理和划分网格，支持以网格为单元进行市场营销、商机分派、产品销售、客户维系、绩效考核、网络资源配置等工作任务的执行。

2. 客户360视图

系统能提供客户360度视图查询功能，整合了客户的基本信息、资源使用、业务详单、消费行为、用户咨询投诉报修等全方位信息，并且通过用户行为的大数据分析得到用户的收视习惯、点播习惯和上网行为等，为细分客户需求、提高客户针对性营销成功率、提高客户服务满意度等提供有效支撑。

3. 风险预警

在网格化营销支撑系统整合归类了几类最常见的风险，通过设置预警条件自动地把这些提醒信息推送给相关营销人员，帮助他们及时发现风险进行客户的维系挽留。

4. 商机管理

网格化营销支撑系统一方面整合各类客户相关信息，提供商机模板供营销人员筛选符合条件的目标客户；另一方面通过营销信息管理功能，支持灵活地录入各类与客户接触中获取的商机，通过营销任务的形式向营销人员推送商机信息。

5. 营销任务管理

为了提高营销效率，网格化营销支撑系统建设了营销任务管理功能，支持各类角色新建营销任务，并通过营销工单的形式把商机信息、风险信息自动派发给客户对应的网格经理或指定的营销人员，营销人员通过回单的形式对各个营销任务进行反馈，让上级领导及时了解自己的营销进展。

6. 报表统计

报表系统除了能够以“日”为周期进行网格、区域、部门的统计外，还支持灵活的时间周期选择，方便营销人员不定周期地评估营销活动开展后的效果。出于数据安全性的考虑，系统对不同角色人员查看报表数据做了严格的权限控制，每个营销人员只能看到自己负责范围内的统计数据。

7. 绩效考核

网格化营销系统建设的绩效考核功能可以配置各种考核方案、指标以及各指标包含的参数，通过前台配置以及后台算法设计的方式，可以非常灵活地支撑各个部门、不同角色的绩效考核方案。

8. 网格全息视图

在 WEB GIS 地图上通过标准地址迅速查询并定位客户地理位置，同时在地图上通过图形化界面直观显示网格资源能力、业务能力、客户分析、用户收入市场营销等相关信息。

9. 到达视图

包括楼盘建筑物资源能力视图、房间资源能力到达视图和业务房间到达视图，多维度地展现地域与业务的关系，关键指标包括业务房间覆盖率、宽带业务带宽分布率、业务房间到达情况、竞争对手占有率等，为区域化营销方案的制订提供支撑。

三、网格化营销支撑系统建设和应用成果

网格化营销支撑系统已经为江苏广电南京分公司的各营销部门的营销工作提供了应用支撑。网格化营销支撑系统向公众客户部、商业客户部和客服中心提供统一入口，服务于南京分公司 400 余名一线营销人员。后期还计划与呼叫系统对接，服务 200 余名呼叫中心服务人员。

网格化营销支撑系统的建立，在各个方面对营销工作的开展提供有效支撑，这主要体现在以下几个方面。

1. 提高营销效率

网格化营销支撑系统通过营销流程支撑、营销数据整合、移动终端应用等全方面、多角度的支撑，对各类营销活动开展的提升作用是非常明显的。在相同的营销成功率下，接触客户的次数越多，营销成功的次数才有可能提高。在网格化营销支撑系统的帮助下，营销人员可以更高效地开展营销活动，在相同时间内完成更多的营销工作，这对于提升营销业绩是非常重要的。

2. 提高营销成功率

营销人员如果没有充足的数据支撑，在茫茫人海中搜寻目标客户无异于大海捞针。网格化营销支撑系统通过数据仓库系统整合的各类业务信息、用户行为信息等，为营销活动中精准定位目标客户、发现商机提供了非常大的便利。

3. 激发营销积极性

网格化营销支撑系统通过绩效考核、报表统计功能的建设，实现各营销组织经营数据每天更新，最大程度地保障营销人员及时了解自己的营销成效，充分激发营销人员的营销热情，有助于营销人员及时调整自己的工作计划。

4. 实现市场保有和新业务的新增

网格化营销支撑系统建设上线以来，通过全方位的营销支撑，有效地支撑营销人员开展各类营销活动。以网格化营销系统上线后某一个月真实的营销统计数据为例，在江苏有线南京分公司该月的 14 项营销指标中，有 8 项指标（包括基本业务和新业务）相比上月而言有 102%～170%不同程度的增长，个别业务的增长率高至 278%。这主要取决于营销人员的努力，但是也离不开网格化营销支撑系统的有力支撑。

以上，以广电运营商为例，就企业实施网格化营销的背景、意义进行了简要的介绍，对目前广电网络企业实施网格化营销的步骤进行了简单的梳理。

网点，作为企业最重要的营销渠道之一，作为网格化营销的关键点，网点网格化营销成为必然！

第二节　打通网点“天地人”全网

基于网格化管理的网点全网营销体系是建立在网格化营销思想基础之上的。

中国人讲究“天地人”三合，网点营销体系的设计与运作也强调“天地人”的融合。这种融合，具体解释就是将整个广电网络的市场、资源比做成一张网，再将这张网依据一定的标准划分成便于操作的网格，将营业网点下沉到网格，在网格里配置相应的资源，构成在网格内的“天网 + 地网 + 人网”。这就是基于网格化管理的网点全网营销体系。

基于网格化管理的网点全网营销体系（图 4-2）中，“地网”指的是网格内布局的各种类型的网点，它对应网点的到访客户、意向客户、存量客户等；“人网”指的是网格内针对社区、企事业单位等聚类市场进行小区路演、社区营销而形成的网，它对应的是片区客户、集团客户、异网客户、存量客户等；“天网”指的是针对网格内的所有客户开展网络营销织成的网。

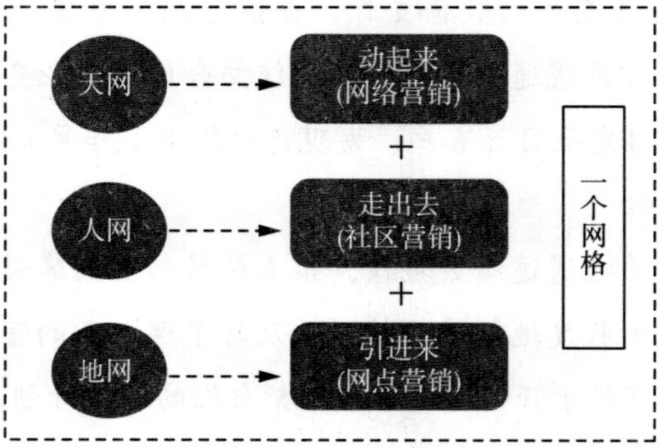

图 4-2　基于网格化管理的网点全网营销体系

基于网格化管理形成的“天网 + 地网 + 人网”的网点全网营销体系可以用“**走出去，引进来，动起来**”九个字来概括其“**网点服务，社区外拓；社区引流，网点成交；线上宣传，线下体验；网格联动，产能提升**”的功能及操作特点。

所谓“走出去”，指的是“人网”，以网点为阵地，以网格化为依据，实地调研、精心准备、提前宣传，针对网点所在网格实施的社区营销（小区路演），达到“网点服务，社区外拓”的目的。

所谓“引进来”，指的是“地网”，以网点所在的社区、企事业单位等聚类市场为网格阵地，通过社区营销、网点及周边营销氛围营造、网点内部活动等一些揽人气的方法，将客户吸引进网点，以便实施网点（阵地）营销，达到“社区引流，网点成交”的目的。

所谓“动起来”，则指的“天网”，即网络营销。网络营销指的是利用传统媒体及新兴媒体，将网点产品、服务信息、优惠活动、资讯等广而告之，并通过有问有答等方式，丰富客户体验，实现客户与网点之间的信息互动，最终达到“线上宣传，线下体验；网格联动，产能提升”的目的。

当每一个网点所在的网格都实施了“天网 + 地网 + 人网”的全网营销，整个公司所在的“大网”的服务营销自然也就能实现“月月有计划，日日有营销，营销能落地，产能有提升”！

这也就是网点实现由“规范管理”向“绩效管理”转型的体系保障！

第三节 “人网”社区营销“六一”法则

基于网格化管理的网点全网营销体系中的“人网”代表的是社区营销。

社区营销是当下广电运营商营销渠道下沉、增加客户黏度、扩大产品及服务品牌、快速增加销售业绩的一种非常重要的营销方式。

社区营销，以实施对象可分为个人用户营销及集团用户营销；以实施方式可分为片区渠道开发及小区路演；以实施区域可分为城网营销及农网营销。对象不同、方式不同、区域不同，对应的产品设计、实施的内容及方法也有所不同。我们先来看看广电员工在参加完城网及农网的个人用户社区营销后写下的心得。

城网社区营销心得一：

紧张又忙碌的一天拉下了帷幕，在这次小区营销中感慨良多。自以为准备充足的我们，到现场还是出现了手忙脚乱的现象，如：电脑登录不了 BOSS、刷卡机偏偏罢工。小区现场也没有我们想象的那么热闹，虽然过往的用户不少，但多数是其他运营商的用户，尽管如此，我们还是做了积极营销。活动之前我们也给老用户打了电话通知有关活动信息，但前来续费的老用户还是比较少。下午我们又继续拨打用户电话，一些忠诚的老用户陆陆续续地来到现场续费，虽然大多数用户反映我们的网速慢，但是经过我们的热情营销和上门服务，他们还是最终选择了我们的宽带。在活动过程中，有个中年大叔过来交费，查询资料发现大叔往年是使用 460 元的套餐，我们还是按往常一样介绍了 720 元套餐，大叔一听到是办宽带，马上拒绝了，说家里已有。我们还是锲而不舍地介绍我们产品的优点，直至大叔有点反感，后面我们采取策略，改和大叔拉家常，慢慢地大叔脸上又露出了笑容。我们了解到他还不怎么会用无线网络，多数是用流量上网，于是我们的技术人员热情地教大叔用手机体验我们的宽带，大叔感觉还挺满意，最后又同意我们上门安装体验，最终完满成交。这个案例的成功是我们团队相互合作的结果，也让我深刻地体会到了坚持的重要性，更让我体会到了成交既容易也不容易。容易的是不知不觉在拉家常中完成成交，不容易的是我们要随时根据用户的反映做出不同的策略，这需要学习和经验。

城网社区营销心得二：

感谢队友们的齐心协力，当销售面临困难的时候，大家团结一致共谋对策，并保持乐观的心态，努力做到天黑，感谢队友们的支持和信任。但很遗憾，我们完成的任务离目标还有较大的差距，但我很满意队员的表现，因为大家都很努力很积极，也尽了最大的努力。总结今天的实战，不足的地方需要在以后的活动中改进，值得肯定的地方要做得更好。

一、不足的地方

(1) 前期宣传不到位。今天碰巧周末，计划出门的用户早早出门，不计划出门的用户因为太阳太大而不出门。我们9点左右开始在小区出入口及小区各栋楼、小区公共娱乐场所进行合围式的宣传单发放，但人员极少，未能达到预期效果，无法聚集人气。

(2) 活动日宣传单未能提前张贴到楼梯间，造成用户未能提前做好交费计划。

(3) 到期用户少，只有50户，虽然我们提前打电话，现场也打，但用户多称不在家。

(4) 天气影响。今天高温，用户都不愿意出门，整个小区下来玩的用户寥寥无几。

二、值得肯定的地方

大家都很努力很积极地投入，认真参与，例如，逐个用户电话通知，挨家挨户发传单，对小锅盖用户敲门访问营销等，大家都按分工认真落实。原定晚上7点收摊，但大家见天没黑继续发传单拉用户，争取路过的每位路人，希望能有收获，最后坚持到晚上8点，天黑了也没有灯，才被迫收摊。我内心有两点感想：①新开户今天0销售，小区有很多小锅盖，用户虽然明白信号不好，但贪图价格便宜，嫌广电价格太贵，价格永远是用户对产品的首选条件；②各岗位都不容易，所以工作中要相互理解，相互支持，多一些沟通和主动，很多困难就不是困难了。

农网社区营销心得：

这次火箭队营销实战的地点是农网康熙岭横山村。我们早早地整理好物料出发前往康熙岭。出发前我们是抱有极大的信心完成昨天培训时定下的目标的，可有时候信心越足失望就越大。我们选择营销的地点是村委，农村人群比较零散，不像城网小区那么集中，即使有叮当猫助阵也没能吸引到小朋友过来围观。火箭队的每一位队员都心急如焚，队长就将我们分成三组，分别去周边挨家挨户地派发宣传单并现场营销。烈日当空下，我们开始对康熙岭横山村周边进行扫户，在扫户过程中了解到，电信、移动上个月就已经来推销过，而且也有很多户都是刚刚安装了其他运营商的宽带，嘴皮子都磨破了，客户也不愿意更换，都说刚刚安装不想重叠。在农村，在家的几乎都是老人家，年轻人都出去工作了。在向老人家介绍产品时，即使老人家很有意向要安装，但自己不能做主也没钱，都说要问儿子。我们也只能把有意向安装的客户记录下来，隔天再进行回访。通过今天农网实战营销，了解到城网和农网的区别，城网的客户，采用好的话术并耐心讲解，基本都能成交，可农网的用户不止需要好的话术和耐心，还需跟每一位客户打交道并进行跟踪回访，才能促成交易。虽然这次实战培训我们火箭队的业绩不是很理想，但火箭队的每位成员都保持着积极的态度，百分百地向每位客户进行营销。

从上面分享的社区营销案例及活动感受，可以看出广电运营商现阶段对于社区营销的重视，同时，也可以看出社区营销效能的提升，已经是亟待解决的问题。

一、网点社区营销“六一”法则

从操作流程上来讲，社区营销可分为事先准备、事中实施及事后总结三个阶段。从操作方式来讲，则应遵循“六一”法则，即：明确一个主题、确定一个目标、整理一套数据、形成一套方案、做好一次演练、事后一次复盘。

（一）明确一个主题

主题是社区营销的核心关键词。主题的选择常常要结合节假日及公司的产品、服务优惠、时事新闻等。例如：2016 年 5 月进社区开展活动，可考虑欧洲杯、奥运会、暑假等关键词作为主题来设计相关营销活动。

（二）确定一个目标

没有目标，社区营销则无法考评，流于形式。虽然动用了大量的人力、物力、财力来开展活动，最终却收效甚微。社区营销的目标应围绕着主题展开。

（1）以宣传品牌形象为主题的目标的设计，可考虑以意向客户资料收集为目标。

（2）以套餐销售为主题的目标的设计，可考虑以销售金额及套餐种类为目标。

（3）以策反“小锅盖”为主题的目标的设计，可考虑以策反客户数量为目标。

（三）整理一套数据

针对欲开展社区营销的网点进行数据的整理、分析是非常必要的。

- 哪些客户是即将到期可以催交的？
- 哪些客户是可以升级产品套餐的？
- 哪些客户是处于“休眠”状态的？
- 哪些客户是使用时间长可以开展副机销售的？

……

要获得这样的数据，常用的方式是提前将 BOSS 系统内对应的数据导出，按产品种类、缴费时间等进行统计分析，为锁定目标客户、制订切实可行的行动方案提供依据。

（四）形成一套方案

实际社区营销中，常常见到的情况是：大家都很忙，却还是有些事没有人做；好像都已经做好了各种准备，却依然留有一些“死角”；现场实施的情况和预想差距很大，等等。造成这些现象的关键原因可能就在于没有形成一套可以操作的行动方案。目标如果没有方案支撑，目标是虚无缥缈的；方案如果不在目标的指导下去制订，方案就有可能不会取得预期效果。行动方案的制订应遵循“5W+2H+1S”原则（图 4-3）。

项目名称	When 时间节点	What 做什么	Where 在哪做	Who 谁去做	Whom 实施对象	How 怎么做	How much 成本	Safe 安全

图 4-3　社区营销行动方案制订“5W+2H+1S”原则

“5W+2H+1S”原则是依据社区营销活动的流程，确定活动项目，再针对每一个活动项目，对应在时间节点、具体内容、实施地点、实施对象、实施主体、实施方式上细化，并对活动的成本予以侧重，安全要素予以关注。

（五）做好一次演练

演练是检验行动方案是否可行的最好手段。演练时一定要遵循行动方案的分工，按计划进行，并做好记录以便完善行动方案。事实证明，往往通过演练，能对行动方案中缺失的部分做到很好的补充。

（六）事后一次复盘

下围棋时，下完一盘棋之后，要重新摆一遍，看看哪里下得好，哪里下得不好，对下得好和不好的，都要进行分析和推演，此为“复盘”。柳传志第一个将复盘引入到做事之中，成为联想三大方法论之一，在联想每一个重大决策的背后，都有复盘的身影。

同理，每次社区营销后，均可通过及时复盘，重现业务过程，将实际操作与行动方案对比，将实际目标与预期目标对比，这种“复盘”的操作方式，将大大提升社区营销的能力。所谓“做中学，学中做”。

复盘要做到及时，要做到情景再现，要做到客观真实，要做到责任到位。

二、城网社区分类及社区营销操作建议

城网社区营销的第一步则是要对社区进行前期调研、分析。

一般可将城网社区分为以下几类。

（一）堡垒式高档社区

（1）地理位置：一般处在城市的中心或风景较好的位置。

（2）物业管理：物业管理严格，属于一类社区，各项教育、娱乐、医疗比较规范，不能做宣传，不能乱张贴，不能有推销之嫌的人进入社区。

（3）社区住户：层次较高，经济条件比较好，知识结构也比较丰富。

（4）进入方法：宜采用公益、娱乐、捐赠等方式。

（5）操作建议：针对社区生活品质高，社区居民在时间上比较紧，少有时间与你沟通，可通过组织关系来拉近距离。例如：社区组织的相关公益活动（儿童节、妇女节、老年节等），高层次娱乐节目（社区参与）的各种奖励活动等。

（二）托管式中档社区

（1）地理位置：分布在城区的各处。

（2）物业管理：在居委会或单位的管理与控制下，没有设立专门的日常监管。

（3）社区住户：以普通居民为主要对象，层次高低不均。

（4）进入方法：考虑到竞争对手的情况，宜采用新颖的活动，强调给社区住户带来的实惠。

（5）操作建议：要清楚民众的需求，通过新颖的活动调动居民的积极性。例如：在社区广场举办各种务实、新颖的有奖参与活动，按照需求设置奖项，如与日常生活相关的且能够把产品融入其中，这是最好的推广方式；规模不要大，但要经常做，不断刺激消费者，满足不同需求的时候，就会起到很好的效果。

（三）开放式低档社区

（1）地理位置：分布在老城区或结合部。

（2）物业管理：在监管之外的社区，社区组织比较松散。

（3）社区住户：居民结构复杂。

（4）进入方法：进入方便，但要考虑到活动给住户带来的利益及成本与产出的测算。

（5）操作建议：这类社区基础设施与文化建设差，经济能力较弱，比较难以开展工作。但也不能放弃，此类社区营销的核心是消费者要方便地获得利益，并且是大众化的结果。在利益上，采用渐进的方式，不能一下满足，需要渗透推进，做好服务成为主要进攻的手段，不断的刺激，不断进行服务等。

三、城网社区营销操作具体事宜

在充分调研及遵循“六一”社区营销法则的基础上，下面针对城网个人用户开展的社区营销为例，以事前准备、营销实施及事后总结、几个关键四个方面来说明广电网络进行社区营销操作的一些具体事宜。

（一）社区营销前准备

应提前一周去社区实地调研，和小区物业沟通，画出小区及周边地图，并确定以下事宜。

（1）分析社区人流、聚集时间、聚集地点、小区出入口等要素，以此来确定展示地点及主办业务台的位置。

（2）观察社区环境，特别是出入口、车库、电梯、人流聚集地、小区社区宣传栏、小卖部等，以此来确定社区营销宣传资料摆放的位置及方式；并提前三天摆放到位。

（3）对社区营销的活动现场进行布置。

（4）和物业、保安交流，获取社区居民消费信息，并通过观察车库车辆的品牌，小区小卖部陈列物品的种类和价格，结合 BOSS 系统内用户选择的产品及服务种类、价格，以此来确定社区营销主推的套餐。

（5）提前和物业及保安沟通好用电、用水、网络资源等。

（6）提前测试好小区的网络资源、WIFI 信号等。

（7）提前三天对社区用户进行电话邀约。

以上事前准备的内容，运用前文的“5W+2H+1S”表格，确定实施人、监督人，对照执行。

（二）社区营销实施

社区营销实施当日应注意以下事项。

（1）征得社区同意的前提下尽可能利用音乐、现场活动、游戏等招揽人气的方法。

（2）社区营销实施当日，可按客流拦截、礼品发放、监督机动、电话联系、上门宣传、社区销售、业务受理、上门安装、处理异议等进行人员分工，详见图 4-4。

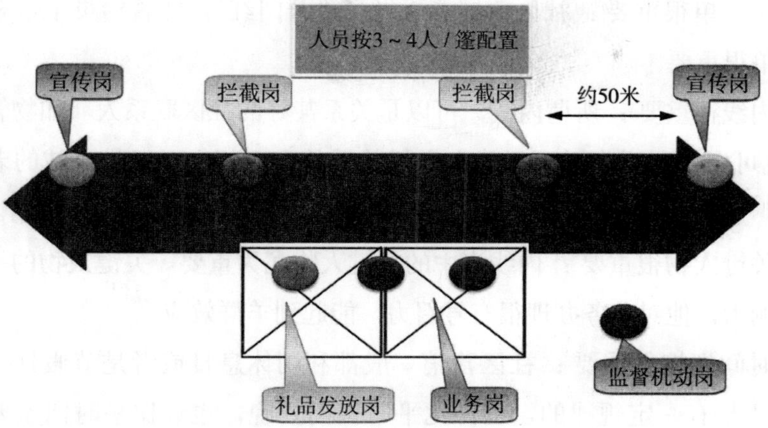

图 4-4　社区营销活动岗位分工示意图

（3）负责宣传的人员分工，除了覆盖活动社区，还可以考虑社区周边区域，特别是临近街道的社区。

（4）采用电话、发放宣传单、入户等方式通知用户。

（5）对于办理业务的用户，当天办理，当天安装。

（6）做好用户的咨询、服务。

（7）做好礼品的发放及游戏、活动的组织工作。

（8）结合系统工单，做好维修及宣传工作。

（9）对于“小锅盖”用户，可采取上门宣传、体验营销的方法进行策反。

（10）社区人流汇集的高峰期，应集中力量到展台。

（三）社区营销后总结

（1）参与社区营销的成员每人总结。

（2）对比活动前的行动方案，进行社区营销的复盘。

（3）兑现社区营销前制订的激励政策。

（四）城网社区营销操作的几个关键（图 4-5）

图 4-5　城网社区营销操作的几个关键

（1）第一单很重要：社区营销能否做到“开门红”，能否给员工带来极大的信心，第一单很重要。

（2）内线很重要：所谓内线，可以是关系甚好的社区联系人（如物管主任、保安等），也可以是联系多时已经建立良好关系的客户，也可以是忠诚的老用户。这些“内线”过来“站台”，对于社区营销揽人气、办业务是有积极作用的。

（3）关键人物很重要：内线当中的关键人物尤为重要。关键人物的一个重要标志是有影响力，他对业务办理很有号召力，能起到羊群效应。

（4）时间把控很重要：社区营销一般都利用休息日或者是节假日。这时社区用户的生活是有一定规律的，也许比平时出门要晚，也许比平时回家要早。这样一来，相对应的业务办理时间及宣传活动则要做相应的调整。

（5）电话跟进很重要：进入社区之前，往往会对意向客户进行电话预约，起到业务告知的作用。社区营销实施当日，客户往往出于戒备心，找各种理由来推迟业务办理时间，此时进行电话的持续跟进则非常有必要。

（6）成交展示很重要：社区营销实施现场的营销氛围营造，除了常规的宣传单、易拉宝、产品及服务 POP 展示等，及时地展示业务办理的现场成交量也能起到很好的带动作用。

（7）优化流程很重要：关注客户体验，简化、优化业务办理流程，特别是当大量客户同时来展位办理业务时。

（8）体验营销很重要：面对异网客户，面对犹豫不决的客户，让客户“先体验后消费”是有效的一招。体验营销的使用，应做好客户区隔，并控制好使用的时间节点。

（9）信心比黄金更重要：社区营销最最重要的，可能是员工的信心。很多社区，可能竞争对手来过多次，还可能实施当日竞争对手就在对面“摆台”。“狭路相逢勇者胜”，谁对自己的产品及服务有信心，谁才有可能坚持到最后。

四、农网社区营销操作具体事宜

农网社区营销的基本思路和操作方法与城网类似，但因为市场及消费能力、客户结构及消费习惯的不同，需要在以下方面特别注意。

（一）社区营销时间的选择

和城网不同，在农网实施社区营销更应该关注当地的节假日及当地人民的出行习惯，像城网那样常常选择在周六、周日操作的方法在农网则不一定合适。

（二）社区营销宣传方式的选择

城网在社区的宣传是“海陆空”及“线上线下”立体实施。在农网，宣传方式则可能要更接地气，“搭台唱戏”、最为传统的村广播站宣传、走村串户，可能远远比花大力气设置气球拱门、布一个展台、摆一个大型卡通玩偶的宣传效果要好！

（三）社区营销应以网格负责人为主

类似于城网的网格，具体到农网的每个村，也会有专人负责。这些网格的负责人，有些是专职的，有些还可能是（合作代理）兼职的。无论是何种方式，他们对于当地情况的熟悉程度，他们在当地客户心目中的口碑，都对社区营销的成败起决定性作用。农网社区营销活动的策划及实施应围绕网格负责人展开。

（四）利用好乡政府、文广站的关系

广电网络的公益性，决定了和政府及文广站较好的关系。社区营销要充分认识并利用好这一点。找对了关键关系、关键人物，往往能起到事半功倍的效果。

（五）馈赠礼品的选择

营销产品的组合要接地气，很多农网进行社区营销，都会选择适量的礼品回馈客户。礼品的选择建议在考虑价格及包装的同时，注重实用性。一件印了企业LOGO的T恤衫可能远比一瓶洗洁精要受欢迎。产品的组合方面也要考虑农网客户结构的现状，结合网络资源及客户的消费习惯和能力。

（六）可适当考虑团购及对符合条件的客户施以优惠等方式

可灵活地根据营销实施当日的情况，调整团购的优惠方案；对于五保户、需要帮扶的客户，也可以在村、乡政府的指导下，给予优惠。

总之，网点通过“走出去”的“人网”的社区营销，既可以达成“社区引流、网点成交”的营销目的，又可以在短时间内揽人气、树品牌、提产能，社区营销在整个全网营销体系中扮演着非常重要的角色。

第四节　“地网”营销管理四大突破

基于网格化管理的网点全网营销体系中，网点现场营销扮演的是“地网”的角色。通俗的解释就是，网点是“全网”的据点。它既可以成为各类营销活动成交的阵地，也可以成为各类营销活动的体验及发源地，它还是网点客户资源管理最重要的阵地。

网点现场营销的操作流程及技巧在前文已经做过详细的讲解，此处只结合网点网格化营销管理，围绕着网点客户资源的管理，简要介绍以网点为单位实现产能增量的网点现场营销管理的四个突破（图 4-6）。

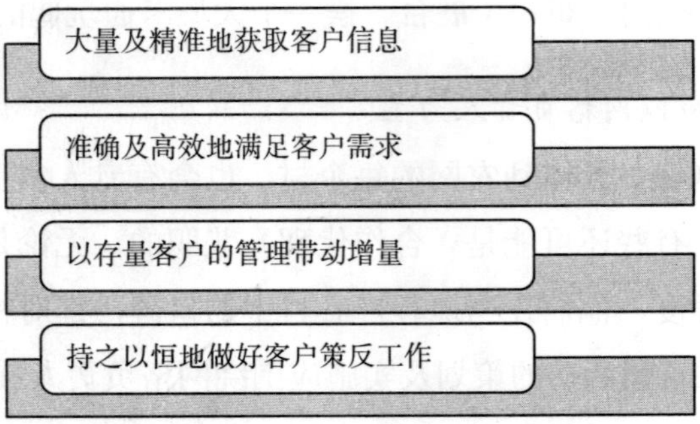

图 4-6　网点现场营销管理的四个突破

一、大量及精准地获取客户信息

客户信息是网点经营的源泉。网点获取客户信息的方式基本可分为线上及线下两大类。下面主要就线下的方式做基本介绍。

（一）网点自然获取客户信息

网点通过线下自然获取客户信息，是成本较低、便于操作的一种获取客户的方式。

无论客户是来网点办理业务，还是业务咨询、业务体验、硬件维修或者是服务投诉，也无论客户是自己来或者是陪同他人来，网点工作人员都要抓住机会及时做好客户信息的获取工作。当然，网点所处地理位置不同、周边环境不同、营业时间不同，这些因素也都会影响网点自然获取客户信息的质量。

（二）网点片区（网格）客户开发获取

线下获取客户信息的方式中还有一种就是网点片区（网格）客户开发。

一般而言，网点对应着一个网格，都是依附于一个片区存在的。可以说片区就是网点这口水井的水源。因此，对水源地进行深度挖掘，则是一件非常有意义的事。

依据网点的特点，就可以按地域、按行业、按聚类方式等方法，来将网点片区进行片区划分，再责任到人，采用电话预约、短信告知、社区宣传、登门拜访等方式，实施片区客户开发，是一种相对来讲效果不错的获取客户的方式。

这种方式的不足之处在于对于网点员工而言，工作量太大，对于网点而言，成本太高。所以，网点在实施片区开发时，一定要注意效果，要选择合适的时间（一般建议业务淡季或集中客户维护期），采用合适的话术，确定合适的主题，运用合适的方式，将片区客户开发与客户维护工作结合起来，收到事半功倍的效果。

很多企业基于网格化的营维合一的运营模式中，网点片区客户的开发及维护就是最基本也是最重要的一步！

（三）存量客户转介绍获取

存量客户对企业的重要性是无需多言的。很多企业更是将“保存量、保用户”摆到了一个战略高度。存量客户之所以重要的一个主要原因是：存量客户因为已经对网点的服务及营销有了体会，因此，若能做好存量客户的转介绍工作，相比前面两种获取客户的方式而言，转介绍的成功率高、成本低、可信度强、效果好。

在做好存量客户日常维护的基础上，工作人员敢于向存量客户开口，要求存量客户做好转介绍工作。

“只要你开口，就有可能转介成功；而你不提要求转介，一般不会有人主动转介绍。”“转介绍是让更多人享受网点的优质服务及产品，是一件造福于客户的好事。”网点工作人员要有转介绍的强烈信心及愿望。

（四）合作渠道获取

通过合作渠道获取客户的方式，和上面三种方式最大的不同是：网点自然获取、片区开发、客户转介绍，很可能都是获取单个的客户信息。而通过合作渠道获取，往往获取的是成批量的客户信息，如同滴滴打车、易道专车等互联网企业在业务发展的最初期也是通过合作渠道引流客户来获取客户的方式一样。自然，这种方式虽不一定是成本最低的，但有可能是效率最高、效果最好的。

通过合作渠道获取客户，常常采用异业联盟的方式。

异业联盟是指各行业、各层次的商业主体之间，为了达到共同的利益，通过一定的组织机构或网站形式，组成的商业联盟。异业联盟的各商业主体之间相对独立，同时，各商业主体之间又存在一定的利益联盟。因此，异业联盟是一个相对紧密、资源共享、利益共存的联盟。例如：银行和通信企业发起的消费性异业联盟，网络与普通商家建立的商业平台等关联或者非关联行业之间的合作，都属于异业联盟的范畴。

除了获取客户信息外，异业联盟还广泛运用于营销策划及社区活动。

二、准确及高效地满足客户需求

满足客户需求，首先取决于对客户需求的准确把握。这其中，相对容易把握的是客户的显性需求，难以把握的是客户的隐性需求，而隐性需求（也就是客户不一定说出来而需要通过沟通技巧获取的需求）往往对于消费决策起决定性作用。

以广电运营商为例，客户来到营业厅办理业务，看似只是购买节目套餐或是开通宽带，我们称其为显性需求，是容易观察也易于提供服务的；细想一下，客户购买节目套餐或者开通宽带，无外乎是获取资讯、轻松娱乐、学习成长，这实际上是一种文化需求。而且，广电产品的特性是以家庭为单位购买而实际要满足不同成员需求的文化产品，认识到这一点，将有助于网点扩大满足客户需求动作设计的视野。

满足客户需求具体而言在于产品策划、岗位设置、流程规范、操作标准、服务语言、体验咨询等一系列要素的组合，这些在前文已经从多个角度谈到，此处就不展开。

三、以存量客户的管理带动增量

有网点调查资料显示：一个满意的客户会引发 8 宗潜在的生意，其中至少 1 宗成交；一个不满意的客户会影响 25 人的购买意向；而获得一个新客户的成本是维持一个老客户成本的 5 ～ 10 倍，再次光临的客户可带来 25% ～ 85% 的利润。

由此可见，全面盘活存量客户，对存量客户进行精准、有效地管理是实现网点销售增量的重要来源，可以有效提升网点产能。

以存量客户的管理带动网点产能增量的具体操作方法，详见“存量客户管理的四步曲”。

四、持之以恒地做好客户策反工作

以网点为单位的产能增量的网点营销管理的第四大突破是客户策反。客户策反工作一般应遵循以下工作步骤（图 4-7）。

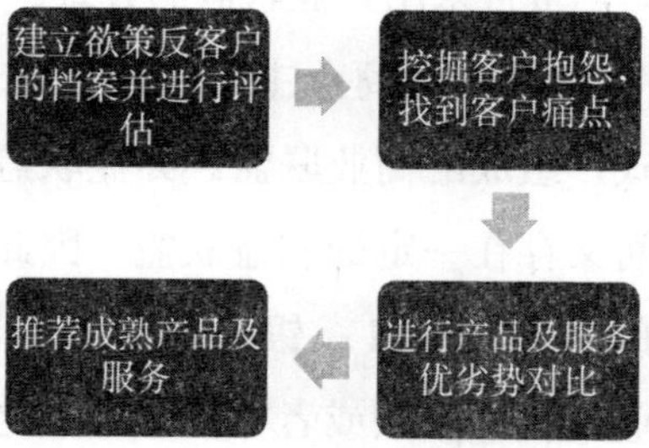

图 4-7　网点策反客户的四个步骤

（一）建立欲策反客户的档案并进行评估

对于欲策反的客户进行信息收集，包含现在使用的产品及服务，与竞争对手的关系，使用现有产品及服务的感受等。在这基础上，形成对客户的价值评估，以便决定策反采用的方式及投入的精力。

实操中一定要避免没有建立策反客户档案及建立了档案未进行精准评估的简单粗暴的做法。

（二）挖掘客户抱怨，找到客户痛点

针对评估后欲策反的客户，可以运用 SPIN 话术，挖掘客户的抱怨。

客户的抱怨一般包括客户对原有产品及服务的异议，对质量是否满意？对客户关系维护是否满意？竞争对手是否有未兑现的承诺？

通过这些信息的挖掘，找到客户痛点，为第三步骤的成功推荐奠定基础。

（三）进行产品及服务优劣势对比

在了解客户抱怨、找到痛点的基础上，应引导客户进行产品及服务的优劣势对比。此时宜站在客观的立场，引导客户思考产品及服务在特征、利益、优势、劣势、价格、服务、质量等方面的差异，可以运用“一分为二”法（即在一张白纸上让客户自己写出产品及服务优劣势比较）。这个过程也可以称为在找到客户痛点的基础上，继续找到客户的痒点。我们来看看某公司将广电业务与互联网盒子业务对比整理的资料（表 4-1）。

表 4-1　广电业务与各种互联网盒子对比

对比项目	广电业务	互联网盒子
比画质	1920×1080 精确传输	480P 画质效果差，损害视力
比顺畅	不卡顿，无延时	卡顿、延时久
比节目	直播全频道、回看、点播、节目编排合理	假高清、频道少
比内容	电视剧、综艺大片点播内容竟然比互联网内容还全、还快，你敢相信吗？院线电影也是影院一下线就有了，从此就可以告别电影院了	没错，我们也很全，但乐视只有乐视的片源，爱奇艺只有爱奇艺的片源，没人敢说别人家的我也有
比宽带	上网、看电视互不干扰	上网、看电视干扰严重
比价格	资费透明，品质服务有保障	企业定价，谨防诈骗

（四）推荐成熟产品及服务

所谓成熟的产品及服务，一定是既能满足客户的需求，又能消除客户对于竞品的抱怨，还能为网点带来价值的。成熟的产品及服务一定是令客户兴奋的。因此，在掌握了痛点、痒点的基础上，及时向客户推荐成熟产品及服务，也可以称为给客户提供兴奋点。

在“走出去”的社区营销的基础上，网点营销管理的四个突破，将促进“地网”“引进来”的“社区引流，网点成交”的目的的达成，为网点产能提升提供强有力的保障！

第五节 “天网”营销工具七个选择

基于网格化管理的网点全网营销体系中的“天网”指的是“网络营销”。

全网营销是全网整合营销的简称，指将产品规划、产品开发、网站建设、网店运营、品牌推广、产品分销等一系列电子商务内容集成于一体的新型营销模式，是集合传统网络、移动互联网、PC 互联网为一体进行营销。

基于网格化管理的网点全网营销体系，侧重的是全网整合营销渠道的建设及运用，即营业网点整合传统网络、移动互联网、PC 互联网为一体的营销渠道，通过网页搜索、图片搜索、视频分享、B2C 平台（自有和第三方）、门户媒体、分类信息平台、垂直行业论坛、博客推广、知名百科等渠道，将网点信息、形象、品牌对外发布，让客户“**知道你，找到你，了解你，信任你，依赖你**”，最终为网点产能持续提升提供源源不断的源泉。

简而言之，网点可运用的网络营销工具包含以下几类。

（一）网页搜索

移动互联网时代，客户习惯于在网络上寻求信息及答案。网点通过在网页上发布及优化相关信息，对于提升网点的知名度及吸引客流是很有帮助的。

网点可以根据营销计划及产品特点整体规划关键词，研究关键词的流行程度和相关性，在搜索引擎的结果页面取得较高的排名次序，以此增加企业网站在主流搜索引擎的收录量和网页展示量。当客户在搜索引擎中查找相关产品或者服务的时候，可以方便快速地找到企业信息。

以广电运营商为例，在网点转型实战培训中，我常常让大家打开浏览器输入“电视缴费”（图 4-8），看看各公司及网点在网页上的排名，看看网点的信息能否给到客户以最大的便利。

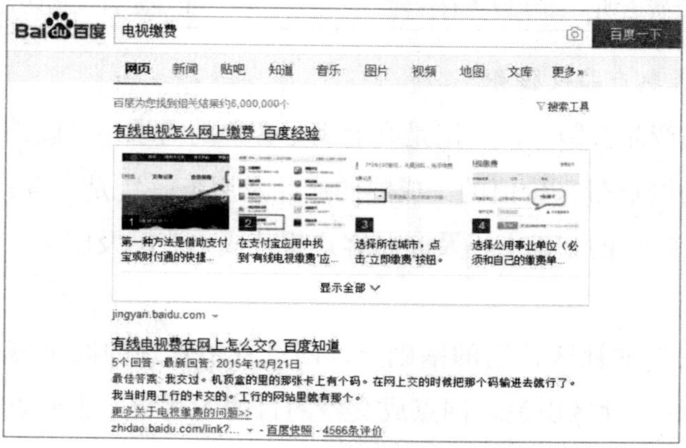

图 4-8 网页搜索

这里的关键词是为什么是“电视缴费”而不是“高清电视缴费”“有线电视缴费”或是“某某广电网络公司电视缴费”？这个问题值得大家思考。

（二）图片搜索

网点可以针对特定关键词（如高清电视、时移回看、互动等）以图片的形式在搜索引擎推广，将商品的图片直观地推到用户眼前，以涵盖图片搜索用户，来提升品牌形象，提高网点信息展示量，给网点引流。

例如：在某搜索引擎上输入“高清电视”得到的信息（图4-9）：http://image.baidu.com/search/index?tn=baiduimage&ps=1&ct=201326592&lm=-1&cl=2&nc=1&ie=utf-8&word=高清电视

图4-9　图片搜索

（三）视频分享

视频是一种最直接有效的媒介，因为它所受的关注度比较普遍，加上声音和画面，能给人直观而生动的感受。视频分享还具备互联网互动性，传播性极强。正因为如此，网点制作产品或者相关服务信息视频，分享至各大视频网站，已经越来越成为网点重要的一种网络营销工具。

广电运营商在视频制作及传播上有得天独厚的优势，应该将这种优势发挥得淋漓尽致，但实际的情况却不乐观。可以做一个小测试，用“广电 网点”作为关键词搜索相关视频文件，你会发现搜出来的内容非常少。这意味着，广电网络的网点在这里还有极大的提升空间。利用视频分享作为网络营销工具的技巧很多，最简单也最关键的一条是主题及时间的把握。每个视频的主题宜聚焦、时间不宜太长。现在已经进入“微时代”，“微”往往能产生“大”效能。

（四）B2C 平台（自有和第三方）

网点可将企业和产品展现在销售平台，终端客户通过浏览页面，进行咨询下单，达成企业对客户的下单。B2C 分为自有商城和以天猫为主的第三方商城。目前，国内有很多网络公司都在天猫等商城上开通了这项服务，改善了客户的产品体验。

例如：湖南有线在某宝上开设的官方专营店（图 4-10）：https://hn96531.taobao.com/index.htm?spm=2013.1.w5002-7804921471.2.lDd1dg

扫码可见“湖南有线官方专营店”

图 4-10　B2C 平台营销

（五）门户媒体网站 / 垂直行业论坛

网点还可以将企业产品或者服务信息以软文的形式投放到各大媒体门户网站或是垂直行业论坛。内容投放后可以较长时间地查看，借助门户网站及垂直行业论坛的权威性来提升产品及服务的品牌。

例如：河北广电网络某网点在新浪上的软文“有线电视卡丢了怎么办？”（图 4-11）：http://news.sina.com.cn/c/2014-09-04/091930793162.shtml

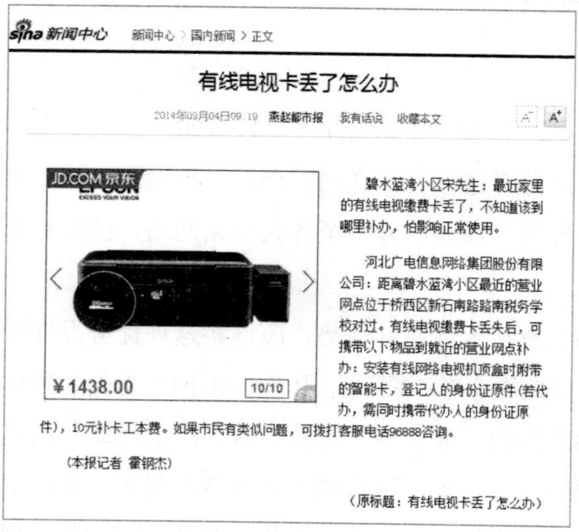

sina 新闻中心　新闻中心 > 国内新闻 > 正文

有线电视卡丢了怎么办

2014年09月04日09:19　燕赵都市报　我有话说　收藏本文

碧水蓝湾小区宋先生：最近家里的有线电视缴费卡丢了，不知道该到哪里补办，怕影响正常使用。

河北广电信息网络集团股份有限公司：距离碧水蓝湾小区最近的营业网点位于桥西区新石南路路南税务学校对过。有线电视缴费卡丢失后，可携带以下物品到就近的营业网点补办：安装有线网络电视机顶盒时附带的智能卡，登记人的身份证原件（若代办，需同时携带代办人的身份证原件），10元补卡工本费。如果市民有类似问题，可拨打客服电话96888咨询。

（本报记者 霍钢杰）

（原标题：有线电视卡丢了怎么办）

扫码可见“有线电视卡丢了怎么办？”

图 4-11　河北广电网络某网点软文营销

例如：贵州广电网络在垂直论坛上投放的关于多种缴费渠道的软文（图 4-12）：http://www.tvoao.com/a/175716.aspx

扫码可见“贵州广电开通多种缴费渠道”

图 4-12　贵州广电网络软文营销

（六）博客 / 微信推广

利用博客 / 微信这种网络交互平台，发布企业相关概况和服务信息，密切关注并及时回复平台上客户对于企业的相关疑问和咨询，以达到宣传企业信息的目的，为网点吸引客流。

随着微信功能的不断开发，微信也成为网点传统业务办理渠道之外的一个非常重要的补充。关于微信推广的具体操作，详见下文的“微信营销在网点网络营销中的运用”。

（七）知名百科

网点还可在各大知名百科中创建企业、品牌、产品、网站相关词条，既可以树立自己相关信息的公共形象，也可以增加传达机遇的几率，提升知名度。

以上，以广电运营商为例，就基于网格化管理的网点全网营销体系的网络营销部分，简要介绍了全网整合营销的渠道概念、网点可选择的网络营销渠道。

鉴于微信作为一种社区营销工具的迅猛发展，我们将在后面的案例分析及工具运用模块进一步总结网点利用微信营销的经验，及网点运用微信拓展客源的151 法则。

网点的网络营销是个大话题，也是一个需要持续建设的系统工程。网点应在整个公司营销定位的指导下，分派专人负责网络营销，将多渠道的网络营销常态化、持之以恒，方能对拓展网点客源、实现产能持续提升做出贡献！

第六节　运维七步法支撑全网营销

基于网格化营销管理思想建立的“天地人”网全网营销体系，离不开运维的支撑！

对于运营商而言，网点是为用户提供服务的起点。运维，则是企业兑现承诺、优化服务体验、塑造良好企业形象、增加客户黏度最为重要的一个环节。其重要性在当下运营商纷纷以“保用户、保存量”为主要战略目标的市场竞争中显得尤为突出。

一、营维合一的运维模式成为必然

传统广电运营商由于行业标准和技术系统未统一，在运维方面存在着明显的业务系统“三多两高”与运维资源“三少两低”的矛盾。

“三多”，一是业务越来越多，从直播到互动，从自有宽带到融合业务，从有线到无线 WIFI，从本行业到多行业应用等上百款；二是终端硬件设备多，各地市级少则数十款，省级多则近百款；三是终端软件越来越多，从早期的嵌入式，到过渡期的中间件，到安卓、IOS 等智能系统，多达上百种版本。

“两高”，一是对运维技术门槛越来越高，从模拟技术到数字技术，从无线到智能等，技术难度和广度都在加大；二是用户对服务要求越来越高，且可以通过 315 热线、政府投诉平台、行风评议、微博、微信等渠道进行意见反馈和投诉。

与广电运营商业务系统“三多两高”矛盾的是运维资源的“三少两低”。

“三少”，一是运维支撑系统设备少，传统的广电运营商几乎没有专门的信息监测加实时反馈数据的运维支撑系统，专业运维设备价格高，也不可能人手一份；二是运维人员少，因社会人工成本大幅增加，批量补充运维人员成本太高；三是行业对运维工作的重视少，传统运营商很少注重开发拓展运维方式和技术，很少花力气培养专业的运维人才和团队。

“两低”，一是运维人员普遍技术水平低、知识结构单一，很多运维人员是通过培训从模拟电视转向数字电视的，很难跟上数字电视快速兴起的互动、数据等业务支撑技术；二是一线运维人员稳定性低，由于一线运维人员工资待遇相对偏低，人员流动较大，组织一个专业稳定的运维团队较难。

某广电运营商曾通过在用户、运维、呼叫中心三者间构建综合运维平台（图 4-13）去化解广电网络业务系统“三多两高”与运维资源“三少两低”的矛盾，在提升客服在线排障率及降低运维人员上门工单方面收到了不错的经济效益（此处不做介绍）。

在此基础上，怎样更好地发挥运维人员上门服务的效用，实现“营维合一”，是我们要进一步思考的问题。

我们先来看两个运维人员上门进行故障处理的案例。

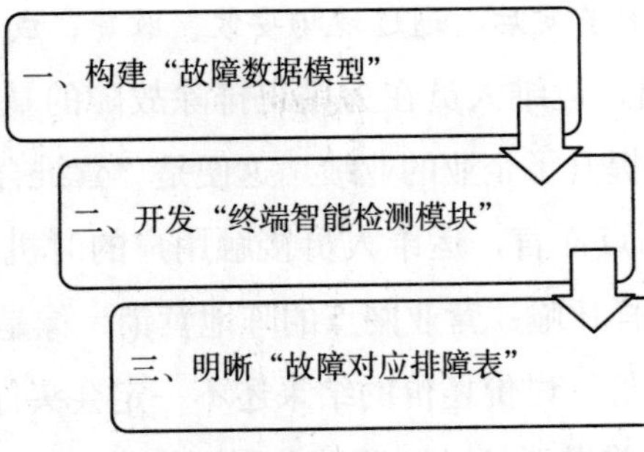

图 4-13　广电综合运维平台的实现步骤

典型案例一：标清机顶盒无信号，报修。

用户信息如下：①用户男，50 岁，住所平房，电视 42 寸平板电视；②机顶盒使用 9 年，往年续费 350 元 / 年；③电话预约中初步断定无信号为机顶盒坏。

实施故障处理及过渡营销的步骤如下。

第一步：进行故障处理。

通过检测，下行信号符合规范值，机顶盒电源灯闪烁，检测为机顶盒坏。

第二步：实施过渡营销。

(1) 告知用户故障问题，机顶盒可以维修，也可以以旧换新。

(2) 与用户聊天过程中告知用户一般机顶盒使用寿命是 5 ～ 7 年，这台机顶盒使用已有 9 年的时间，一般使用超过 6 年的建议直接换新的。

(3) 以上服务得到用户的肯定后，通过建议、演示等方法成功营销标清置换高清套餐。

典型案例二：用户表示电视看不了，无图像，报修。

用户信息如下：①用户女，32 岁，中档小区，电视 50 寸平板电视；②用户单向高清机顶盒，往年收视费 460 元 / 年；③运维人员系统查询用户费用已到期。

实施故障处理及过渡营销的步骤如下。

第一步：进行故障处理。

(1) 电话预约时告知用户费用到期情况，并收集用户需求。

(2) 上门帮用户检测下行信号符合规范值，告知用户信号正常。

第二步：实施过渡营销。

(1) 通过告知用户由于费用到期影响了正常收视，并上门再帮用户免费检测信号，让用户感知我们的超值服务。

(2) 与用户聊天过程中推荐用户办理现在的续费送三网融合机顶盒的优惠活动，并且在现场做推荐演示。

(3) 以上服务得到用户肯定后，通过现场安装、收费，成功营销高清升级套餐。

从上面两个案例看出，运维人员在为用户排除故障的基础上，实施过渡营销，既满足了用户的需求，又提升了企业的业绩，这便是“营维合一”的运维转型。

所以，相对于营业网点而言，运维人员接触用户的时机可以说更有营销价值。在很多次培训中，我都这样比喻：营业网点的阵地营销，像是一个患者去药店买药，自然要货比三家，讨价还价，讨价还价的结果还不一定会买你的货品；而运维人员的上门服务，在优质服务前提下的过渡营销，则更像是患者去医院看病，请问有患者和医生讨价还价的吗？

有接触才有营销的机会，有对服务的认同才会有产品的合同！

但遗憾的是，长久以来，广电运营商的运维工作由于缺乏专业的营销技能培训，缺乏绩效考核方面相应的引导，导致运维人员对营销机会不重视，营销积极性不高，再加上运营系统对运维合一的不支撑，营销工具的缺乏，运维工作的营销效益没能得到充分的体现，没能实现运维部由基本保障部门向营销效益部门的转型！

由此，实施营维合一的运维模式已经成为广电运营商应对竞争最为重要的一个手段，营维合一的运维模式已成为必然！

二、营维合一思想指导下的运维服务流程

一般而言，四大运营商在运维人员上门服务流程上大同小异。“同”体现在流程的实施步骤；“异”体现在产品及服务的区别，以及对于过渡营销的重视。

广电运营商运维人员的服务流程可以分为上门前准备、上门服务、故障处理、评价确认、过渡营销、结束服务、回访等步骤（图 4-14）。

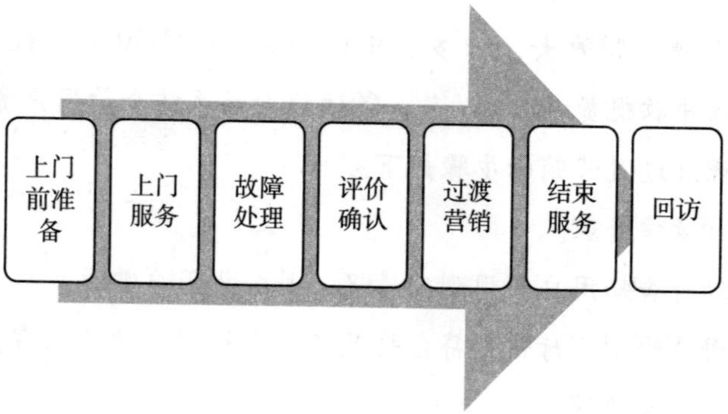

图 4-14 广电运营商运维服务流程图

和广电运营商传统的运维服务流程有所区别的是：强调营维合一的运维服务流程，特别注重在提供优质服务基础上的过渡营销。

（一）上门前准备

上门前的准备工作虽然用时不多，但效果明显。通过确定用户信息、分析用户信息、工具准备等工作，将为上门服务及营销做好充分的准备。

1. 确定用户信息

（1）核实工单上用户的信息，保证用户信息准确，包括：用户姓名、地址、联系电话、用户需求等。

（2）如有必要，在操作系统上修改或添加用户联系电话。

2. 电话预约

提前与用户确认上门时间、地址、故障现象等。电话预约需遵循电话服务的操作规范。

简而言之，运维人员电话预约时需注意以下几点。

（1）选择合适的时间致电。中午午休等用户休息或者不方便的时刻，尽量不打电话。

（2）打电话时自报身份，主动热情，以打消客户的顾虑。

（3）和用户核对故障情况时，语言简洁、清晰。

（4）和用户预约上门时间时，尽量让用户做“选择题”，换位思考。

（5）如对上门路线及用户地址不太清楚，要主动请教用户，并致歉致谢。

（6）电话预约结束时应复述一次用户的所有信息，并请用户先挂断电话。

3. 分析用户信息

（1）故障现象（电视故障还是宽带故障），判断此故障能否维修。

（2）根据用户反映的故障现象分析可能的故障原因、维修措施及所需备件。

（3）了解用户开户时间，使用年限。

（4）现用机顶盒款式，是否换过盒，换盒的频率。

（5）现用套餐及往年续费明细（用户的消费情况）。

（6）系统上备注的信息。

可以看出，以上用户信息的第（3）～（5）条，都是过渡营销的关键信息。

4. 上门前工具准备

运维人员上门服务需准备好各种服务工具，包括安装维修工具、销售所用机顶盒、营销资料、个人名片等，遵守必带的“六个一”用品（一个工作证，一套工作服，一双鞋套，一块垫布，一张抹布，一张工单）。

（1）工具仪表类：维修工具包、场强仪、网线测线仪、压线钳、螺丝刀（一字、十字)、胶钳、网线钳等。

（2）材料类。

➢ 接线盒、分支（配)、五类线、水晶头、接线子、一5电缆、一5头、直通等。

➢ 销售用材料：机顶盒、测试CM、遥控器、机顶盒适配电源、用户线等。

（3）其他类。

➢ 营销资料（包括宣传单页、使用手册、《满意度调查表》等)、收据、合约单据、POP机（有需要时）等。

➢ 鞋套、垫布、抹布、施工单、个人名片等。

5. 出发路上

运维人员根据与用户预约的时间，合理安排出行时间及方式。路上不要耽误，以确保到达时间比约定时间提前5分钟。如遇到意外情况无法准时到达时，应及时与客户联系说明情况，并在客户允许的情况下调整上门时间。

（二）上门服务

1. 进门前准备

（1）敲用户家门前，先对自己的仪容仪表自检一遍，直到职业形象符合服务规范。

（2）敲门连续轻敲2次，每次连续轻叩3下，有门铃的要先按门铃。5分钟后不开门的电话联系处理。

（3）客户开门后，确认客户身份，主动自我介绍，通告工作职责以及出示工作证。

（4）进门穿鞋套，先穿一只鞋套，踏进用户家，再穿另一只鞋套，踏进用户家门；室外作业时，不需要穿鞋套。

2. 上门服务操作要求

运维人员施工时，遵照以下要求。

（1）找一个靠近产品的合适位置，工具、工具包、备件等维修时用的或自产品上拆卸下的一切物品必须放在垫布上。

（2）耐心听取用户意见，不轻易打断用户的话，重复用户关切的问题确保你已理解；边听边思考，对用户提出的问题或意见及时回应。

（3）理线、调台，通过检测仪器全面检测，进行用户端预评估测试，指标不合格时应尽快查找原因修复，并向用户解释说明。

（4）按照用户的要求进行室内布线，当用户要求的布线位置可能影响到电视播放或宽带上网质量或存在安全隐患时，应善意提醒用户。室内布线要确保安全、牢固、隐蔽、美观，做到横平竖直，需穿墙打孔时向用户解释清楚并告知用户自行打孔的要求。

（5）维修过程中遇到新问题的，暂时回避用户，及时将新问题反馈到中心或相关部门职能组，争取当场解决；若无法保证当场解决的，则需向用户解释清楚原因及接下来处理的方法及解决的时限。

（6）调试完毕后，主动向用户介绍使用常识。

（7）安装完毕，收拾工具，清扫工作现场，恢复室内物品摆放原样，并与用户签认《施工确认单》和《满意度调查表》，递上服务名片，告知用户片区负责人服务咨询电话。

（三）故障处理

故障检测及维修要求如下。

（1）检查用户室内布线情况，检查线路是否需要更换。使用挤压 F 头接通集中分配器至用户室内线路，安装、更换双孔终端盒（从室外集中分配器一直到用户室内终端盒所有的接头务必使用挤压头和直通头连接）。

（2）用场强仪测量、记录 746MHz 频点下行信号（电平，误码率，MER 值）是否符合规范值。如下行信号不符合规范，检查集中分配器输出信号，如不正常，反馈运维部处理。

（3）在 TV 口接机顶盒，DATA 口接 CM。

（4）CM、机顶盒通电，观察信号指示灯是否正常。如 CM 不能上线，反馈技术中心处理。

（5）了解用户需要，布通电视机房至电脑房室内线路（网线）或接通无线路由器（记录 WIFI 信号覆盖情况）。

（6）测试套餐使用情况（数字电视、互动点播、宽带、时移等），指导用户使用。

（四）安装完毕的指导使用及客户评价确认

（1）应演示安装业务分类中的相应产品功能并指导用户正确使用。

（2）应帮助用户完成学习型遥控器的配对并指导用户正确地与家中其他遥控器进行配对。

（3）应在演示完毕前按遥控器黄色键再次检查信号，确保各业务类型的机顶盒运行状态呈绿色或黄色状态。

（4）演示完毕后告知用户公司的 24 小时客服电话及递上名片，告知服务咨询电话。

（5）最后提醒用户对本次服务做出评价，让用户对安装业务单上的客户评价栏中的服务内容进行评价。总体评价结果分为满意、一般、不满意。

（6）询问用户对本次服务还有哪些意见和建议，请用户在安装业务单上的意见和建议栏中填写。

（7）当面与用户再次确认本次安装的业务项目。根据用户的表述，由运维人员负责填写安装业务单上的业务项目完成情况，最终由用户在安装业务单上的客户签字栏签名确认，本次上门服务结束。

（五）过渡营销

过渡营销是指在运维人员上门提供服务时，根据用户的需求提供一个圆满的服务，解决用户眼前的需求后，此时是营销的最佳时机，运维人员应将服务过渡到营销。

1. 过渡营销时的注意事项。

（1）确定收到用户对服务的肯定和满意后方能过渡到营销。

（2）过渡营销前应仔细观察用户家里的高清设备情况（机顶盒、电视机是否有高清的）。

（3）观察用户家里的装修、品位定位。

（4）称赞用户（家里真干净、家里真时尚、家里真漂亮、电视机真棒等）。

（5）确定推荐套餐，并开始针对性的推荐。

2. 过渡营销时采用的推荐话术

（1）闲聊进入法。维修时可以和用户闲聊，了解用户及家人平时的使用电视情况和习惯，从中得到一些有效信息，挖掘用户的需求，有针对性地为用户推荐产品业务。

（2）维修建议法。维修过程中建议用户，让用户有“为我着想”的感觉。“节目都高清了，电视机都高清了，机顶盒也建议高清。”这种话术及方法特别适用于标清升级、高清升级两类套餐。

（3）演示体验法。演示体验是一种促成营销的推介方法，将相关产品、套餐直接演示给用户，并由用户自己来操作，将大大提升营销的成功率。例如：现在电视的机顶盒升级后增加了很多功能，以前您是等电视看，现在是电视等您看。只要您办理了我们的最新的“高互宽”业务，就可以享受到了，要不咱们先体验一下？

3. 过渡营销时被用户拒绝的处理

过渡营销的难点在于被用户拒绝，过渡营销的魅力也在于如何应对用户拒绝。

用户对产品、服务、价格等提出异议，运维人员一定要与用户站在同一个立场上，要帮用户挖掘出他内心真正担心的原因，然后找到化解用户拒绝的方法。

（1）业务及产品演示。业务及产品演示就是化解用户拒绝的一个好方法。结合目前广电网络企业的产品及服务现状，业务及产品演示有以下内容：运维人员应根据服务规范向用户介绍以下产品功能并演示推荐用户使用：

- 直播、高清电视。
- 电视回看、时移功能。
- 互动点播。
- 宽带上网、WIFI 功能。
- 演示其他各项业务功能。

（2）运维人员向用户介绍公司微信公众号、HITV（手机电视）客户端、网上营业厅、电视营业厅等自助服务渠道。

（六）结束服务

无论有无过渡营销，也无论过渡营销是否产生业绩，运维人员在结束服务阶段，都应该礼貌待客，做到善始善终。

（1）根据情况，与用户补签合约单，开票据、收据，收费。

（2）耐心、仔细、详细地与用户交待售后的相关事宜。

（3）可以根据情况向用户赠送小礼品并留下客户联系卡（名片）。

（4）做好施工现场的清理工作。

（5）热情礼貌地向用户道别。

（6）在系统内做好工单交接。

（7）对于上门服务的情况在系统上做好记录，特别是过渡营销不成功的，应记录用户拒绝的原因，并分析有无继续跟进的可能，将相关资料转其他部门。

（七）回访

回访前应阅读上次上门服务的工作记录，做好回访前的准备。

（1）故障施工办结后及新办业务使用两个工作日内进行回访（详见回访脚本）。

（2）回访完毕后应在系统上完善及修改用户资料信息。

以上就是营维合一思想指导下的运维人员上门服务的全部流程。

从综合运维平台建设经验的简单分享，到在为用户提供优质运维服务的基础上，加大过渡营销的力度，以此来提升用户的满意度及企业的业绩，营维合一模式下的运维服务转型优化的实操经验，希望对于广电运营商的运维转型有所帮助。

案例分析

网点微信营销的六大举措

案例介绍

江苏有线张家港公司在微信营销方面有六大举措，坚持实施以来，取得了不错的营销效果。

（一）举措一，做好微信公众号的推广工作

（1）网点及公司印制的所有宣传资料，如用户手册、海报、宣传单页面、易拉宝、POP、网站以及公司职工个人名片等全部增加二维码标识，在部分电视频道增加公司二维码标识广告，以便更好地向公众推广。

（2）提倡网点及公司所有职工都要熟悉使用公司微信服务平台，了解最新的微信活动并尽一切可能向外转发，加快对有线电视用户和非用户的覆盖。同时内部人员添加关注后需以“部门＋姓名”的形式进行回复，以便建立广电内部员工群组，并对各部门推广情况进行考核。

（3）营业网点人员对来网点办理业务的用户主动推广公司微信平台，安装维护人员上门服务时也要做好主动推广工作，同时向用户做好功能介绍及活动介绍。

（4）通过社区营销及小区路演、客户联谊活动等行动，推广本单位微信公众号，最大限度地扩大微信用户群。

（二）举措二，做好微信服务平台的开发应用工作

（1）在做好推广的同时应不断完善宣传服务内容，从内容上吸引客户以达到吸引消费，除了专职部门进行内容编辑外，另通过公司各部门征集稿件不断推陈出新。

（2）广电微信平台在和 BOSS 系统进行业务对接后，实现众多的在线服务功能，尤其是实现与数字电视号绑定之后加上微客服、微支付、微活动等一系列的应用开发，实现线上、线下用户营销的完美结合。

（三）举措三，定期推出微信扫一扫的优惠活动

（1）凡账户余额大于 200 元以上（包含 200 元）且收视正常的数字电视用户（非托收），均可通过关注广电微信公众服务号并绑定数字电视用户号，来领取由广电赠送的 24 元收视费礼包。

（2）推出了“你扫我就送”活动，该活动每月一期，每期提供不同的“付费频道试看”和实物礼品，并且是以增加数字电视号绑定为条件，主要目的是

提高微信号绑定的用户量。

1）用户关注并在线订购指定付费频道，即可领取礼品。

2）用户扫到公司每晚 8:00 ～ 10:00 下发的电视活动码挂角，可免费领取礼品。

（四）举措四，针对微信用户设定优惠活动

目前已经针对微信用户开展的优惠活动如下。

（1）通过微信平台，抽取幸运用户免费体验公司宽带及高清等业务，在发送宣传内容的同时让用户参与进来，从而达到宣传与营销相结合的模式。

（2）通过微信平台，可以享有付费节目订购优惠 2 个月的活动。

（五）举措五，新套餐、新活动在微信平台上的宣传及推广

（1）网点可将推出的新套餐、新活动等业务通过微信平台推送，在介绍内容的同时还以幽默诙谐的网络用语展开了一定的互动活动，使套餐内容更加具体、生动、形象，从而引导用户主动来了解。

（2）单位集体活动的宣传，如定期开展的小区路演、社区营销等，可以在传统的电话通知的基础上再通过微信平台提前宣传与通知，告知用户需准备什么，以提高用户满意度。

（3）通过微信客服收集用户反馈的信息，将问题筛选汇总后通过微信平台指导相关功能。

（六）举措六，逐步开发切合用户需求的功能

目前，微信平台已基本具备账号绑定、账户余额查询、在线产品订购、用户密码修改、账号切换、在线客服等基础功能，但这些功能还不够人性化，为此还需开发更加人性化的服务功能，包括微信支付、用户报修、客服互动等功能。

案例点评

基于庞大的腾讯用户基数及微信的实时推送功能、百分百到达率、成本低廉、用户主导等特点，微信营销自 2011 年 1 月微信出现，就显示出强大的生命力。

目前，广电网络公司基本都已建成广电网络微信公众服务平台，确定了公众账号和公司二维码，充分运用微信服务平台，每月多次定期推送数字电视产品宣传介绍，并在此基础上，还开发了查询、缴费等功能，丰富客户体验，以此来弥补广电网络企业在渠道建设方面的短板。

江苏有线在网点微信营销上的六大举措值得推广！

案例分析

社区营销策划方案的撰写

案例介绍

2015年邮政业务员职业技能竞赛之撰写客户解决方案比赛要求及标准，具体如下。

（一）竞赛内容及要求

根据给定的客户背景资料，撰写客户解决方案。

（1）根据背景资料，分析客户遇到的问题或潜在的商机，并准确提炼出客户需求，列出3个需求点。

（2）根据客户需求正确选择至少2项邮政业务，并准确写出至少3个邮政优势。

（3）提出具体合作项目内容或解决方案，至少包括产品价格、业务优势整合、跟进服务措施、时限要求、技术支持等5项要素。

（4）提出一个能够佐证邮政企业实力的相关实例。

（5）撰写的客户解决方案逻辑性强，语句通顺，文字书写规范。

（6）字数不少于1500字。

（7）在规定时限内完成，不允许超时。

（二）评分标准

1. 方案内容（90分）

未提炼出客户的需求或提炼出的客户需求全部与背景材料无关，扣90分。提炼出的客户需求与背景资料有关，且至少有1个正确时，扣分如下。

（1）提炼出的客户需求与背景资料有关但不全，每少1个扣10分，最多扣20分。

（2）选择业务及优势分析。

1）未选择出邮政业务或选择的邮政业务全部与客户需求无关，扣35分。

2）选择的邮政业务与客户需求有关但不全，每少1项扣7分。

3）优势未写出或全部错误，扣21分；写出的优势不全面或部分错误，每个酌情扣1～7分。

4）选择业务及优势分析最多扣35分。

（3）合作项目内容或解决方案。

1）未提出具体合作项目内容或解决方案，扣 30 分。

2）提出的具体合作项目内容或解决方案中，每错、漏 1 项要素扣 6 分；提出的具体合作项目内容或解决方案不全面或部分错误，每项酌情扣 1～5 分。

3）合作项目内容或解决方案最多扣 30 分。

（4）佐证实例。

1）未提出佐证邮政企业实力的相关实例，扣 5 分。

2）提出佐证实例与该合作项目或解决方案无关，扣 5 分。

3）提出佐证实例与该合作项目或解决方案不够贴切，酌情扣 1～4 分。

4）佐证实例最多扣 5 分。

2. 文笔及书写（5 分）

逻辑性差，语句不通顺，文字书写错误（含不规范简化字、缩写、错别字、难以辨认的字），每处扣 1 分，最多扣 5 分。

3. 字数（5 分）

字数少于 1500 字，扣 5 分。

案例点评

营销策划方案是企业在进行产品或服务的市场销售之前，为使销售达到预期目标而进行的各种销售促进活动的整体性策划文书。撰写营销策划方案的能力已经成为衡量一个营销人员职业技能的重要依据。案例中我们可以看到邮政企业对于营销策划方案撰写的重视及专业！

营销策划方案，其任务是为将朦胧的“将来时”渐变为有序的“现在进行时”提供行动指南，因此，必须具备鲜明的目的性、明显的综合性、强烈的针对性、突出的操作性、确切的明了性等特点，即体现“围绕主题，目的明确，深入细致，周到具体，一事一策，简易明了”的要求。

一、营销策划方案的种类

营销策划方案因其策划的对象不同，可分为优良客户营销策划方案、重大项目营销策划方案、市场调查策划方案、产品推介策划方案等。

二、营销策划方案的结构

营销策划方案的基本结构如下。

（一）第一部分：营销策划方案封面

在这部分内容中，策划者需分项简要概述以下内容。

1. 营销策划的全称

基本格式是：×× 企业关于 ×××× 营销策划书

2. 营销策划的部门与策划人

营销策划：×× 企业 ×× 市场部（客户部）

主策划人：×××、×××、×××

3. 营销策划的时间

×××× 年 × 月 × 日

（二）第二部分：营销策划主题和项目介绍

根据不同的营销策划对象（即营销策划项目），拟定各自所应围绕的主题。营销策划主题是整个营销策划的基石和内核，是营销策划的基本准绳。在阐述营销策划主题的基础上，要对策划的项目情况做简要的介绍，包括项目的背景、项目的概况、项目的进展、项目的发展趋势等。

（三）第三部分：营销策划分析

营销策划分析可以是逐项分类分析，也可以是综合分析，视策划的具体情况来定。

1. 项目市场分析

（1）宏观环境状况。主要包括宏观经济形势、宏观经济政策、技术市场形势、社会文化形势等。

（2）项目市场状况。主要包括现有产品或服务的市场销售情况和市场需求情况，客户对企业新产品或服务的潜在需求，市场占有份额，市场容量，市场拓展空间等。

（3）同业市场状况。主要包括同业的机构、同业的目标市场、同业的竞争手段、同业的营销方式、同业进入市场的可能与程度等。

各种不同的营销策划所需的市场分析资料是不完全相同的，要根据营销策划需要去搜集，并在营销策划中简要说明。

2. 基本问题分析

营销策划所面临的问题和所要解决的问题，这些问题的生成原因是什么？其中主要原因有哪些？解决这些问题的基本思路如何确定？出发点是什么？通过何种途径，采取什么方式解决？

3. 主要优劣势分析

（1）主要优势分析：围绕营销策划主题，将要开展某一方面的市场营销活动

（如市场调查、新产品开发、市场促销、广告宣传等），拥有哪些方面的优势，主要是自身优势（即自身的强项）分析，也应考虑外部的一些有利因素。营销策划就是要利用好有利因素，发挥出自身优势。分析优势应冷静客观，既不能“过”，也不能“不及”，要实事求是。

（2）主要劣势分析：主要劣势分析就是分析与将要开展的市场营销活动相关联的外部一些不利因素和自身的弱项、短处等。营销策划就是要避免和化解这些不利因素，如何弥补自身的不足，错开自身的弱项。

（3）主要条件分析：主要条件分析就是分析将要开展的市场营销活动所需要的条件，包括已具备的条件和尚须创造的条件，逐一列出，逐一分析，以求得资源的最佳利用与组合。

（四）第四部分：营销策划目标

不同项目的营销策划，有各自不同的营销策划目标，而营销策划目标大多由一些具体的指标所组成。拟订营销策划目标，要实事求是，经过努力能够达到。

（五）第五部分：营销执行方案（即保障措施）

制订营销执行方案，是营销策划的重头戏，是对市场营销活动各道环节、各个方面工作的精心设计、周密安排和逐一布置与落实，是营销活动组织、开展的脚本。

制订营销执行方案应考虑以下几个问题。

（1）理顺本次营销活动所涉及的各种关系。

（2）把握本次营销活动的重点和难点。

（3）弄清楚开展本次营销活动可利用的人、财、物等方面的资源与条件，确定好策划预算。

（4）本次营销团队人员的组成，各参与部门及人员在本次营销活动中所应完成的任务、所应承担的责任和所应充当的角色。

（5）开展本次营销活动的监控、反馈机制和传导系统。

（6）完成本次营销策划任务的时间安排（分阶段任务）。

（7）开展本次营销活动可能出现的突发问题与应急措施。

（8）对本次营销活动的考核奖惩方式。

工具运用

网点手绘 POP 海报

POP 是英文 Point Of Purchase 的缩写，意为“卖点广告”，其主要商业用途是刺激引导消费、促进销售。

一、手绘 POP 特点（图 4-15）

1. 时效性

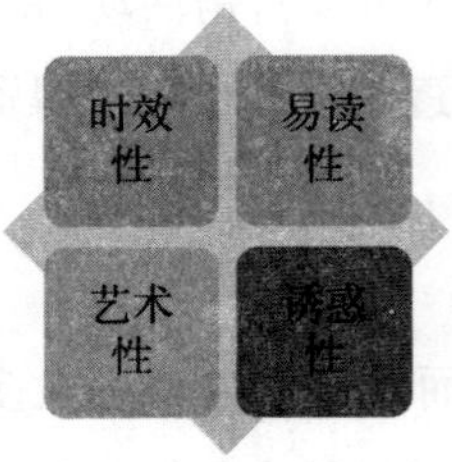

图 4-15　手绘 POP 特点

手绘 POP 海报是短期行为，具有“时效性”。

首先，手绘 POP 海报的制作时间短，易学易做，简单方便。

其次，手绘 POP 海报存在的时间有限。它是随着某类产品的存在而存在的，特别是有些产品由于进货的数量有限，以及销售的情况不同，可能在一周、一天甚至几小时之内就售卖完毕，那么，该手绘 POP 海报也就随之失去存在的价值了。

再次，手绘 POP 海报经长时间的日照和受潮，易褪色，易变形(室外约 2 周，室内约 3 个月)，所以需要经常更换。

2. 易读性

手绘 POP 海报在介绍产品的语言方面，要让顾客一目了然，不能含混晦涩。一张海报的篇幅有限，不可能表现太多的内容，所以，如何将想要宣传的内容全部准确地表达出来就是个问题。

虽然传达给顾客的信息越详细越好，但是如果将很多的内容用很小的字写在 POP 海报上，势必会有看不清或者根本不去看的情况发生。

因此，手绘 POP 时，应该尽量将产品特点总结成条目，并且不宜过多，且应控制在三种颜色左右。如果文字的颜色用得过多，反而会令顾客眼花缭乱，不容易看清。

3. 艺术性

用来制作手绘 POP 海报的材料要精细，做工要精美。

手绘 POP 海报应该注意配合网点整体的环境格调。海报中生动幽默而又准确精辟的语言，加上相关的夸张有趣的插图，配以合理考究的色彩，使它既具有广告性，又具有欣赏性，叫人流连忘返，赞叹不已。

4. 诱惑性

卖场中陈列着各种不同大小、颜色各异的商品，在五光十色的环境中，如果全部的手绘 POP 海报完全使用白色纸张进行制作，海报就不会很醒目，自然就不会引起顾客的特别注意。因此，使用不同颜色的纸张来制作手绘 PCP 海报，且注意海报内容的诱惑性，才会收到更好的效果。

二、手绘 POP 海报的内容构成

手绘 POP 海报的内容是核心，决定了宣传的效果。一般，手绘 POP 的内容由四部分构成（图 4-16）。

1. 主标题

主标题是 POP 海报的重心，最能吸引客户的目光，字体一定要清晰醒目，颜色鲜艳，字数不要过多（3～8 个字），让客户在 2 秒内看完，最好能琅琅上口，使客户有一定的印象，吸引其往下阅读。

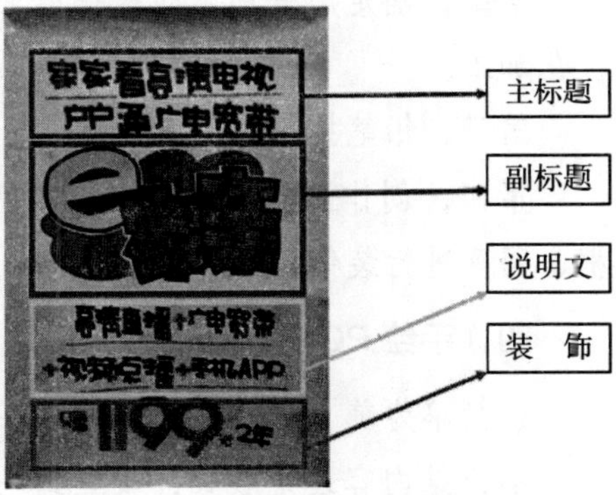

图 4-16　手绘 POP 海报内容组成

2. 副标题

如果主标题不能充分说明 POP 海报的内容，则需要副标题补充说明。特别是当主标题以情感引导和利益引导的时候，通常未能直接说明业务名称，这时候更需要副标题进行补充说明。

3. 说明文

说明文是将内容、目的进行说明的文案。它的书写有以下规范：①书写要求“左右无字间，上下有行距”；②陈述内容应该控制在 3～4 项；③最有吸引力的信息写在前面，诱使客户往下阅读；④字数控制在 30 字以内；⑤要求简单、易懂，切忌将宣传内容不加提炼就抄录上去；⑥如因业务繁杂，简短说明文难阐释清楚，网点可多采用“详情店内咨询”的说明方式招揽客户进入网点。

4. 装饰

通过一些线框、文字、插图的装饰，能让海报更具有整体感、生动，并给客户留下过目不忘的效果。

三、手绘 POP 海报的制作步骤

手绘 POP 海报的制作通常需要以下四个步骤（图 4-17）。

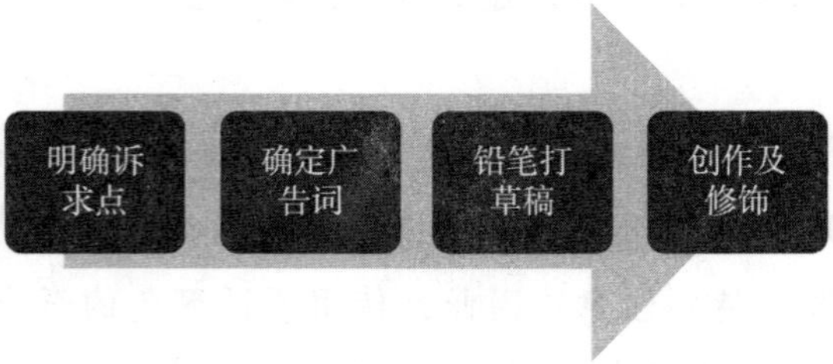

图 4-17　手绘 POP 海报的制作步骤

第一，明确诉求点。即明确绘制海报的目的是什么；明确海报传达的核心点是什么。

第二，确定广告词。即根据诉求点编写广告词，提炼产品卖点进行广告词优化加工。

第三，铅笔打草稿。即用铅笔在 POP 纸上定出格局，并预留出充分的空间。

第四，创作及修饰。即使用麦克笔在 POP 纸上进行创作；增加适当的边框、图画进行装饰。

四、手绘 POP 海报的注意事项

1. 简单为美

不论是内容还是版式，聚焦到一点，简单为美。越简单越有力量，越简单越让人记忆深刻。诉求主题明确有吸引力，单张 POP 字数控制在 30 字内。

2. 主题一致

在简单的基础上，装饰、标题、说明文等应呼应，表达同样的主题。如果同时宣传多项业务会让客户失去焦点。

3. 干净整洁

客户厌恶残旧、混乱的 POP 海报，干净整洁是必须的。

4. 虚实结合

POP 海报应该配合礼品堆头、产品展柜、业务体验、抽奖活动和导购员进行宣传。

5. 尊重习惯

手绘 POP 海报的创作要遵循人的视觉习惯，在颜色、字体、字号上特别关注客户喜好；并应结合网点活动、客户消费习惯、时尚活动、节日习俗等进行宣传。

五、手绘 POP 海报排版八大版式

根据手绘 POP 海报的四大内容：标题、副标题、说明文及装饰，实操中，一般可以采用以下排版格式（图 4-18）。

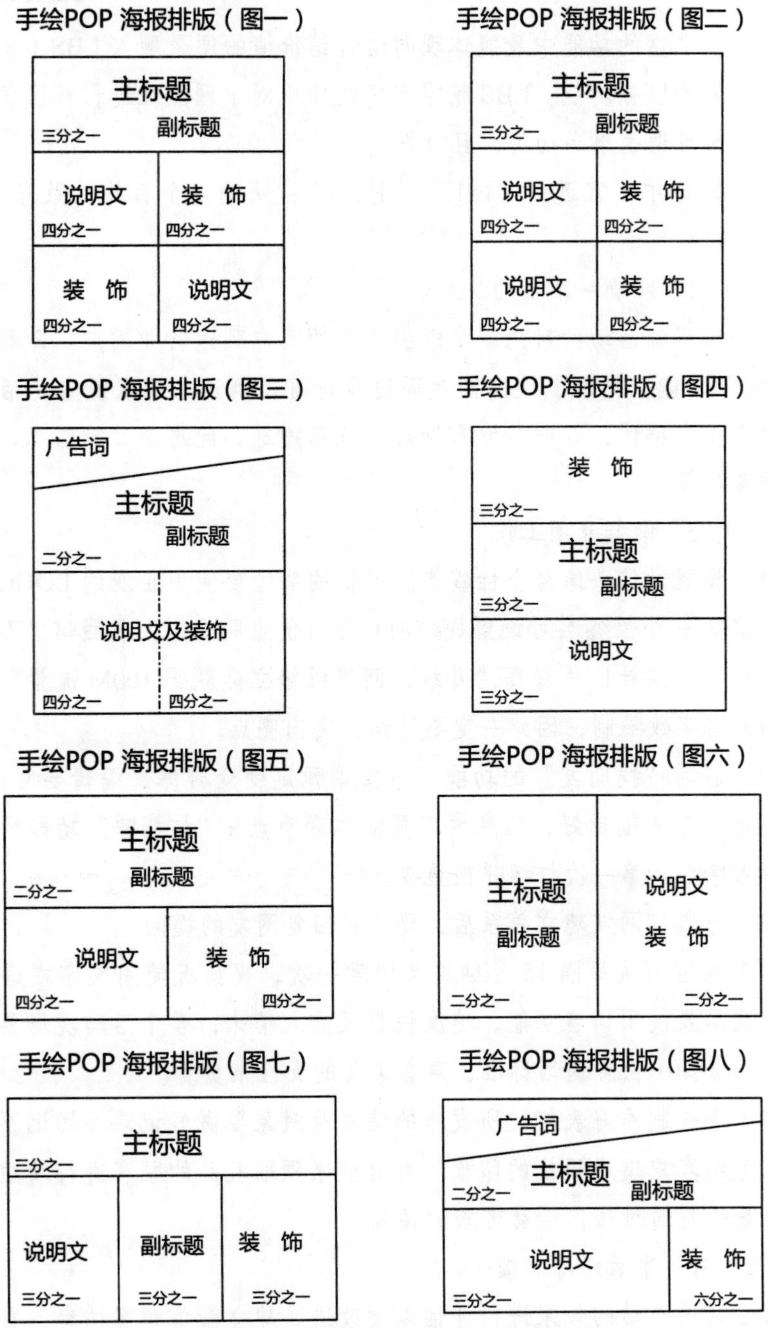

图 4-18　手绘 POP 海报排版八大版式

工具运用

网点微信拓展客源“151”法则

在微信丰富的功能中最能体现网络营销价值的便是融入LBS（基于位置的社交）元素的服务功能。LBS精准定位的作用对于网点在进行社区营销及投放促销信息时可谓是事半功倍，且效果好。

实际操作中，宜遵循“151”法则，即：明确一个目的，做好五项工作，做好事后跟踪反馈。

（一）“1”明确一个目的

首先应明确活动的目的就是吸引更多的客户到达营业网点。即利用微信的“找朋友”功能，精准、快速圈定周边步行可以到达本网点或者是活动举办场地的潜在受众群体，并向其发布地址、礼品赠送、优惠活动等信息，以吸引更多的顾客到场。

（二）“5”做好五项工作

（1）设置微信头像与个性签名。微信的头像要使用企业的LOGO，有利于提高可信度；个性签名可设置成“网点今日优惠购机，回复微信立即免费赠送礼品”或者“某社区免费高清升级，回复维修立即获得100M流量”等。个性签名因为有字数限制，因此一定要简洁，突出亮点。

（2）启动“找朋友”的功能，搜索到预定受众群体，编辑要发送的信息，内容一定要事先编辑好，信息内容要能体现重点；“打招呼”功能的对话框也限制输入字数，第一次打招呼很重要。

（3）与微信网友建立关系后，要及时回复网友的提问。

（4）微信团队每隔15分钟重新搜索一次，视情况使用文字或语音回复顾客，建议尽量使用语音功能，速度快且又有人情味，整个活动现场要有专人负责，最好选择一位普通话标准、声音柔美的女性来负责。

（5）事先制作好表格，所发送的信息及对象要做好记录，切记不要重复发送，以免给客户造成骚扰的印象。可对前来领取礼品的顾客进行简短咨询，以确认其是否是通过微信活动带来的顾客。

（三）“1”事后跟踪反馈

事后对该活动的效果进行评估以便改进。建立微信顾客档案，有新产品上架或节假日时可通过微信发送信息，这些顾客很有可能成为日后的忠诚客户。

工具运用

运维服务过渡营销话术模板

一、关于专业频道

问题1：频道太多看不完。

应对话术：每个频道都有自己的主题，喜欢看什么类型节目可以直接按到相关的专业频道，再也不用毫无目的地挑选频道了。

问题2：基本没时间看电视。

应对话术：正是因为没时间，更要直接选看自己喜欢的频道，可以在不多的休闲时间里享受到最优质的节目体验。

问题3：家里都是老人在看电视，不用订购这些频道。

应对话术：有很多频道是适合老年人收看的，可以开通一两个频道当做给家里的老人尽尽孝心。

问题4：还想减台呢，减台可以少交钱吗？

应对话术：收视费是一个数据包，频道是一起发送的，所以没办法减台了。

问题5：平时都是上网。

应对话术：对着电脑上网人会很疲倦，在沙发上看电视会更舒适，可以全家人一起看，增进家庭感情。

问题6：家里只是小孩看电视，有一个少儿频道就可以了，不用订购其他频道。

应对话术：家里有小孩，您可以订一些像《宝贝家》《中小学同步》这类的频道给小孩看，这些频道都是针对孩子而设计的节目，是益智频道，有助于孩子的成长。

问题7：专业频道也有重复的节目。

应对话术：专业频道是没有广告的频道，几乎是全天候不间断播出不同类型的节目，但是为了照顾一些不能经常坐在电视机旁的用户，为了不让他们错过一些节目，所以才适当重复播放一些节目。

问题8：订专业频道都收看不到，不想订。

应对话术：我们这里有教您怎么操作的温馨卡片，只要按照里面内容就可以操作。我也可以教您怎么操作。

问题9：专业频道太贵。

应对话术：现在我们有优惠活动（告诉用户当时的活动内容），您也可以选择收费套餐，以最低价格收看最多的频道。

问题10：不想订，怕影响孩子的学习。

应对话术：孩子上学其实很累，也要适当放松一下。如果您真不想孩子看其他与学习无关的节目，那您可以订《中小学同步》《读书》这类频道给孩子，可以让孩子在电视上学习，一举两得。

二、关于高清机顶盒

问题1：使用高清机顶盒有什么好处？

应对话术：画面比例16:9，画面清晰度提高5倍，人像不再扁了，图像不闪烁，长时间看电视眼睛不会疲劳，保护了眼睛。

问题2：高清频道怎么那么少？

应对话术：高清频道由节目源决定，我们会转播所有高清节目源，高清电视是国家的重点发展项目，很多省台和一些频道商已经在制作高清频道了，高清频道会越来越多。

问题3：家里是普通电视，不需要办理高清机顶盒了。

应对话术：普通电视也是可以办理高清机顶盒的，高清机顶盒是一个发展的趋势，现在很多的电视台和节目商都在制作高清频道，高清机顶盒可以收看到比标清机顶盒更多的频道套数。而且现在市场上卖的都是液晶电视了，您家的电视迟早也是要换的。现在我们的机顶盒正在做活动，有优惠，现在办理是最划算的，随着高清频道套数的增多，高清机顶盒的价值是越来越高。收视费不变，频道数、清晰度都能得到提高，所以还是用高清机顶盒性价比更高。

问题4：高清频道会出现不是全屏的现象。

应对话术：高清频道从制作到传输都是高清的，并且是另一个平台制作的。如果节目源是标清的，电视画面就是4:3的，显示就不是全屏，是节目源制作的问题。不知道您有没有注意到有的时候高清频道播出的节目是全屏的，而到了广告就不是全屏的了，就是因为广告节目源是标清的。

问题5：高清机顶盒的价格太贵。

应对话术：高清机顶盒的零售价就是1280元，在外面商场也是一样的价格。在我们这里办理，可以得到机顶盒，还赠送专业付费频道和礼品，因此价格不贵。况且高清机顶盒的功能很多，实现双向互动之后，还可以有时移功能，可以暂停、快进、回放，您不会错过任何节目。

三、关于广电宽带

问题 1：广电网络太慢。

应对话术：对于您反馈的这个问题，我们很抱歉，我们会尽快安排维修师傅上门为您检查宽带线路问题，好吗？…… 刚才我查询到您使用 4M 宽带，如果您觉得网速太慢，我们正好有一个免费提速的活动，只要预存费用，就可以免费提速为 10M。您的费用即将到期，我建议您现在就提速，这样就会不觉得网络慢了。最近好多用户知道有提速活动，都纷纷来营业厅续费提速，要不我现在为您提速好吗？

问题 2：广电网络经常掉线，不打算继续使用，就交收视费。

应对话术：您好！对于您反馈的问题，我们非常抱歉。如果您不打算继续使用广电宽带，那么按照您以往的消费记录，一年的高清收费套餐为 460 元，您只能收看电视节目而已，WIFI 无线网络无法使用，电视回看和影视点播都无法收看了。现在我们正好有免费提速活动，宽带续费套餐只需每天不到 2 元，就可以包含收视费、10M 宽带和双向互动功能。您想想，单独交高清收视套餐都 460 元，现在只是多 200 元而已，网络翻倍。相对其他运营商的宽带，我们的宽带价格是最便宜的，还有精彩影视点播任您点，7 天 73 套节目任您回看。您放心，现在为您提速为 10M 宽带后，您一定不会觉得网络慢的。况且现在我为您安排师傅上门检测宽带网络，我建议您还是交 660 元宽带续费套餐，好吗？

第五章

网点资源管理之道

——从绩效管理阶段转型至效能管理阶段

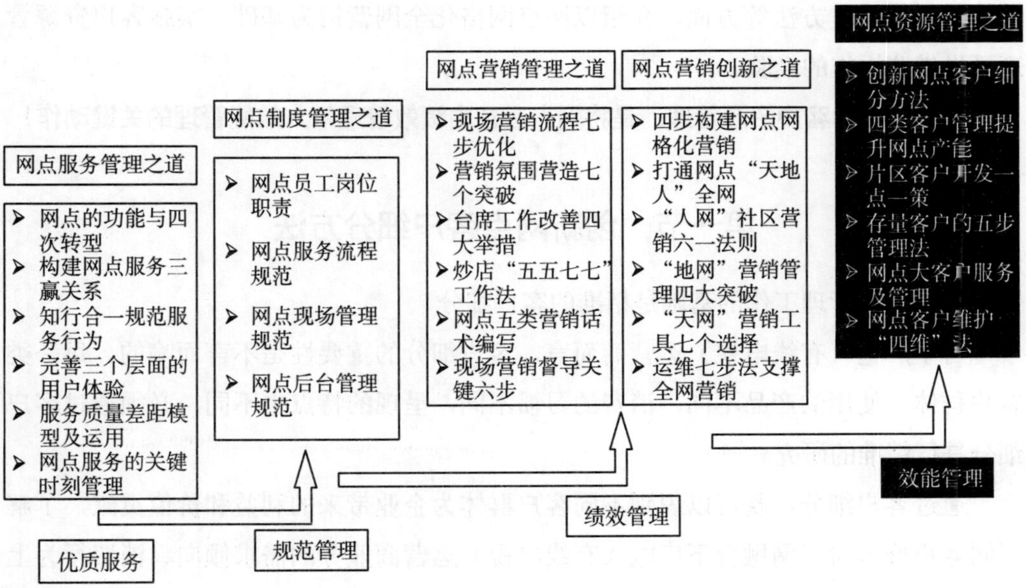

如果说网点全网营销的创新——基于网格化管理的网点全网营销体系，解决的是网点营销工作中的渠道与方法的问题。那么，网点资源管理，特别是客户资源管理，解决的就是网点营销最根本的问题，网点营销的源泉。

客观地讲，企业对于客户资源管理工作的重视，很多时候只是停留在口头上，实际运营中投入的精力是不够的。这种不重视有很多历史原因和体制原因。

以广电运营商为例，当三大运营商纷纷在视频业务方面有巨大动作，当传统视频业务受到 OTT 及 IPTV 等业务的大力冲击时，当各地广电运营商的用户数在不断下降，“掉户数”居高不下，“续费率”萎靡不振时，广电运营商才开始对客户资源管理重视，并投入相对多一些精力。

“网点能否用最低的成本获取尽可能多的客户资源，并通过精准的客户细分，把握客户需求，基于网格化管理构建全网营销体系，进而针对不同类别的客户提供优质的个性化服务，做好客户关系维护，为客户创造价值，实现网点产能的持续提升。”这既是衡量网点服务营销管理工作成败的关键指标，也是网点实现产能提升最重要的一步，从绩效管理转型至效能管理！

本章遵循客户资源管理的逻辑，主要从客户细分方法的创新、网点产能提升的四类关键客户管理、网点片区客户开发的一点一策、网点存量客户及大客户服务及管理的具体操作方法等方面，介绍以网点网格化全网营销为基础，实施客户资源管理可供借鉴操作的经验。

实施高效的客户资源管理，是将网点运营由绩效管理带入效能管理的关键动作！

第一节　创新网点客户细分方法

客户资源管理工作的基础是精准的客户细分！

对于广电（有线电视）运营商而言，客户细分的重要性是不言而喻的。每一类客户群体，使用的产品不同，消费的习惯不同，呈现的特点也不同，必须通过客户细分进行精准的研究。

通过客户细分，既可以识别不同客户群体为企业带来的利益和价值贡献，了解不同客户群体对三网融合下广电（有线电视）运营商业务的需求倾向、消费行为上的习惯，还将有利于广电（有线电视）运营商在市场推广中采取有针对性的营销策略以及在客户服务、客户维护方面使用恰当的服务、市场策略。

一、广电运营商（有线电视）客户的三大特点

与其他通信运营商的客户不同，广电（也称有线电视）运营商客户呈现以下特

点（图 5-1）。

1．对资费价格心理承受能力较低

需要说明的是，客户对有线电视资费价格心理承受能力较低并不是因为客户的消费能力低，而是长期以来有线电视被过分地强调公益属性，价格资费标准一直处于非常低廉的水平，每月不到 30 元的基本收视费，已经在老百姓意识中形成了一个有线电视就是低价的固有观念。

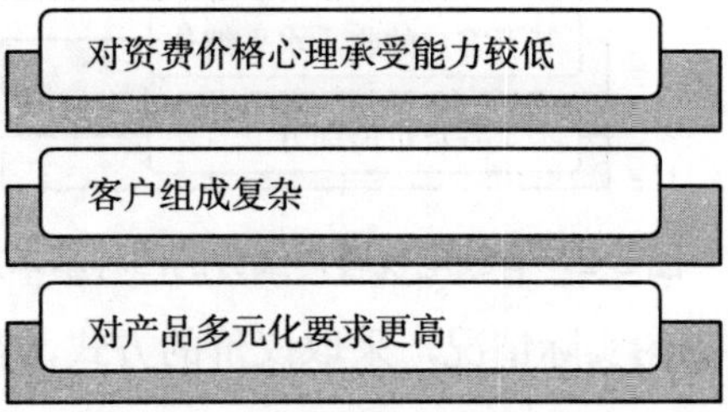

图 5-1　有线电视客户的特点

因此，当有线电视产品价格较高时，客户往往并不关心产品是否物有所值，而是觉得有线电视作为一项公益性质的服务不应该收取高资费。这给广电运营商的营维工作带来了巨大的压力。

2. 客户组成复杂

一般而言，通信运营商面对的客户更多的都是单个个体，每个客户的需求都非常明确、简单。但有线电视客户不同，有线电视主要是以家庭为单位，这就意味着有线电视客户是由多个个体组成，每个个体因为职业、文化、年龄、习惯、爱好不同，对有线电视的需求也不同。这对有线电视产品的定位造成非常大的困难。

3. 对产品多元化要求更高

因为客户的组成个体多元化，不同的个体有着自己的需求，为了尽量满足所有家庭成员的需求，客户对产品多元化的要求相比其他运营商而言更高。这对有线电视产品的内容设计带来很大的挑战。

从以上三个特点来看，有线电视单个客户的复杂程度要远远高于通信运营商的客户。

广电运营商既要考虑客户对价格的心理承受能力，又要满足家庭每个成员的需求，这就必须要求广电运营商要做好客户细分的工作，根据客户细分的结果制订合适的营销策略，满足客户的需求，以争取更大的客户价值。

二、目前广电（有线电视）运营商客户细分的四种基本方式

目前，广电运营商对于客户的细分有以下四种基本方式（图 5-2）。

1. 基于客户组织归属细分

这是国内有线电视运营商采用的最为普遍的客户细分方法，即根据客户的组织形式来分，典型的客户分类为：普通客户（家庭客户）、企业客户。企业客户又会根据企业性质继续细分，如酒店客户、餐饮娱乐商业客户、单位客户等。

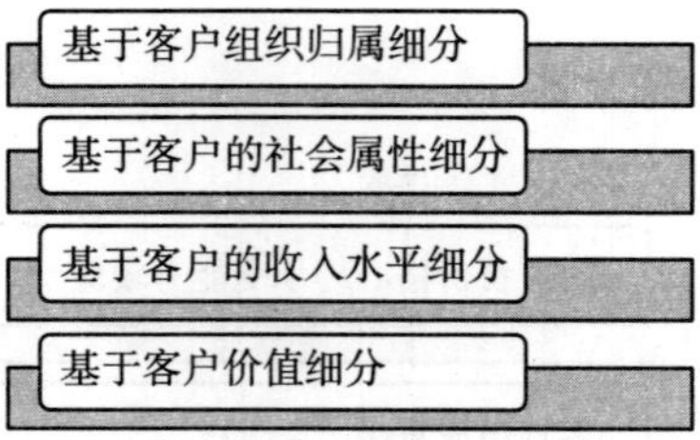

图 5-2　有线电视客户细分的四种基本方式

这种客户细分的方式，简单、易操作，其主要目的并不是作为产品形态差异化的参考，更多只是用于作为价格差异化的参考依据。例如：普通客户使用的价格策略是固定的标准价格，而企业客户可以根据终端数量的多少和使用业务的实际情况，采取议价的方式，在标准价格上进行适当的优惠。

2. 基于客户的社会属性细分

该方法主要用于对普通客户（家庭客户）的细分，如一般客户、低保客户、残疾客户、五保客户等。该种客户分类方式也不是用于产品形态的差异化，只是用作享受国家规定的对特殊或弱势群体资费政策的一个参考依据，这也从一个侧面体现了广电的公益性！

3. 基于客户的收入水平细分

该种划分方法是近几年才开始使用，这也是很多广电运营商为制订营销策略用得最多的一种客户细分的方法。

但该方法由于没有详实的客户信息资料，且没有获取客户资料的有效手段，因此无法根据客户真实的收入水平、文化程度、习惯爱好、消费倾向等因素来对客户进行划分，只能简单、粗放地以小区或楼盘单位进行划分，如房价较高的小区和楼盘就算是优质客户，这样的划分方法虽然有一定的参考意义，但并不准确，而且也无法发现客户的真正需求。

4. 基于客户价值细分

随着有线电视业务的日益丰富和有线电视市场的逐渐开放，一个常用于通信运营商的衡量客户价值的指标“客户每月平均贡献值”被引入到广电网络（有线电视）运营商。

例如：有的广电运营商根据客户的月均消费金额的不同，将客户划分为不同的层次（图 5-3），并根据不同的层次制订不同的营销策略和服务策略。

序号	等级	ARPU值
1	普通用户	≤30元/月
2	VIP用户	>30元/月且≤60元/月
3	VIP银卡用户	>60元/月且≤120元/月
4	VIP金卡用户	>120元/月

图 5-3　某广电运营商基于客户价值划分的客户等级

通过 ARPU 值细分客户对通信运营商非常有效，但对有线电视效果却有限。

对于通信运营商而言，高 ARPU 值的客户需求并不复杂，往往是因为话务量、数据流量大的固定业务需求所产生，因此无须做复杂的客户需求分析即可判断出客户的需求，在营销策略上有的放矢；而对于有线电视而言，因客户是以家庭为单位，ARPU 值不能反映出是由客户的何种业务需求所产生，也就无法对按照 ARPU 值分层的客户提出针对性的营销策略。

由此可见，上述四种客户细分的方法，都不是针对客户需求的客户细分方法，因此也无法通过差异化的营销策略和服务策略发掘出客户的潜在价值。

三、基于客户使用行为的客户细分

三网融合下，广电运营商的个人业务往往包含模拟电视、数字电视、互动电视和宽带业务四类。因模拟电视业务已经逐渐走向消亡，因此数字电视、互动电视和宽带业务是三网融合业务的基础业务。

针对这三类业务，结合客户的行为特征分析，可将客户细分为基本业务客户群、新视频客户群、网民客户群、全业务客户群、传统视频客户群。每类客户群对应的群体特征可用图 5-4 表示。

客户群名称	详细特征
基本业务客户群	满足于现有的基本电视业务，对所有新业务都不敏感
新视频客户群	热衷于各类视频业务，无论是付费、高清还是互动，都积极尝试
网民客户群	只喜欢上网，对视频业务兴趣不大，虽然也有付费电视使用的记录，但这些记录很大一部分因素是在购买宽带业务是赠送的
全业务客户群	对各类业务都有很高的接受度，是公司的白金用户
传统视频客户群	只对传统视频业务有需求，且对视频质量和内容有者较高的要求

图 5-4　基于客户使用行为的客户细分及其特征

可以看出，上述基于客户使用行为特征的客户细分，较好地描述了客户的行为特征，为广电（有线电视）运营商有针对性地制订相应的市场及服务策略提供了依据。

四、不同客户群体的市场和服务策略

创新客户细分方法的根本目的是制订相应的市场及服务策略，以便更好地满足客户需求，提升营销业绩。

针对基于行为特征进行客户细分的五类客户群体，广电（有线电视）运营商可采取相应的市场及服务策略如下。

（一）基本业务客户群

1. 基本业务客户群的特征分析

基本业务客户群是有线电视客户的最主要的组成群体，他们是广电网络稳定收入的保障，他们所代表的需求也是有线电视客户最基本的需求。

该类客户最明显的业务特征就是基本业务需求稳定，但对新业务兴趣不大，高清、互动、宽带业务开通率非常低。家中通常只有一个终端，不经常订购业务，导致该类客户的有线电视业务花费在五类客户群中最低，ARPU 值偏低。

2. 基本业务客户群的市场及服务策略

（1）市场策略。对于该类客户的产品策略应以保持客户为主，并适当挖掘客户潜在的需求。具体方式是对基本业务的资费给予长期的优惠，鼓励客户以优惠的价格订购超长期的基本业务，起到长期绑定客户的作用。同时以大幅度的优惠向该类客户推广新业务，从而发现一部分需求沉睡的客户。例如：各地广电运营商于近期纷纷推出的“交三年基本收视费免费用 10M 宽带”的套餐设计。

（2）服务策略。该类客户虽然 ARPU 值不高，但却是有线电视客户的最大客户群体，他们一般对服务要求不高，对服务的时限性要求也不如其他客户。对于该类客户，我们可以以标准的服务、良好的形象来赢得他们对企业的认可。

（二）新视频客户群

1. 新视频客户群的特征分析

新视频客户群，高清电视业务的开通率是 100%，互动电视的开通率也达到了 100%。他们对高清、互动业务高度认可，是以视频为特色的有线电视运营商的坚强支持者。这部分客户当中少部分有两个以上终端，比较频繁地订购业务，以满足所订购的各类视频业务使用的需求。广电的“真高清”“高清视频专家”的定位很适合这类客户的消费心理。

2. 新视频客户群的市场及服务策略

（1）市场策略。该类客户视频需求比较旺盛，对以视频为特色的有线电视运营商来说，正是通信运营商无法替代的，应该积极争取，可以通过偏重新视频业务特色的套餐吸引此类客户。例如：可突出宣传海量视频源、正版版权、更新及时、4K 高清片源等套餐产品的特色。

（2）服务策略。对于该类客户，要密切关注他们对视频业务的需求，通过视频业务这个需求点的满足切入，通过宣传、体验等方式，大力发展互动、宽带等其他业务。

（三）网民客户群

1. 网民客户群的特征分析

网民客户群的特征是对上网有着比较明确的要求，上网需求严重压缩了互动业务的需求，互动电视开通率基本为零。

该类客户的高清开通比例虽然也有，但这并不一定是客户自发的需求，而是高清和宽带组合销售方式产生的被动行为。

该类客户消费能力较强，ARPU 值相对其他客户而言较高，这很大部分原因是宽带包年的方式拉升了客户的消费金额。

2. 网民客户群的市场及服务策略

（1）市场策略。该类客户所看重的是上网业务，对于上网有比较高的要求，而这恰恰是目前广电（有线电视）运营商的弱项。

针对这类客户，宽带和基本业务的组合是最好的组合产品，既节省了资源，又通过刚性较强的基本业务组合，增加了客户的黏性。

（2）服务策略。宽带业务需求明确的客户往往流动性强，对资费和网速特别敏感。对该类客户提供服务时应特别测算成本投入。

（四）全业务客户群

1. 全业务客户群的特征分析

相对来说，全业务客户群的客户数最少。虽然人少，但他们在高清、互动、宽带方面的开通率都比较高。该类客户消费能力较强，平均消费金额在所有客户群中最高，这很大程度上得益于他们全面订购了新业务。

该类客户经常订购新业务，对新业务认可度比较高，而且为数不少的客户有两台以上的机顶盒。他们往往是公司的个人 VIP 客户。

2. 全业务客户群的市场及服务策略

（1）市场策略。该类客户对各类业务都有需求，且消费能力强，是白金客户。对于这类客户，要尽最大力去维护，因为他们创造价值的效率最高。可以通过以高清、互动为主，宽带为辅的综合套餐来满足这类客户的需求，同时可以回避自身在宽带方面的缺陷。

（2）服务策略。此类客户为企业创造了较高的价值，在服务上应由专人负责，定期沟通，且在产品体验、产品服务价格上享有较大的优惠。

（五）传统视频客户群

1. 传统视频客户群的特征分析

传统视频客户群是第二大的客户群体，是有线电视忠实的客户。

该类客户只关注传统视频，他们与基本业务客户群相比，更在意节目的内容和质量，因此付费、高清业务订购得较多，ARPU 值也相对较高。

2. 传统视频客户群的市场及服务策略

（1）市场策略。该类客户有着明确的视频业务需求，而对宽带、互动业务没有兴趣。对于该类客户，只能通过更多的付费电视产品和高清产品来投其所好。

（2）服务策略。此类客户因较为关注视频业务，因此对具有视频优势的有线电视运营商来说，有着较强的绑定作用。在服务上可以多强调归属感，定期给客户发送祝福信息和便民通知，让客户可以感受到企业对他们的关心。

以上，通过对基于客户使用行为细分的五类客户的行为特征进行分析，从市场及服务方面给出了相应的策略。

2016 年 1 月 15 日晚，重庆有线电视网络有限公司在重庆长江当代美术馆举办了主题为“来点 · 更多”重庆有线 2016 新品发布会（图 5-5）。发布会上，重庆有线推出了一个全新品牌“来点”，并发布该品牌下的智能机顶盒、宽带伴侣、家庭网关三款智能终端新产品。据介绍，该系列产品秉承“创新、开放、融合”的产品设计理念，在 UI 界面、个性化操控、内容优化、交互应用、智慧家居上均有重大突破。

图 5-5　重庆有线“来点 · 更多”新品发布会现场

可以看到，重庆有线在创新客户细分的方法的基础上推出的三款产品（智能机顶盒产品针对传统视频客户群及新视频客户群，宽带伴侣产品针对网民客户群，家庭网关产品针对全业务客户群），以及重庆有线针对不同客户群的市场及服务策略的制订，就是基于对客户使用行为特征分析基础之上的。这也给网点的客户资源管理工作奠定了扎实的基础！

第二节　四类客户管理提升网点产能

在对网点客户实施了精准的客户细分的基础上，针对性地为各类客户提供服务、实施管理则是网点运营活动中最为重要的一项工作。

客户管理之所以受到营业网点的高度重视，主要是因为客户管理能有效降低经营成本、提高经营效益和提升网点销售产能。

一、网点客户管理的作用

对于网点而言，客户管理的重要作用体现在以下几个方面（图5-6）。

图5-6　网点实施客户管理的作用

1. 树立企业品牌形象

通过客户调研、开发及维护等各项活动，通过优质的服务及创新的客户关系维护，不断地树立并强化企业的品牌形象。

2. 提高客户忠诚度

通过加强对客户的关注和良性互动，网点可及时了解客户的变化，及时采取针对性的活动，进行客户关怀和主动服务，有效改善客户关系，提高客户满意度，从而提升客户的忠诚度。

3. 加强客户关联度

通过及时了解客户需求，网点可适时为客户提供产品和服务，提升单个客户的交叉销售率，有效锁定客户，加强客户与网点的关联度和依赖度。

4. 提升客户 ARPU 值

通过持续、有效的客户管理，网点可与客户建立稳定的合作关系，从而提升客户的户均价值。

5. 扩大客户群规模

通过与客户建立稳定、持久的合作关系，网点可为客户的家庭甚至其朋友圈提供咨询服务和关怀，从而带来更多销售机会，定向扩大客户群规模。

二、提升网点产能的四类客户管理

实现网点的产能提升，必须要对网点的客户进行深耕细作。

在对网点客户行为特征分析进行客户细分的基础上，结合网点营销的具体动作，可以将网点客户进一步细分为到访客户、意向客户、存量客户及片区客户（图5-7）。

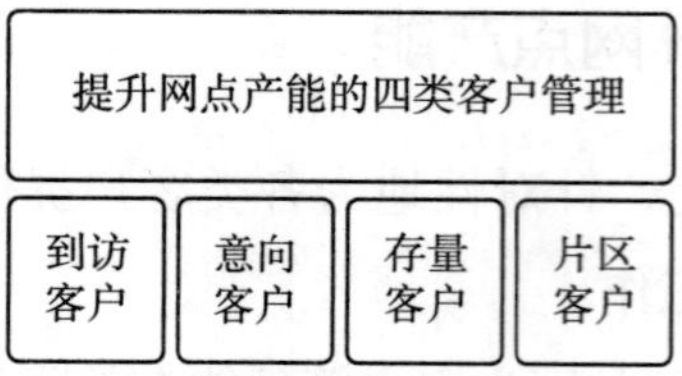

图 5-7　提升网点产能的四类客户管理

到访客户，简而言之就是到网点来办理业务的客户。

意向客户，指来网点办理业务处于犹豫期、没有成交的客户。他们又可以细分为两类，一类是转介未成的客户，一类是转介后销售未成的客户。

存量客户，指 BOSS 系统内网点已有的客户，可以被用来二次开发。

片区客户，是指网点所在的网格内存在的相对于个人客户而言的渠道客户、集团客户等。

网点产能提升的增量来源主要由到访客户、意向客户、存量客户和片区客户这四类客户创造。不同类型的客户有不同的诉求点，也就需要有不同的管理方法和管理维度。

（一）到访客户的管理

到访客户管理的关键，在于通过网点营销氛围、营销团队及营销流程的有机整合，对到访客户给予充分激发。

通过网点内外五个层次（临街、入口、厅堂、柜面、VIP 室）的氛围营造、密集的产品宣传、差异化的客户分区，网点不仅能有效影响到访客户的购买心态和购买决定，而且能影响员工的销售心态和团队信念，极大提升网点的销售能量（关于氛围营造请参见前文的“营销氛围营造的七个突破”）。

“全员转介、专人销售”，即由客户经理（业务咨询岗）和柜员（业务办理岗）负责客户识别和客户需求激发，将有购买需求的客户转介给大堂经理（业务体验岗），通过大堂经理的专业服务和营销，促成现场成交。通过各岗位之间有序配合和有机联动，打造完整的销售推进层次。

服务与营销密不可分，如同运维服务中维修与过渡营销的关系一样。网点营销一定是建立在优质服务的基础上的。厅堂营销队伍要在为客户服务的同时，创造令客户安心的感觉，不宜有太强的推销意图，而应将营销嵌入整套服务的流程之中，以为客户提供附加值的方式促成营销。

（二）意向客户的管理

意向客户管理的关键，在于有计划、有步骤地对意向客户持续跟进。意向客户可分为两类：一类是转介未成的客户；一类是转介后销售未成的客户。

对于转介未成的客户，大堂经理和柜员可通过“客户关怀卡”对潜在客户进行储备，然后利用非营业高峰时间通过电话进行五个轮次有步骤的跟进、关怀和邀约，递延本次现场销售的机会，创造下一次的转介机会。

对于现场接受转介但未成功实现销售的客户，应由大堂经理使用“中高端客户信息表”为客户建档，并通过五个轮次以上的有效联络，与客户建立信任、加深了解，最终实现邀约和成功营销。

简而言之，衡量意向客户管理的一个关键指标就是意向客户的转化率。

（三）存量客户的管理

存量客户的管理在于通过系统的客户分层分类，通过对各类客户采取不同的维护方式和联络频度，对网点的低端客户进行盘活，对中端客户进行提升，同时降低高端客户的流失。

网点对存量客户的开发及管理，详见相关章节。

（四）片区客户的管理

片区客户管理，必须依托于网格管理。其关键在于对客户信息的有效排查、渠道与网点的联动建设。

片区客户可分为社区、商户、企业、政府机构、社会团体等几类主流客户。针对各类客户，要有不同侧重点的排查工具。排查工具可以指导外拓人员（运维人员或网格经理）有针对性地获取各类客户最有价值的信息，结合网点全网营销体系，建立起网点“一点一策”的片区客户开发模式。

在对各类客户的需求进行分析的同时，外拓人员要提高自己的片区客户识别技巧和片区客户营销技巧，实现片区营销，从而真正发挥网点的放射效应，占领片区市场。

总之，将网点客户依据网格划分及日常销售的特点，分为到访客户、意向客户、存量客户、片区客户四类，针对每种客户不同的诉求及特点，从人员配置、操作流程、产品设计、信息管理、关系维护等方面采取不同的服务方式，各岗位联动，运用“天网＋地网＋人网”的全网营销渠道，借助营维合一思维的运维二步法的支撑，“走出去、引进来、动起来”，将有效地持续提升网点产能。

第三节　片区客户开发一点一策

网点“片区开发”是指以网格划分为基础，通过系统分析网点片区的市场潜力，有效规划网点片区客户的开发计划，组织系列营销活动，提升网点品牌影响力，增加网点到访量，提升网点产能，实现网点业务可持续发展。

营业网点要根据客户资源及人力配备、网络支撑，制订个性化的片区客户开发的计划——“一点一策”。

一、网点实施片区开发的四大目的

网点实施片区开发的目的具体表现在以下四个方面（图 5-8）。

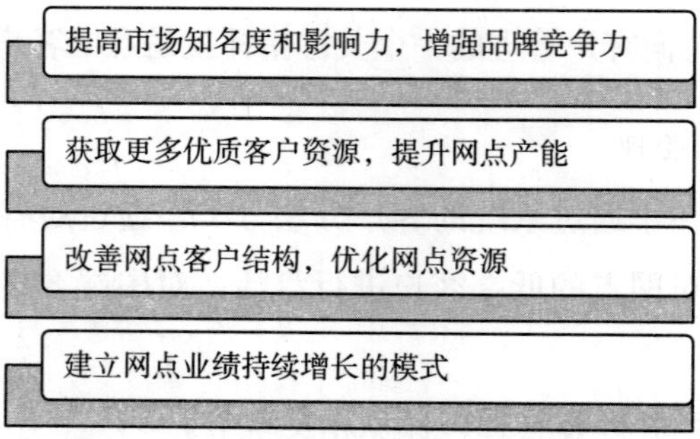

图 5-8　网点实施片区开发的目的

第一，提高市场知名度和影响力，增强企业的品牌竞争力。

通过对网点所在网格的基础客户群展开路演、扫楼、扫铺等系列活动，扩大网点在本区域内的品牌影响力。

第二，获取更多优质客户资源，提升网点及企业整体产能。

通过“走出去、引进来”的方式，在网点周边开展一系列活动，以获取优质客户信息，再通过短信、电话邀约等方式，把一些优质客户邀约到网点进行产品体验，留住优质客户，实现网点产能的提升。

此外，通过片区开发，还可以进一步收集片区内集团客户的信息，为精准营销提供依据，提升企业整体产能。

第三，改善网点客户结构，对网点现有资源进行合理优化。

对于广电运营商而言，业务淡旺季是比较明显的。每年年底的基本收视费缴费期，营业厅人头攒动，几乎没有可能进行网点阵地营销；而每年的业务淡季，营业网点门庭冷落。这就很有必要通过产品套餐的组合设计及片区客户的开发，调整客户的缴费期及到店时间，改善网点的客户结构，针对需要开拓的目标市场，有目的地进行市场开拓。

第四，建立网点业绩持续增长的模式。

网点要持续发展，就必须通过内外联动，实现把客户“引进来、搞得定、留得住”，从而建立网点业绩持续增长的模式。

二、网点片区开发存在的三大问题

虽然广电运营商认识到网点片区开发的重要性，但在实际操作中依旧存在一些问题。

第一，责任不明确。片区开发的责任没有责任到岗位、并配有稳定的组织结构，缺乏持续下去的动力，导致活动劳而无功。

第二，目标不具体。网点在进行周边市场开发时，缺乏具体目标与详细计划，多凭经验随机开展，活动与客户需求或关心的主题不匹配，导致效果不明显。

第三，活动不系统。目前客户开发活动的不系统主要体现在：活动前邀约不到位，活动中销售服务不到位，活动后客户跟进不到位；活动安排不连续，时有时无。

三、网点片区开发的对策

网点片区开发工作要取得成效，就必须制订相关配套的管理机制。

网点需要从片区开发前的准备工作（网点负责区域划分）、制订片区开发计划、片区开发实施（制订各阶段开发主题、制订网点片区开发一点一策、片区开发管理、制订各类片区开发活动标准流程）等方面打造片区开发体系。

下面简要地从网点层面介绍具体的网点片区开发的措施。

（一）片区开发前的准备工作

（1）片区责任划分：营业网点以网格为基础，根据企业的需要，将网格（责任）区域划分成为若干个子网格（片区），并分配给不同的片区网格经理进行管理。

（2）地图上墙：根据网格经理片区排查结果，制订本网点片区开发地图，并上墙作为片区开发的指导看板。

（3）明确片区责任人：网点进行片区划分后，要指定责任人（网格经理）负责所属片区的开发工作。

（4）明确片区开发的阶段性重点：网点开展片区排查工作，要根据片区排查的结果，结合网点的“一点一策”明确本网点的阶段性重点。

（5）制订片区开发的计划：制订片区开发计划，并严格要求网格（运维）经理按照计划开展工作。

（6）近期活动布告栏：设立客户回馈榜，专门用于公示近期市场营销活动、客户回馈活动及讲座等内容。

（二）制订网点“一点一策”开发计划

网点在开展片区开发活动时，要针对目标客户群制订有针对性的开发计划。如网点所在网格周边老社区较多的，可通过调研了解本地区老年客户的需求，制订开发计划，再根据老年客户的不同需求举办相应的活动；如网点所在网格周边有新开发的楼盘，可针对新入住的业主开展相应的促销活动。

制订网点“一点一策”开发计划的具体要求如下。

1. 网点“一点一策”片区开发策略

对于高端客户，网格经理可采取上门拜访为主的策略。

对于传统的农村及社区客户，可采取客户聚焦活动（如各类宣传活动、社区联谊活动等）为主的策略。

对于学校、工业区等客户流动性比较强的，可采取加强渠道建设及宣传走访（如现场设摊、平面广告、赠送小礼品、知识讲座等）为主的策略。

在此基础上，网格经理可结合片区客户的结构特点和下阶段发展侧重点不同，采取将各类片区开发策略进行交叉组合，有机结合起来，并应用到所辖（网格）片区开发工作中去。

2. 网点“一点一策”开发计划时间进度表

网点主任应在每月经营分析会上公布当月“一点一策”（网格）片区开发的具体工作计划，并经集体讨论和正式确定。时间进度工作计划应当包含以下内容：①责任人及参加人员；②实施时间及频次；③具体组织形式及成员职责；④业务侧重点及营销目标；⑤相关的奖罚标准；⑥其他相关内容。

（三）实施网点“一点一策”片区开发活动

系统性的片区开发流程，包括片区排查（市场调研）、地图上墙、集团客户开发、营销活动、客户跟进与维护、网点联动。在此基础上，制订网点精准的“一点一策”片区计划并加以实施。

1. 片区排查

片区排查是片区开发的基础性工作，可降低片区开发的盲目性，使网点有效节约资源，提高片区开发的效率和成功率。

实施片区排查目的有两点：一是摸清责任片区范围内的总体情况（包括企业、商户、社区等基本数据，确定重点目标客户、潜在客户、竞争对手、合作伙伴等）；二是对已获取的片区客户直接实施精准营销。

2. 地图上墙

根据片区开发排查结果，结合本网点市场计划，绘制片区开发地图，以指导网点有效开展片区开发工作。

3. 集团客户开发

集团客户开发能够获取大单或团单营销的机会、推动业务快速发展，能够有效提高网点的影响力和美誉度。因此，在片区开发过程中，要将具有批量性质的团队客户作为阶段性的重点客户，集中资源进行公关。

（1）针对政府类客户为主要目标客户，侧重于线路租用、系统集成、智能安防、弱电安装等业务的开发等。

（2）针对片区（网格）范围内容的各类企事业单位类客户为主要目标客户，重点是线路租用、系统集成、智能安防、弱电安装、宽带覆盖、广告投放等业务的开发等。

（3）针对商业类客户为主要目标客户，重点是有线电视的安装、收视费、宽带覆盖、广告投放业务的开发等。

（4）针对学校及农村（社区）类客户为主要目标客户，重点是有线电视的线路铺设、宽带覆盖、线路租用、安防监控、视频会议等业务的开发。

4. 营销活动

网点开展片区客户营销活动，不仅是宣传、销售的过程，同样也是联谊和客户维护的过程。该营销活动主要包括活动策划、准备工作、客户邀约、具体开展、客户跟进和效果评价等六个步骤。

5. 客户跟进与维护

片区客户跟进与维护工作，不仅是网点片区开发的成果回收，也是对客户的诚意和负责。

6. 网点联动

网点联动是指网格经理在片区开发的过程中，将片区开发的成果有效向网点移交的过程及管理办法。

（四）片区客户跟进和日常维护

片区客户跟进和日常维护工作，通过具有明确方向性和时间连续性的开展，不仅是网点片区开发的成果回收，也更是对客户的诚意和负责态度，是真正实现“以客户为中心”理念的真实写真。片区客户跟进和日常维护工作，有利于客户贡献价值、客户忠诚度的持续提升，有利于网点产能的提升，有利于企业品牌价值和核心竞争力的提升。

1. 跟进的类型

（1）网格经理在日常维护中，应做好服务性跟进，主要包括：①和客户多沟通，进行思维引导；②帮客户做些工作外的事情；③及时向客户提供及推送产品资讯；④向客户赠送具有企业形象的宣传品或小礼品等。

（2）对于意向客户，要采取转变性跟进的方式，主要包括以下两点。

1）客户对产品还是比较感兴趣，也需要这种产品，只是对具体使用情况还有不同意见。针对这种客户的跟进，最好是用片区内其他使用广电产品客户的案例来打消客户的顾虑。

2）客户对产品很感兴趣，也想购买产品，但由于原有产品及服务未到期等原因而暂时不购买。这时可采用免费体验等方式。

（3）对于异网客户，可采取长远性跟进。例如：客户根本就不想购买产品或者已经购买了同类产品。这类客户不会由于积极的跟进就会购买产品。对这类客户是不是就放弃不跟进了呢？实践证明，往往这类客户中会出现大买家，但往往跟进的太紧反而引起反感。最好的做法是和他真心实意地做朋友，周末一个温情的短信，逢年过节一张祝福的明信片，生日时一个小小的生日礼物。只要坚持不懈，这类客户会给你带来惊喜的。

2. 跟进的方式

网格经理常采用的跟进方式有实地拜访、电话联系、电子邮件、资料跟进等。具体操作技巧在前文已有介绍，此处不再赘述。

3. 跟进的原则

（1）跟进要遵循“1:3:7”法则。即“欲擒故纵”的方式，按第 1 天、第 3 天、第 7 天该做的事和服务进行跟进，而千万不能急于求成，不分时间、地点地催促客户落单，否则会弄巧成拙，贻误战机，让客户感觉你是在急于寻找客户，从而给你提出一些“不平等条约”，为双方以后的合作埋下阴影。

（2）一定要为自己每次跟进寻找一个好的借口。

（3）客户跟进工作一定要有耐心，要有长久性的准备。

4. 客户定期回访

对客户定期进行短信维护和电话、上门回访，增强与客户之间的情感联络纽带；将广电的新业务、新优惠活动及时告知客户；在重大节假日和客户生日、搬迁、开业时以发送祝贺短信、寄递花篮等形式，感谢客户对网点业务支持，以此培育忠诚客户。

如果将网点的阵地营销比喻为捕鱼，那么片区客户开发，则是休养生息，则是培育鱼苗。没有片区客户开发的扎实落地，网点的客户资源管理工作就如同无源之水、无本之木。

在广泛的片区客户开发的工作上，精准地实施片区客户开发的“一点一策”，将有助于网点集中优势兵力，服务好优质客源，起到事半功倍的效果！

第四节　存量客户的五步管理法

存量客户是指网点在某一段时间内所保有的客户数量（也就是我们本有的客户，能够二次开发的客户）。

如果说一次客户（新客户）的开发是业务发展的开始，那么对存量客户的管理服务和二次开发则是网点产能持续提升的关键。

下面将从存量客户分类管理、存量客户分配管理、分配后的存量客户管理、存量客户提升移交管理、存量客户流失的预防等五个方面来讲述网点存量客户的管理方法（图 5-9）。

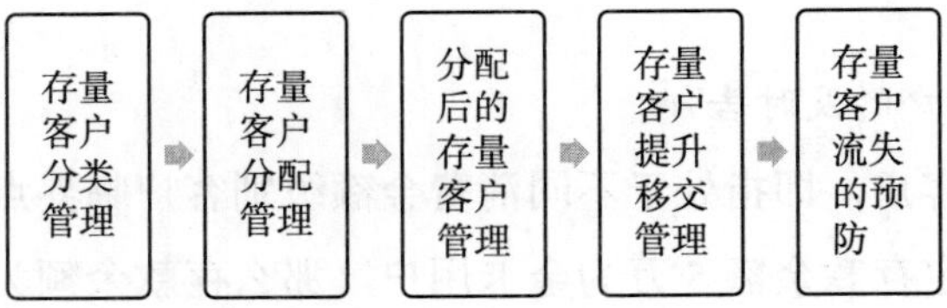

图 5-9　存量客户的五步管理法

第一步：存量客户分类管理

网点根据系统及统计收集的客户资料，按归户管理的原则，依据一定的客户分类标准，将客户划分为 A、B、C、D 四个类别，进而确定各类客户的联络频次及方法。

由于不同行业的网点，产品及服务的内容不同，客户分类的标准也不同。比如，金融行业的营业网点，从客户资产总量及客户购买意愿（近期购买产品的频次等）来划分存量客户；通信运营商及广电网络企业，从客户使用产品周期、购买产品金额及种类、使用设备等要素来划分存量客户。

一般而言，A 类客户：客户购买产品的能力强且购买意愿较强，能在短期内实现销售的客户，排名靠前的高端客户，约占管户总量的 20%。

B 类客户：约占管户总量的 30%。

C 类客户：购买产品的能力及意愿都一般的客户。

D 类客户：购买能力及购买意愿有待盘活。

网点工作人员可以结合网格，根据以上分类对自己的客户进行分类，相应地对分类的客户提供不同类别的服务。

同时，对管户的活跃客户（A、B、C 三类）跟踪管理，并对 D 类客户编制一定周期的盘活计划，每三个月应当对所管客户进行至少一次有效联络。

第二步：存量客户分配管理

关于存量客户的分配管理，网点负责人应做好客户分配、客户回收二次分配、处于临界点客户的及时告知以及客户体系管理质量的评估工作。

（一）客户分配

网点负责人负责将网点新增客户、片区市场开发的新增客户进行列表，每月底提出分配计划，依据网格及客户分类的原则，将客户分配给相应的岗位进行跟进。

（二）客户回收二次分配

分配给相关岗位的客户，由网点负责人进行维护情况的监督。如果网点相关岗位的工作人员客户联系管理不到位，网点负责人可以将该客户收回，每月重新进行分配。

（三）临界点客户的及时告知

所谓临界点的客户，即指处于不同消费金额级别客户临界点位置的客户。比如金融网点，如果确定存款余额 5 万为金卡用户，那么存款余额为 4 万左右的客户则为金卡的临界点客户；比如有的广电网络公司，如果确定个人增值业务消费（1 年内累计消费）为 2000 元为金卡用户，那么消费金额为 1800 元则为金卡的临界点客户。

对处于临界点的客户及时告知不同级别的客户对应的服务，站在客户的角度，站在为客户针对性服务的立场，使用得体的话术，将有助于存量客户的提档升级工作的开展。

（四）客户体系管理质量评估工作

网点负责人每个季度对客户管理情况进行综合评估，评估内容包括客户满意率、客户销售额、交叉销售率、网点销售额提升率等。

第三步：分配后的存量客户管理

（一）做好不同级别的客户服务的宣传工作

不同级别的客户对应不同的服务，这是网点实施个性化服务通行的做法。依据客户为网点贡献的大小或社会影响力的高低，将客户分为不同的级别，并将不同级别对应的服务通过粘贴画、POP 海报、服务手册、音视频文件、柜台设置、服务提醒、员工告知等方式，广泛宣传。这既有利于营造网点的营销氛围，又有利于满足客户“尊重”的需求。毕竟“做什么很重要”，而让客户“感觉你做了什么”，同样重要。

（二）分配后客户的建档及管理

网点相关岗位（网格经理）对分配到的客户进行分析建档，补充相关信息，填写“每日联络客户计划表”，通过短信问候和电话邀约，建立客户关系，促成产品销售。跟进过程中网点工作人员要逐步了解客户的购买能力及购买意愿，判断客户的跟进价值，跟进5次后没有成交的客户可以暂停跟进，将客户资料放入不常跟进的分类中。

存量客户管理的具体要求如下。

（1）客户建档：对归户的客户填写“中高端客户信息管理表”。通过跟进客户，收集“中高端客户信息管理表”里需要填写的客户基本信息、家庭情况、购买能力、历史交易及联络记录，要有完整的信息。

（2）客户建档率：对于管理的存量客户要求达到一定的建档率。A类客户建档100%，B类客户建档70%以上。

（3）对建档客户进行适销产品分析，并根据适销产品类别建立客户索引表。

（4）对建档客户进行持续跟进。

（5）建立一定的存量客户盘活轮次。

第四步：存量客户提升移交管理

根据客户分层管理的要求，不同的客户交由不同的网点相关岗位管理。当经过相关人员的维护及跟进，客户类别发生改变时，应移交给相应的岗位进行管理。

就实际情况而言，提档升级后的客户，一般习惯在最初的第一、第二次服务时，找原客户经理处理相关业务。这时，原客户经理要热情接待，并依据内部服务流程，将客户引领至对应服务的客户经理处，为客户服务。细致、周到、真正为客户创造价值的客户维护工作，将为客户转介绍打下良好的基础，最终实现客户关系由满意到忠诚的转变。

客户移交的管理步骤如下。

（1）相关人员填写“客户提升移交审批表”，写明客户情况及移交资料，包括“中高端客户信息表”及其他有关客户资料，经网点负责人审批后，将客户资料交给指派的工作人员。

（2）指派的工作人员接收后，应仔细研究客户资料，向原工作人员详细了解有关客户情况，并由原工作人员向客户发短信说明专属维护人员更换情况，向客户介绍和推荐新的维护人员。

（3）在完成资料移交及短信通知后，指派的工作人员应在两日内电话联系客户，表明身份建立联系，然后按照存量客户对移交的客户进行维护。

(4) 填写“客户提升移交审批表”交给网点负责人存档。

第五步：存量客户流失的预防

(一) 加强网点存量客户相关数据分析工作

根据网点的具体业务及产品服务竞争情况，确定分析指数，对于异常数据及时分析，以数据支撑存量运营工作的推进。比如对于广电运营商的营业网点而言，标清、高清、互动、宽带等业务种类使用的数量、金额、时长都是分析的基本指标。

(二) 抓好存量客户的日常客情维系工作

客情维系是一个系统工程，应该根据上述的客户分类分级，有计划、有专人、系统地推进。

“你不做客情维系，不代表你的竞争对手不做。”客情维系工作要建档，要分类。

对于网点而言，一定要杜绝重销售轻维护、重开发轻维系的工作方式。日常的客情维系，重要时刻、节假日的客情维系，更是网点客情维系工作的重点。同时，在维系的方式、方法上也要与时俱进，有所创新。比如结合“节目推送、重要资讯、续费提醒、优惠活动”等的微信、短信、微博的客情维系，往往能起到很好的效果。可参见本书中“客户四维法”相关内容。

(三) 做好预警客户的挽留工作

以广电运营商为例，客户达到续费时间而不续费、连续一段时间都不使用广电产品，或者已经开始使用竞争对手的部分产品，这都可定义为预警客户。

对于达到预警指标的客户，要主动积极地采用短信、电话或者面见的方式，进行客户挽留。“你挽留了，则可能留下来，甚至还能提档升级；而你不挽留，客户一般不会主动留下。”

(四) 加大服务及营销优惠政策宣传

结合营业网点服务在各种服务日和端午、中秋、春节等传统节日开展存量客户积分兑换等回馈活动，造声势，让存量客户感受到公司关爱。并在业务量大的营业网点组织陈列相关积分礼品，以此进一步增强存量客户感知。

(五) 做好存量客户挽留的培训工作

以上四点是针对存量客户做的工作，对于网点员工，则应从存量客户挽留的重要性、工作流程、工作职责等方面入手，做好存量客户挽留的培训工作，重点在于挽留话术的培训及掌握，人人过关。

总而言之，存量客户的开发，从存量客户分类管理、存量客户分配管理，到分配后的存量客户管理、存量客户提升移交管理方法，以及存量客户流失的预防，这五个过程可以用“收”“展”两字来概括。

“收”狭义的说是客户办理业务的延续，广义的说是后续客户关系维护及服务的到位。

“展”是指新业务的拓展（包括转介绍、策反、再开发等）。

一“收”一“展”，必然能给网点产能的持续提升做出贡献！

第五节　网点大客户服务及管理

只有提高服务工作水平，才能提高客户对企业的期望值，才能加强客户对广电产品及品牌的认知，这已经成为所有广电人的共识。其中，高端客户（大客户）群的服务工作需要更加细致、更加个性的服务流程及规范，这也给广电人提出了新的课题。

2008 年左右，有些省广电网络公司就开始组建专门的大客户服务部，针对大客户进行专门的开发、服务及维护，建立了包括专网、集团客户、公共关系客户、个人 VIP 客户等大客户群的服务规范与标准、大客户关系管理系统（CRM 系统），积累了丰富的经验。

一、帕累托法则与大客户

80/20 法则是管理实践领域最重要的概念之一，由意大利著名经济学家帕累托提出，因此也被称为帕累托法则。

帕累托最初用 80/20 法则阐释社会结构特征，后来发现几乎所有的经济活动都受该法则的支配。如 20% 的努力产生 80% 的结果，20% 的客户带来 80% 的销售额，20% 的产品创造 80% 的利润，20% 的工作体现 80% 的价值等。

同样，80/20 法则也存在于网点经营中。网点客户中，高端客户数量少但对网点贡献高；网点服务中，光临网点次数少、网点停留时间长的客户，往往对网点的贡献较高……

在以往的网点经营活动中，网点缺乏客户细分、对全部客户不分层次地提供同质服务，这显然不能给高贡献客户带来足够的尊贵感。

我们提倡的网点转型，就是要运用 80/20 法则，重组网点客户资源，从业务数据出发，根据各类客户的不同需求，提供不同的个性化服务，特别要强化对高端客户的优质高效服务。

二、大客户的分类

大客户是一个能给企业带来更多贡献价值、更多影响力的客户群体。因而，贡献价值、社会影响力，再结合企业的产品及服务类别，就构成了区分大客户最关键的几个指标。目前广电网络行业比较通行的方法是将大客户分为：专网大客户、集团消费客户、公共关系客户、个人 VIP 客户等。由专职的客户经理为之提供定期回访、业务咨询及办理、客户关怀等服务。

（一）专网大客户

专网大客户是依据贡献价值及企业产品来定义的一个大客户群体。由客户服务中心大客户部、运行维护中心、播控部、网络优化部、规划建设中心、集团业务部等组成服务界面来为之提供业务响应、工单调度、客户回访、技术支持等服务。

有些广电网络公司依据专网使用费、专网租用线路数、专网租用费等指标将专网大客户分为至尊级用户、钻石级用户、金卡级用户几类，并由此在跟踪服务、专家服务、回报服务、响应服务等方面建立分级服务标准（以某广电公司为例，见表 5-1）。

表 5-1　某广电公司专网大客户分级服务标准

客户级别及应急服务要求		至尊	钻石	金牌
跟踪服务	定期由客户（网格）经理联系客户，有需求时随时联系，年度定期拜访	①派驻或每月至少上门一次 ②电话及时联系 ③每半年负责人拜访至少一次	①每季度至少上门一次 ②电话及时联系 ③每年负责人拜访一次	①每半年上门至少一次 ②电话及时联系 ③不定期负责人拜访
	每季度对用户进行回访	提供	提供	根据项目要求提供
	公司领导加强与客户部门及公司高层主管联系，落实责任对口人员，组织客户俱乐部	①部门级每季度一次 ②公司级每半年一次	①部门级每半年一次 ②公司级每年一次	①部门级每年一次 ②公司级不定期
专家服务	方案设计建议	提供	提供	提供
	技术业务培训及研讨交流	根据客户要求，随时组织	一年一次	选择部分用户
	网络优化	根据客户需求	每两年一次	选择部分用户
	网络管理及运行分析报告	根据客户需求	选择部分用户	选择部分用户
回报服务	新业务免费试用	提供	提供	提供
	考察培训	视项目的规模、利润等情况提供		
	业务捆绑营销	提供	提供	提供
	增量优惠	提供	提供	提供

续表

客户级别及应急服务要求		至尊	钻石	金牌
响应服务快速	绿色通道服务	提供	提供	提供
	建立大客户服务团队	提供	提供	提供
	联系会议制度，定期与客户技术部门进行会议沟通，了解用户需求	提供	提供	提供

（二）集团消费客户

集团用户又称为组织用户，它是相对于个人用户的一个概念，指非零散购买或一次性消费的用户，并具备一定规模和购买力的客户。具体而言则是购买广电机顶盒、产品及服务达到一定数量和金额的客户，如企事业单位、酒店等。

集团客户对于广电网络产品的需求区别于个人用户，详见表 5-2。

表 5-2　电视集团客户对应产品及需求分析

集团客户类型	产品及需求分析
集团客户	高清机顶盒、调制解调器（猫）、高清一体电视机；付费、点播、互动节目；宽带；有线电视数字化多媒体；专网项目等
宾馆 / 饭店行业	数字化、智能化需求；提升品质（档次）的需要；方便管理；节能降耗
房地产行业	数字化、智能化需求；附带销售产品；销售附赠礼品；团购优惠
政府 / 行政机关	数字化、智能化专网项目；其他专项技术工程服务项目
企事业单位	提升文化娱乐品质；福利性支出；社会化管理的需求；其他关系因素等

此外，还可以按集团客户消费总额分为四类：至尊客户、钻石客户、金卡客户、银卡客户。广电网络公司分别在故障快速响应服务、客户关系维护、产品优先试用服务等方面提供分级服务（以某广电网络公司为例，见表 5-3）。

表 5-3　某广电网络公司集团消费客户分级服务标准

客户类别	提供服务内容		
	故障快速响应速度	客户关系维护	产品优先试月服务
至尊客户	4 小时内解决一般故障，15 小时内解决重大故障	客户中心（呼叫中心）提供回访服务，保证工单跟踪机制。大客户部提供包括上门拜访、上门收费、特殊节日短信问候、联谊活动等一系列客户服务、关怀活动	对所有终端提供新业务体验、试用
钻石客户	8 小时内解决一般故障，20 小时内解决重大故障		
金卡客户	10 小时内解决一般故障，24 小时内解决重大故障		
银卡客户	24 小时内解决一般故障，28 小时内解决重大故障		

（三）公共关系客户

公共关系客户指有可能通过客户自身的作用或途径影响广电网络公司的经营运

作、影响公众对公司的认识或改变公司的公众形象的管理机关、媒介、社会组织、个人等。

以公共关系客户对公司的影响力以及社会公众的影响力、号召力、覆盖面等多方面因素，公共关系客户可分为以下四级（图 5-10）。

客户分级	客户组成
A类	对公司经营活动有重大影响力的行政管理机关和重要的社会监督单位的主要负责人
B类	对公司经营活动有较大影响力的行政管理机关和重要的媒体单位的主要负责人，上述A类单位的分管负责人
C类	市级新闻媒体的分管负责人，有重要影响力的网络媒体负责人，各市、县影响力较大的网络、报纸媒体
D类	各市县公共关系联系人

图 5-10　广电运营商公共关系客户分级

（1）对公司经营活动有重大影响力的行政管理机关和重要的社会监督单位的主要负责人（A 类）。

（2）对公司经营活动有较大影响力的行政管理机关和重要的媒体单位的主要负责人，上述 A 类单位的分管负责人（B 类）。

（3）市级新闻媒体的分管负责人，有重要影响力的网络媒体负责人，各市、县影响力较大的网络、报纸媒体（C 类）。

（4）各市县公共关系联系人（D 类）。

在此基础上，建立分类、分级服务实现对公共关系部门服务提供模式、服务内容的差异化。

其中，在对有重大影响力的行政管理机关提供服务时，应由主要负责人牵头；在对社会服务监督部门提供服务时，应由大客户部负责人牵头负责。根据不同层次的服务标准，需要时调动营销、技术部门作为后台支撑协调支持，提供高效快速的服务和细致的回馈、关怀活动。

（四）个人 VIP 客户

个人 VIP 客户是指以下客户群体：

- 对公司经营活动有重要影响的人员；
- 对公司已经或将产生重大贡献的机构、企业、单位的决策人员；
- 已经购买大额公司产品的客户；
- 在某些消费群体中有重要影响的个人客户；

➢ 购买较大额增值业务的个人；

➢ 友好协作单位的主要领导等。

一般，将个人 VIP 客户分为至尊卡客户、钻石卡客户、金卡客户、银卡客户等，分别在故障快速响应服务、客户关系维护、产品优先试用服务等方面提供对应的分级服务。

营业网点针对个人 VIP 客户开发、服务及维护，是本章节要讨论的主要内容。

三、网点个人 VIP 大客户开发

网点个人 VIP 客户的开发工作可以总结为以下三种情况。

（一）系统识别个人 VIP 客户，指派专职客户经理负责

对于个人 VIP 客户，BOSS 系统、CRM 系统首先将其识别，再根据公司的网格划分分配到相应的网点，再由网点负责人指定专职客户经理提供客户开发及关怀服务。

（二）系统识别临界客户，岗位联动激发成为个人 VIP 客户

对于处于临界值的客户（即处于个人 VIP 客户要求的消费金额临界点），由系统识别，并将名单分配给客户服务中心（呼叫中心）、对应相应的网格分配给相应的网点，再由呼叫中心员工致电、网点专职客户经理电联或是网点类激活，使其达到个人 VIP 客户的消费金额。

（三）通过渠道开发个人 VIP 客户，做好网点归户管理

集团业务部、大客户中心在对外进行渠道开发、业务销售等活动时，符合个人 VIP 客户标准的客户将客户档案转交至相对应的网点，由网点负责人进行客户分配，交由专职客户经理提供客户开发、关怀服务。

此外，网点还应在每日营业结束时，对当日的客户数、客户消费金额进行统计、分析。对达到个人 VIP 客户标准的客户，上报大客户中心备案，并分配至专职客户经理；对处于临界点的客户，制订好激发客户的方案。

四、网点个人 VIP 大客户服务

网点对于系统分配及自主开发的大客户的服务工作可以分为网点外、网点内服务两大类。

网点外服务即指通过专职客户经理的日常拜访，实施客户关怀及业务办理；网点内服务即指通过优化流程、为来网点办理业务的个人 VIP 客户提供个性化、差异化的服务。

(一) 日常拜访流程与规范

1. 上门拜访

(1) 拜访前的准备工作如下:

- 查看拜访计划,确定拜访内容及重点,提高拜访有效性;
- 准备客户资料和必要的宣传资料、机顶盒资料、产品手册等,并熟知公司的政策及优惠活动;
- 拜访前先与大客户电话联系,与大客户预约拜访时间、地点,要求提前 10 分钟到达;
- 检查个人仪容仪表,保持着装、发型、面部和肢体的干净整洁,不留奇异发型,不浓妆艳抹,符合职业形象规范;
- 检查必备工具,包括工作牌、名片、纸笔、计算器、维修工具、备用机等;
- 关注天气的变化情况,做好防护坏天气的措施,检查好所要用的交通工具,以免错过拜访时间;
- 准备谈话提纲。若是连续拜访,应对照前次拜访中谈到的问题、检查出来的结果进行准备;若是初次拜访,应对照客户资料进行分析。

(2) 拜访中的沟通服务与营销应注意以下几个方面。

客户沟通时应注意以下几点:

- 面带微笑与大客户打招呼,展现亲和力(需要自我介绍时,第一时间自我介绍,并双手把名片递给大客户);
- 找准谈话切入点,密切客我关系;
- 了解大客户对公司产品的使用状况,进行客户关怀;
- 解答客户疑问、咨询;
- 记录客户意见、建议。

营销推广时应注意以下几点:

- 根据了解到的大客户产品使用情况,有针对性地告知客户公司新的业务信息、营销活动;
- 根据客户需求情况为客户提供适合用户的产品优化组合。

一般而言,拜访时间不宜超过 30 分钟。

(3) 拜访后的整理、汇报、回馈:

- 汇总整理当日收集的信息资料,更新维护已变更的客户信息资料;
- 提交客户意见,汇报当日待处理问题,寻求解决方案,向客户反馈处理结果;
- 在 CRM 系统中录入大客户拜访日志;

➢ 制订或调整拜访计划。

2. 电话拜访

电话拜访主要注意以下三个问题。

第一，做好电话拜访的准备工作。

首先要保持一份愉悦的心情，这样才能有悦耳的音调，可以让对方降低排斥感，拉近双方之间的距离；其次要准备好谈话的内容，明确拜访的目的。

第二，把握好电话拜访的时机。

电话拜访一定要掌握时机，避免在吃饭休息的时间段同客户联系，一般周一的上午及周五的下午、中午午休的时间段应该避免电话联系。

第三，妥善处理电话拜访中出现的问题。

如果客户在电话里抱怨和投诉，客户经理一定要沉住气，保持好自己的语气，待客户诉说完后，再平心静气地加以解释，希望得到客户的谅解。当在电话里无法满足客户的要求时，应在第一时间得到客户的谅解，并快速调整好自己的心态，视情况决定是否再次与客户联系。如果对客户提出的问题无法当场给予答复，需要查阅公司的相关资料，应该委婉提示“对不起，请您稍等一下”，之后再告知让他等候的原因。再次通话时应向对方道歉，如果让对方等候时间较长应先告之缘由，并请客户先挂掉电话待处理完毕后再致电。

（二）网点大客户服务流程与规范

网点内的个人 VIP 客户服务，原则上遵循网点服务流程与规范，但应在**服务空间上关注隐私、服务时限上体现尊贵、优惠活动上体现专属、专属服务上体现档次**（图 5-11）。

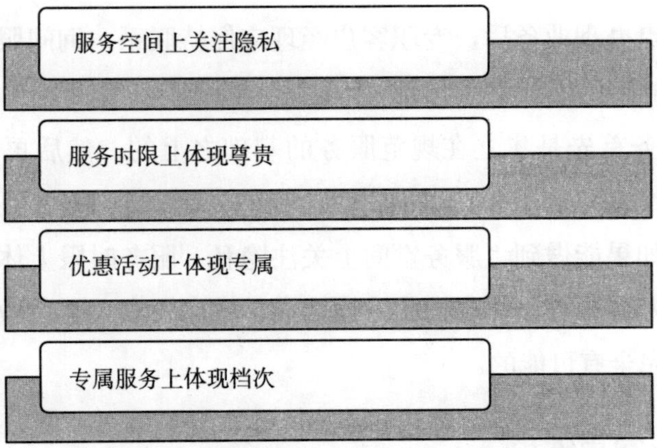

图 5-11　网点大客户服务的四个关键点

1. 大客户迎接

对于预约的客户，在客户迎接这个服务环节体现对个人 VIP 客户的尊重，主要在迎接人及迎接地点上注意。网点外、并由网点主任携专职客户经理一同等候并迎接客户，将给客户带来不一样的服务感受。

2. 大客户识别

对于没有预约的个人 VIP 客户，首先应对身份进行识别。身份识别有机器、系统识别及专职客户经理识别几种方式。有些网点针对个人 VIP 客户发放 VIP 卡，客户办理业务取号时，即通过刷卡识别客户；没有发放 VIP 卡及机器识别的网点，则依赖于专职客户经理对客户的熟悉程度及主动热情的欢迎问候。

3. 大客户等候

取号后，办理业务前的等候时间是专职客户经理进行业务推荐、体验营销、客户关怀的大好时机。有条件的网点可以配备 VIP 室，并由网点主任、专职客户经理进行茶水服务、产品体验、业务推荐、客户关怀等。

4. 大客户的业务办理

大客户的业务办理可设置专门的业务台席。业务办理时尊称客户姓名、便捷高效是必须的。给大客户提供的产品及服务也应有所区别。对于一些优先试用的服务及产品，可以先让大客户体验；网点宜选派业务娴熟、服务技巧高的员工为大客户提供服务，并做好增值业务的销售工作。

5. 送别大客户

送别大客户的要求同迎接环节，“迎三送七”的礼仪规范要求“送”的礼节要大过“迎”的，这在实际操作中要予以注意。

6. 事后维护

大客户来网点办理业务后，专职客户经理应保持联系，询问服务感受、征求意见，并做好日常的客情维护工作。

大客户的服务首先是建立在规范服务的基础之上的，然后再针对大客户的特点，加了更多的个性化的服务在里面，以体现差异化、个性化的服务。

大客户服务如果能做到“服务空间上关注隐私、服务时限上体现尊贵、优惠活动上体现专属、专属服务上体现档次”这四点，进而要求大客户做好网点的宣传及客户转介工作是完全有可能的。

五、网点大客户维护

网点大客户维护工作的开展是一个系统工程。在大客户中心的统一组织、计划、协调下，运用“四维”客户维护法，是网点大客户维护的基本要求。下面就网点专职客户经理个人 VIP 客户的日常维护工作简要介绍如下。

（一）重要日期及事件维护

根据“个人 VIP 客户信息表”中对客户重要事件的记录以及即将到来的重要节日，通过贺卡、短信、信函、电话、赠送鲜花、蛋糕等形式对客户表示问候。在春节、中秋等重要传统节日，要对部分重要客户开展登门拜访活动。

客户重要事件包括：客户或直系亲属生日、结婚纪念日、子女入学、婚嫁、乔迁、生子、升职等。

客户重要事件的信息可以通过“个人 VIP 客户信息表”、与客户面谈沟通等途径获得。

例如：“尊敬的 ×× 先生，您好！ × 月 × 日是您的生日，×× 广电祝您生日快乐，同时也感谢您对我们的支持！”

“在这特别的日子里，×× 广电祝您结婚纪念日快乐！愿您和您的家人每个日子都温馨幸福，×× 广电悉心服务永远伴您左右！”

“× 月 × 日是您的大喜日子。×× 广电祝您新婚愉快、幸福美满、白头偕老、永结同心。在今后的日子里，×× 广电将为您和您的家人提供更为贴心的服务。”

（二）大客户异动挽留

日常维护之外，还应对大客户的异动予以注重，有预警机制。

最典型的客户异动是客户交易活动频率发生重大变化。通常而言，已经发生业务的客户的流失并不以终止业务为标志，而是以客户贡献度、购买产品的频次急速下降为标志，比如取消某项服务、降低使用广电产品的频次等。

客户经理应该在每月末，对当月客户异动、客户流失进行统计分析，对客户挽留成功率、挽留方法进行统计总结。

（三）大客户联谊活动

在进行日常维护的基础上，还可以根据实际业务发展的需要，针对特定的个人 VIP 客户适时开展形式多样的客户联谊活动，包括：培训讲座、首映礼、客户答谢会、养生课堂、亲子教育、产品体验活动等。

例如：2016 年 4 月 23 日和 24 日山东有线针对个人 VIP 客户开展的“难忘的时光”主题观影会（图 5-12），分别在淄博和济南举行了两场活动，邀请山东有线用户中的个人 VIP 客户、电影爱好者，共同欣赏一部经典老电影，结合中央戏剧学院的影评专家讲评，品味电影美学，重温曾经的感动。

图 5-12　山东有线针对个人 VIP 客户开展主题观影会

这次大客户联谊活动，从客户的邀约、组织、观影，再到事后回访，以网点为单位开展，在个人 VIP 客户客情维护、客户关怀方面取得了良好的效果。

总之，对于网点而言，大客户的管理工作可以比喻为“四两拨千斤”。通过这“四两”的服务及管理，通过解决大客户管理中“客户的开发”“客户分类及分级”“大客户服务及维护”这三大大客户管理中的难点，既能产生业绩，积累经验，“拨千斤”，更能“以点带面”，最终起到“千斤拨四两”的网点文化。

第六节　网点客户维护“四维”法

网点客户资源是需要精心经营的。这种经营，除了办理业务时的优质服务，更应该包含日常的各种维护。

在这个产品严重同质化、竞争日益激烈的时代，及时、高效、精准、常态的客户关系维护，不仅仅是业务的保障，更是使产品及服务差异化的一剂良方。

下面介绍以网点为单位的“四维”客户维护法 (图 5-13)。

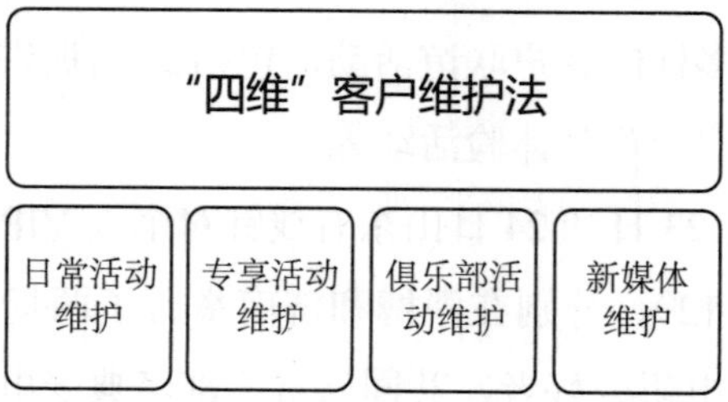

图 5-13　网点“四维”客户维护法

一、一维：日常活动维护——动作虽小，效果却好！

日常活动维护指网点工作人员，或网点工作人员配合呼叫中心（客服中心）采取短信问候、节日拜访、生日祝福、产品到期提醒、优惠活动告知，组建飞信群、QQ 群、微信群等方式，与客户建立长久的合作伙伴关系。

“客户关系维护，最好要对客户有贡献，起码要有表现，最低要求是常常要出现。”

日常活动维护的难点在于维护活动操作的坚持，重点在于维护内容的及时及原创。

下面，以短信进行日常活动维护手段为例进行说明。

短信，Short Message Service，简称 SMS，是通过手机或其他移动终端直接发送或接收的文字或数字信息，每次能接收和发送短信的字符数是 160 个英文或数字字符，或者 70 个中文字符。

短信，简短的信。既然是信，它就应该包含称呼、正文、结尾、署名、日期这样的结构。

虽然随着网络的普及及智能手机的推广，短信已几乎被其他聊天工具替代，尤其是年轻群体使用短信交流的就更少了。然而，对于很多企业而言，大部分中高端客户的年纪都相对较大，对于传统的短信交流方式仍然还是有一定的习惯性，使用度较高。同时，企业的 CRM 系统都基本上支持短信群发，因此，短信维护应该成为营业网点进行客户关系维护的有力武器之一。

短信，70 个中文字符，要起到传递信息、引起关注、关系维护、点明需求等目的，必须短小精悍、言简意赅。

发送给客户的短信，根据发送对象及短信内容、发送目的，大概可分为以下四类。

第一类是需求试探短信，主要针对陌生客户，将我们的服务与产品进行初次送达，起到电话预热、宣传试探的作用。

第二类是感情联络短信，包括问候、关怀等内容，起到加强交流、联络感情的作用。

第三类是业务推广短信，包括活动宣传、产品跟进等内容，起到发掘客户需求、创造营销机会的作用。

第四类可以是体现行业特性的信息类短信，如预告新上映的影片及最新音视频信息等。

客户关系维护类短信的编辑应注意以下几点。

（1）通过一句话吸引注意力，可以是点名问好，如“×× 先生 / 女士您好”；也可以用提问方式，如“上次影视联谊会后，您有什么新的影片要和我们分享吗？”；亦可以用陈述感叹句，如“周五 ×× 电影首映礼，快来抢啊”等；还可以组合提问，如“亲：高清电视机等于高清电视吗？高清频道与标清频道一样吗？在客厅，最高端的视听体验会是怎样的？来吧，5 月 16 日，温暖路营业厅，我们给您一个回答！”，等等。

（2）提出解决方案，引出核心建议、联谊活动或主要观点。如涉及产品收益最好能用数字强调做对比，如涉及产品介绍最好能突出产品优势及对于客户的好处，如涉及联谊活动最好突出参与的重量级嘉宾等。

（3）适时设置回复机制进行互动。如引导客户回复“是 / 否”“A/B/C”等简单的文字，针对互动积极的客户还可以适当进行奖品激励。

（4）通过署名、号码、地址等营销自己，让自己的名字不断以好的形式出现。让客户留存你的电话，直到有一天他能够主动拨打电话给你，甚至来网点约见你。

二、二维：专享活动维护——多种需求关注，异业联盟互补

专享活动维护是指营业网点结合重点业务综合营销活动，建立异业联盟互补，通过举办沙龙、社区营销等方式，全面宣传企业的增值服务。

异业联盟（Horizontal Alliances）这个名词，如果从英文字面上的原意来解释应为“水平结合”。顾名思义，指产业间并非上下游的垂直关系，而是双方具有共同行销互惠目的的水平式合作关系，凭借着彼此的品牌形象与名气，来拉拢更多面向族群的客源，借此来创造出双赢的市场利益。

异业联盟，是不同行业、不同层次的商业主体的联合，也可以是同行业各层次不同商业主体间的联合。联盟的商业主体之间，既存在竞争，又存在合作。合作共赢，是异业联盟各商业主体的共同目标。

为了丰富专享活动的内容，增加活动的趣味性、参与性，专享活动往往采用异业联盟的方式，与可以满足衣、食、住、行、娱等多种需求的机构合作，拓展区域性商家的优惠服务，以此来增进客户关怀。并最终通过活动跟踪和后评机制，使客户维护活动常态化、差异化和个性化。

营业网点在客户维护活动中与异业联盟合作需遵循以下六步（图 5-14）。

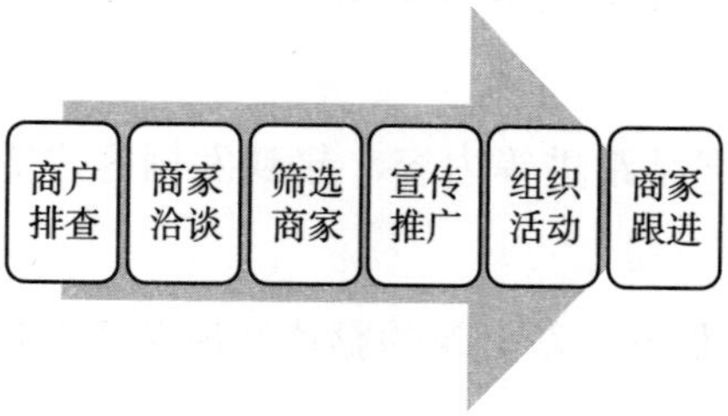

图 5-14　异业联盟操作六步曲

第一步：商户排查。

筛选受客户欢迎且质量靠谱的商家名单。

第二步：商家洽谈。

跟客户说明商家联盟给双方带来的好处，将商家联盟宣传物料以及其他成功案例跟商家进行沟通。拜访前还需要做好相应的准备，如宣传物料网点展示相片、合作协议书、成功案例、名片等。在洽谈中应记录客户合作意向以及商品和折扣情况。

第三步：筛选商家。

为了确保异业联盟初期效果，从众多商家里筛选信誉好、折扣率高的商家，并和商家签订合作协议。

第四步：宣传推广。

在网点和合作商家分别进行宣传，除了单页、海报、音响外，还可利用微信朋友圈等自媒体渠道进行宣传。

第五步：组织活动。

印发优惠券或折扣券，派发给符合条件的客户，邀请客户到商家进行消费，商家同时做好相应宣传，并及时收集客户参与活动的数据，反馈给网点。

第六步：商家跟进。

网点派专人负责和商家进行定期沟通，收集商家意见和问题，维护好现有商家的同时，逐步扩大商家的种类和数量。

比如某广电运营商在进行社区营销活动时，就与婚纱、家具、建材等行业联手，针对新婚夫妇，持续在几个月举行“向幸福出发”的专题专享，创意独特，异业联盟，收效很好！

案例实战

某广电网络公司“向幸福出发”专享活动维护策划方案

一、活动主题：向幸福出发

二、宣传标语：新婚专享广电超值套餐与您携手向幸福出发

三、针对人群：×× 网点所在网格新婚夫妇

四、活动起止时间：2015 年 4 月 20 日—5 月 27 日

五、优惠套餐

套餐名称	优惠活动	套餐内容
420 元倾心套餐	免初装费 50%+ 送 9 套高清节目 + 送价值 30 元礼品	75 套直播 +16 套高清
666 元幸福畅想套餐	免初装费 360 元 + 送 9 套高清节目 + 送付费 6 包	75 套直播 +40 专业频道 +16 套高清
688 元幸福互动套餐	免初装费 360 元 + 送付费 6 包	75 套直播 +16 套高清 + 电视回看 + 互动点播全业务
888 元幸福乐享套餐	免初装费 360 元 + 送 9 套高清节目 + 送价值 100 元礼品	75 套直播 +20 套专业 +16 套高清 + 电视回看 + 互动点播 +4M 宽带
	免初装费 360 元 / 两年 1560 元（780 元 / 年）+ 送 9 套高清节目 + 价值 160 元双人养生枕头	75 套直播 +20 套专业 +16 套高清 + 电视回看 + 互动点播 +4M 宽带
1200 元幸福尊享套餐	免初装费 360 元 + 送 9 套高清直播节目 + 送价值 150 元礼品	186 套高标清 +4M 宽带 + 互动点播 + 电视回看
	免初装费 360 元 / 两年 1920 元（960 元 / 年）+ 送价值 300 元礼品	186 套高标清 +4M 宽带 + 互动点播 + 电视回看

六、推广方式

（1）在公司 EPG 挂角、底行游走、微信公众等平台上发布广告。

（2）与某电视商家合作宣传。

合作方式：在某电视专卖店张贴宣传海报一张，推出“购买任意一款套餐 + 任意付费包一年”送价值 300 元海信代金券。

（3）与某建材、某家私合作宣传。

合作方式：即我公司在其卖场张贴宣传海报一张，公司每月为其发布 5 天底行游走广告。

（4）与民政局合作宣传。

合作方式：在民政局婚姻登记处张贴宣传海报一张。

（5）与婚纱影楼合作宣传。（初步拟定与 A、B、C 合作）

合作方式：我公司在其影楼张贴宣传海报一张，公司每月为其发布 5 天底行游走广告。

（6）在各乡镇电视站悬挂横幅、张贴海报、放置宣传彩页。

七、维护方式

×× 网点于 2015 年 4 月 20 日—5 月 27 日之间的每个周六，在 ×× 网点对应的 D、E、F、G、H、I 等社区，以与建材、家私及婚纱影楼合作的方式，进行社区营销。

总之，**专享活动维护的重点是围绕着主题的系列创意，难点是参与各方的利益权衡及工作协调。**

三、三维：俱乐部活动维护——先有平台，后有业绩！

俱乐部活动维护是建立在客户分类分级的基础之上的。

营业网点可以根据客户分类分级的约定，根据俱乐部活动规则，定期向符合条件的客户（可包含临界点客户）推送活动信息、优惠活动、理财沙龙、知识讲座等，以此来帮助客户及企业搭建高端客户交流平台，有效整合客户资源。

例如：营业网点可与当地的影视交流协会、豆瓣网、各种商协会、新闻、媒体等建立长期的联系，定期组织客户参加俱乐部活动，共同搭建一个学习、交流、分享和营销的平台。

前文中提到的山东广电淄博公司邀约影迷参加影视作品的品鉴活动以此来推动互动及付费节目的销售，就收到了不错的效果。

俱乐部活动维护的难点是客户的邀约，重点是活动举办后的持续跟进。

俱乐部活动维护的 193331 法则能很好地解决实操时的难点及重点（见表 5-4）。

表 5-4 俱乐部活动维护的 193331 法则

项目代号	活动内容
1	每次活动围绕一项产品或服务设计 1 个主题
9	每次活动邀约客户数量是目标客户数的 9 倍
3	目标客户在活动开始前不少于 3 次的电话联络
3	活动实施中不少于 3 次营销动作（如问卷调查、有奖问答、客户分享等）
3	活动一周内对目标用户与意向客户不少于 3 次的电话跟进（如满意度调查、业务咨询、活动建议等）
1	每次活动必有复盘，有评估。对于经验加以总结，对于亮点加以放大，对于不足加以改进，优化整改，为下次活动奠定良好基础

193331 法则中，每个数字都代表着不同的客户维护动作。

1，代表一个主题。也就是每次活动要有且最好只有一个主题。主题分散，不宜进行活动的设计。

9，代表邀约客户的数量应是目标客户数的 9 倍。当然，各地广电网络公司可以根据实际成交的比率来调整 9 这个数字，但是一定要多于目标客户数的倍数。

3，代表的是活动开始前和客户，特别是和目标客户联系的次数，当然这种联系不局限于电话联系，有条件时，当面拜访的效果更好。

3，代表的是联系时应该做的营销动作，如可以通过问卷调查、有奖问答等方式，采取电话、拜访、微信等联系方式对客户的需求进行调研，以便调整活动方案。

3，指的是和客户保持跟进的次数，跟进的内容则可以是对产品及服务的调研、对活动的意见、建议等。

1，指的是在活动结束后，应对活动有 1 次复盘，来检讨、改进俱乐部活动。

四、四维：新媒体维护——线上宣传，线下互动

营业网点以上三种客户维护的方法都属于线下活动方式。新媒体活动则属于线上活动方式。

新媒体（New Media）是一个相对的概念，是报刊、广播、电视等传统媒体以后发展起来的新的媒体形态，包括网络媒体、手机媒体、数字电视等。新媒体亦是一个宽泛的概念，利用数字技术、网络技术，通过互联网、宽带局域网、无线通信网、卫星等渠道，以及电脑、手机、数字电视机等终端，向用户提供信息和娱乐服务的传播形态。

营业网点在进行客户维护时，首先应分析客户使用媒体的习惯。当下，微信、微博、H5 等新兴的传媒媒介是很多用户习惯使用的。由此，营业网点可更多利用微信、微博、微电影等新兴传播媒介，实现产品与服务的推介、品牌传播等全链条整合，有效提升综合营销水平。

新媒体维护的难点是活动内容的趣味性及互动性，重点是活动成本的把控与市场的覆盖率的矛盾。

标题是否吸引	内容是否实用	内容是否有趣	内容是否简明
表达是否图文	语言是否幽默	速度是否快捷	广告是否适度
是否参与互动	细节是否专业	是否提前预览	简介是否重视

图 5-15　微信公众号的内容编辑要点

下面以某广电网络公司微信公众号的内容编辑（图 5-15）为例来说明新媒体维护。

微信公众号内容的编辑要点如下。

1. 标题是否吸引

给内容取一个好的标题有多重要，我想每个人都已经认识到。问题是什么样的标题才是好的标题？一味地搏眼球的做法，自然不会长久；太平凡又没有阅读量！好的标题，首先应该能吸引人，它是“镖题”，能一下子让文章从海量的信息中脱颖而出；其次，它应该能体现文章的主旨；再者，它应该简短、好记、能与读者互动。比如山东有线淄博分公司的这条微信：“你绝对不可错过的 520 超级内购会（图 5-16）”，选在 5 月 19 日前推送，很吸引眼球。

2. 内容是否实用

标题决定了读者会不会点击阅读，而内容则决定了读者的评价。内容是否实用，这是评价内容的一个最重要的指标。现代生活节奏快、时间紧，读者往往都是“拿来主义”，内容实用才是王道。比如玉门广电网络公司的这条“路由器换个位置，WIFI 信号嗖嗖升”就很受欢迎。

3. 内容是否有趣

内容除了有用，还要有趣。用新颖的表达方式、图文并茂，用幽默的语言，结合当下的时事趣闻，尝试着让内容有趣起来吧！

4. 内容是否简明

内容还应该简明。事实证明，内容的长度和受欢迎的程度成反比。

5. 表达是否图文

内容的呈现形式应该丰富。这里应该遵循：能用简短视频的，就不用图片（当然要考虑读者的流量），能用图片的就不用表格，能用表格的就不用文字这样的规则。因为，视频、图片、表格、文字，就传播效果来说是递减的。

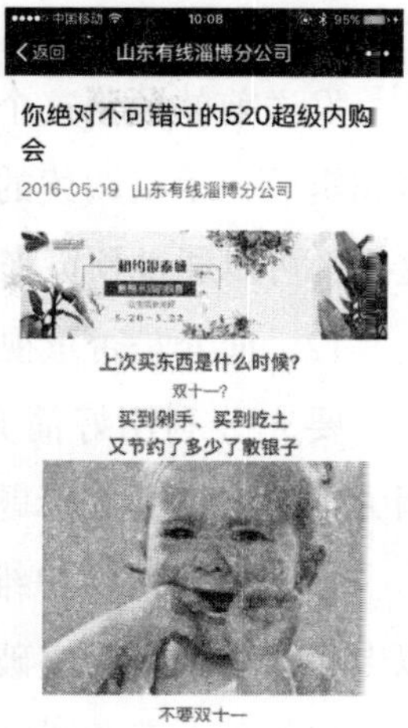

图 5-16　山东有线淄博分公司微信公众号内容

6. 语言是否幽默

再次强调下内容的趣味性！语言应该时尚有趣，毕竟这是在新媒体上进行宣传。

7. 速度是否快捷

有人说这是一个 6 秒的世界，大意是我们的等待都不会超过 6 秒钟。不去考证这句话的来源及正确性。不过，面对微信的内容倒真是这样。一篇文章的标题再吸引人，如果打开速度像蜗牛行走，我想大家都会选择关闭。

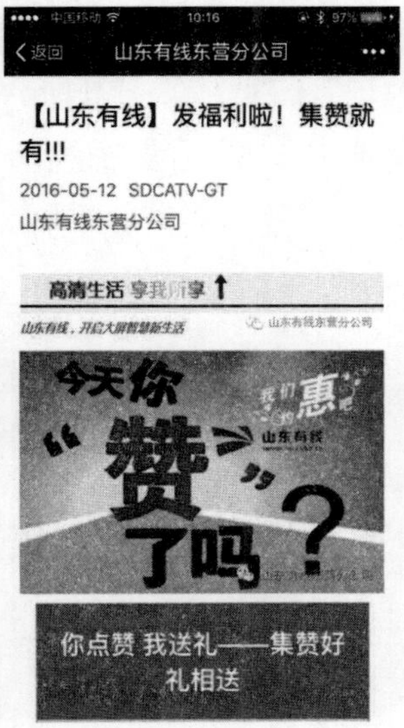

图 5-17　山东有线东营分公司微信公众号内容

8. 广告是否适度

怎样在微信内容中叠加广告，在最前面还是后端，或者是夹在中间？是赤裸裸地推送，还是巧妙地植入？广告推送要适度，否则会引起读者的反感。

9. 是否参与互动

读者喜欢参与，这是我们应该认识到的。因此在内容编辑时，可以通过自定义菜单的设置来建立参与机制。比如通过回复特定的内容来获取相应的信息，通过集赞来赢得优惠（图 5-17），通过转发来获取某项产品的试用，通过举办某种比赛吸引大家投票等。

10．细节是否专业

字体、字号、颜色、排版等细节，都应该体现专业性。因为微信体现的不仅仅是内容，更是企业的品牌及形象。

11．是否提前预览

发送前的预览这个环节不能省略，这可以说是消息推送前的最后一次检查。内容编辑后，手机阅读的体验怎样？排版怎样？打开速度怎样？读者参与是否方便？这些都可以通过预览来检验。

12．简介是否重视

要充分利用好简介的120个字，并精心选择能体现内容主题及风格的图片。因为读者往往看完标题后就会根据简介来确定是否需要打开原文阅读。

以上介绍的客户维护的四种方法各有侧重。营业网点应该以日常维护为根本，以专享活动维护为突破，以俱乐部活动维护制造氛围，将新媒体维护每日坚持，实现客户关系由满意到忠诚的转型！

网点客户资源管理，从基于客户使用行为特征分析的客户细分入手，将客户细分为基本业务客户群、新视频客户群、网民客户群、全业务客户群、传统视频客户群，并提出了对应的市场及服务策略；然后，结合网点运营的实际情况及网格化管理的特点，从到访客户、意向客户、存量客户、片区客户开发及管理四个方面，介绍了提升网点产能的客户管理方法，对片区客户开发、存量客户管理、网点大客户服务及管理做了专门的介绍，并通过案例讲解了“四维”客户维护法、异业联盟操作六步法、俱乐部活动维护“193331”法则、客情维系类短信编辑的四大技巧、公众微信号内容编辑12条操作要点等一系列客户管理的实战工具，对于当下的广电网络企业的客户资源管理工作具有指导意义！这也是营业网点实现由“绩效管理”向“效能管理”转型最为重要的一个支撑！

案例分析

“用户节”助力百日业绩冲刺

案例介绍

由山东广电网络集团主办的山东省首届有线电视用户节于 2015 年 10 月 10 日在济南国际舜耕会展中心开幕，各地分会场同时开启用户节活动。

本届用户节以“欢聚有线 畅享无限”为主题，旨在贴近用户、服务用户、回馈用户。10 月 10 日—11 日，用户节将在济南舜耕会展中心举办盛大的开幕式暨启动仪式，这也是一场面向用户提供贴身服务的盛大展会。展会期间活动丰富多彩，有盛大的开幕仪式、精彩的文艺演出，更将为广大用户提供有线业务展示、优惠业务办理等。用户节还包括大篷车进社区、微信俱乐部兴趣会及闭幕答谢演唱会等活动，通过品牌宣传、服务推广、惠民特卖、便民活动、文娱活动等传递有线服务理念、展示品牌形象、真诚回馈用户。

各地分公司用户节

潍坊分公司举办“山东有线·潍坊首届 用户节”

山东有线·日照用户节活动 走进东港区南湖镇

青岛分公司用户节客户音乐会

青岛分公司用户节：高清电影进社区纳凉晚会

青岛分公司用户节社区够级、乒乓球比赛

山东有线青岛分公司首届用户节

在展会现场，28 米的高清电视墙、22 米的 4K 展示墙，以及数百平方的体验区，可以让观众们在一个场地内，全方位体验到有线电视的全部最新服务，感受广电网络提供的新生活方式。同时，为配合用户节活动的深入开展，集团将在济南、青岛两个地市各举办 16 场路演活动。路演活动将以用户喜爱的趣味互动活动为主要形式，让全省用户更多地参与到用户节活动中。

本届用户节还吸引了全国主流卫视频道的参与，湖南卫视、浙江卫视、江苏卫视、北京卫视、东方卫视等 10 家一线卫视频道，将携重点节目团队及当红主持人参展开幕式现场助阵，他们的加盟参展将带来观众和消费者的强势引流。依托用户节的便民优惠及走进社区等系列活动，山东广电网络集团还将联合11家购物频道及品牌企业，将电视销售的明星商品、品牌新品、特惠优品轮番呈现在消费者面前，真正做到让利于民、惠民便民，将用户节打造成一场线上线下充分联动的有线用户嘉年华。

用户节开幕前夕，山东广电网络集团各地市分公司已陆续组织了丰富多彩的惠民活动，为本届用户节的启动增光添彩、推广预热。随着用户节开幕式即将盛大启动，各地市专场活动也将此起彼伏、精彩呈现。

案例点评

山东有线用户节，参与单位多，项目创意好，持续时间长，用户覆盖广，舆论宣传强，线上线下联动，既体现了广电运营商在传统视频业务上的强势地位，在广电宽带及互联网业务上的后发优势，又很好地向市场传递了广电的社会公益身份，增加了用户的黏着力，可谓一举数得！

山东有线的用户节，选在金秋10月举办，恰逢广电运营商全年业务冲刺的黄金季节，对业务的促进作用可想而知。

案例分析

“一点一策”客户细分提产能

案例介绍

某城区金融网点通过统计分析，总结出其业绩主要来源为基础客户、中端客户、高端客户、老年客户、代发工资户这五类客户。

网点针对余额增长的这五大来源，做了一系列的工作安排。

（1）针对基础客户，网点认真建立客户关怀卡并指定专人联络维护，补充客户信息，做到日常维护到位。

（2）针对中、高端客户，网点在营销中对其多进行交叉销售，提供多样合适产品，提升客户对网点的粘合度。

（3）针对老年客户，网点注重以活动促进感情联络，以礼品拉动关系进行间接营销。

（4）针对代发工资户，网点注重对客户的业务叠加，并提供企业的资产理财咨询，创造机会和企业精心策划沙龙活动，保证代发后的资金回笼工作到位。

案例点评

网点从影响产能提升的这五类客户入手，结合网点人力资源，“一点一策”，通过“天地人”网的联动，实现了网点余额的增长。

“一点一策”的网点客户细分，需要以网点为中心，仔细研究周边市场机会和客户特征。重点突破特色人群和项目，带来网点新增亮点，实现客户点的突破。网点针对市场，点面结合，持之以恒，最终为客户创造价值，实现产能提升。

工具运用

某运营商网点客情维护短信标准模板

一、日常维系类短信标准

（1）余额提醒：联通公司提醒您：您目前的话费余额为 ×× 元，请您及时到营业厅缴费，以免耽误您的正常使用。

（2）晋级提醒：尊敬的 ×× 先生（女士），您已成为 ×× 联通的钻卡（金卡、银卡）用户，我们将为您提供更加尊贵的服务，详询 10010。

（3）会员活动通知：尊敬的 ××× 先生（女士）：提醒您明天（具体时间、地点）参加 ×××× 会员活动，若不能参加请回电 ××××××× 。

二、日常关怀类短信标准

（1）尊敬的联通用户您好：近日气温变化较大，天冷路滑，您的服务经理提醒您出行时注意保暖及行路安全。

（2）尊敬的联通用户您好：在享受暖冬给您带来的惬意的同时，请您注意天气变化，适当增减衣物，愿您和您的家人身体健康！您的服务经理。

（3）尊敬的联通用户：您好，在这天冷路滑的日子里，请您和您的家人多注意防滑保暖，并祝您和您的家人身体健康！您的服务经理。

三、亲情服务类短信标准

（1）尊敬的联通用户：您好，今天是您的生日，在这个特别的日子里，您的服务经理为您送上最真诚的祝福：生日快乐，平安幸福！

（2）尊敬的联通用户：您好，时值 ××× 节，您的服务经理祝您和您的家人充分享受节日的快乐，愿我的一份祝福给您带来无限的温暖！

（3）尊敬的联通用户：您好，银铃轻响，是思念和祝福的投递；轻轻的问候，不想惊扰你，只想真切地祝福您新年快乐！您的服务经理。

（4）尊敬的联通用户：您好，愿圣诞之光普照您的每一个日子，愿阳光鲜花洒满您的人生旅程！您的服务经理。

（5）尊敬的联通用户：您好，在这个充满喜悦的日子里，愿新年的钟声带给您一份宁静的喜悦，一份新年的祝福！您的服务经理。

四、友情提醒类短信标准

（1）尊敬的联通用户：您好，由于近两天出账，您无法收到话费余额的短信通知，请您预存充足的话费，以确保您的通信畅通。您的服务经理。

（2）尊敬的联通用户：您好：××节即将来临，为了确保您节日期间的通信畅通，您的服务经理提醒您，节前预存充足的话费。

五、生日祝福类短信标准

尊敬的联通用户：您好，今天是您的生日，联通公司全体员工祝您生日快乐，感谢您长期以来对我们的支持和关注，祝您身体健康，万事如意！您的服务经理。

工具运用

客户联谊沙龙操作模板

对于营业网点而言，在特定时期举行客户联谊沙龙是网点实施客户关系管理的常规动作。

“沙龙”一词源自意大利语，其原意为大客厅，进入法国后引申为贵妇们在客厅接待名流或学者的聚会。后来人们便把这种形式的聚会叫作“沙龙”，并风靡欧美各国文化界，19 世纪是它的鼎盛时期。

营业网点举办客户沙龙除了答谢客户，还希望借此机会加强与客户的情感交流，推介相关产品及服务，实现相关产品的销售，提升网点产能。

一、事前准备

（一）网点相关人员的启动

做法：利用早会时间进行策略宣导，统一思想，运用沙龙的形式可以激活存量客户、加大流量客户、提升网点产能。

（二）网点协同部门启动

为确保邀约客户质量，网点负责人应至少提前两周与协同部门达成共识，并重点讨论沙龙面对的主要客户群体、主讲人主讲内容的侧重点及协同部门需要支撑的工作等。

此外，网点负责人还要对网点各岗位人员（客户经理、大堂经理和重点柜员等）、掌握客户资源的人员提出明确详细的要求（如每个人需成功邀请 2～3 名客户，以确保邀约客户数量），并向网点相关人员再次阐明沙龙的重要性、以前的成功案例，再次突出网点的产品优势，重点说明邀约客户的条件，并对邀约话术进行针对性培训及考核。

（三）邀约客户的筛选

为保证沙龙的举办质量，应尽量保持在一场沙龙中邀请同质性强的客户。为保证客户反应的可控性，尽量不邀请不符合要求的客户参与当次沙龙，可以作为下次不同主题活动的储备。

筛选客户的标准有很多，但通常按照年龄、消费习惯等来进行。不同类别的客户应选择有针对性的主题。以广电运营商网点为例，若以年龄为标准来筛选客户，25～35 岁的客户，沙龙主题侧重于广电宽带、电影俱乐部、高清收费频道节目等；35～45岁的客户，沙龙主题侧重于子女教育、缓解生活压力、海外资讯等广电视频及“智慧+”相关产品及服务；45岁以上的客户，沙龙主题侧重于资产保值和增值、养老规划等主题的视频节目、增值业务等。

（四）客户的邀约

网点相关工作人员都应参与到客户邀约的过程中，由网点提供客户资料。可以采用电话邀约或送邀请函的方式，充分参与前期的客户接触，掌握客户资源。一旦确定好沙龙的召开时间后，工作人员即进行客户的联系。在沙龙正式召开的前2～3天，要对基本确定参加的客户资料进行汇总，并备份给网点负责人、主持人员及主讲讲师。

网点负责人根据客户资料情况，结合以往沙龙举办的经验，确定本次沙龙的目标。会议前1～2天，由专门人员电话确认客户是否到场；会议当天，再次准确提示客户到场时间、地点。如有必要，接客户到场。按经验估算，确定来参加的人数一般为真正到场人数的两倍左右。

（五）沙龙前的沟通会

召集主持人、主讲人、会务人员、网点及支撑部门的相关人员开会，明确各自职责，进行相关物料的准备，确定销售目标，掌握营销话术。

如有邀请特约嘉宾，则要对特约嘉宾进行事前的沟通和培训。特约嘉宾的年龄、性别、着装、所提问题均应符合沙龙的主题。此外，对于沙龙上销售人员的配备，在技能及人数上要做充分的考虑。在人数上，可按每三名客户配一名工作人员的比例安排。

（六）时间地点选择及会场布置

根据客户性质，时间最好选择在周六、周日，具体时间因地制宜。地点可选择在网点的会议室或贵宾室。会场布置除常见的桌椅、签到台、饮料食品、宣传物品、展架等会场布置外，要专门为每位客户准备纸笔。这些物品的准备一方面使客户有严谨正式的会场感觉，另一方面则便于客户记录主讲人的演讲内容从而使其有所收获，同时也可成为主讲人进行游戏活动的道具。

二、事中安排

（一）签到入场

客户签到入场后，工作人员发放“网点产品及服务调查问卷”，协助客户完成。此问卷可用于在沙龙结束后，根据客户的需求来进行追踪。

（二）沙龙流程（例）

时　间	事　项
会议开始前 1 小时	会场布置完毕
会议开始前 30 分钟	客户入场（礼仪人员进行引导）
2 分钟	主持人开场、开场破冰
3 分钟	网点负责人致辞、互动环节
30 分钟	讲座及产品介绍
3 分钟	互动环节
30 分钟	沟通交流和产品促成
2 分钟	主持人宣布沙龙结束

（三）致辞及互动环节

会议流程中网点负责人致欢迎辞的环节非常重要，“少而精”贴近沙龙主题是基本要求，应包含：沙龙能给客户带来什么收益，沙龙的流程及感谢之类的话语。为活跃气氛，会议流程中可安排互动环节。

（四）签单促成环节

专题结束后，为延续客户的注意力，可由工作人员引导客户就产品进行疑问解答。对于有签单的客户，工作人员应立即交给主持人，由主持人进行即时播报以烘托氛围。对于有意向但不能现场签单的客户，填写意向书以作为日后追踪的工具。

三、事后追逐

事后的即时跟踪是沙龙成功的保证。

（一）召开总结会

沙龙举办完毕的当天，网点负责人和协同部门一起召集相关人员召开会后总结会，首先通报情况：到会人数、签单人数、件数、签单的客户经理等，探讨会议的组织实施、主讲人、主持人和特约嘉宾的表现、与会人员表现、各环节配合等各个方面的效果，总结哪些方面不足，需要改进。最后针对签单情况做出布署和追踪。追踪方式包括：短信、电话、上门拜访。

（二）会后追踪

从沙龙结束后开始，客户经理要通过电话或短信的方式对客户进行追踪。每天汇总追踪的情况，向网点负责人进行汇报。

（三）具体追踪方式

1. 短信追踪

在总结会召开结束后，用网点短信平台发一条祝贺短信，感谢参与并祝贺签单。

2. 电话追踪

对有强烈意向并未签单的客户进行电话邀约到网点再次进行沟通促成。

3. 微信追踪

在沙龙活动期间，可面对面建立微信群。会后通过微信进行追踪服务。

4. 上门追踪

对于重点客户，可上门拜访，再次沟通促成。

工具运用

老年客户管理的“136”法则

老年客户，对广电运营商的传统视频业务非常忠诚，而且随着老年社会的来临，市场巨大。因而，对广电运营商而言，老年客户市场是非常重要的。

营业网点针对老年客户，无论是“请进来”的阵地营销，还是“走出去”的社区营销，都宜运用“136”法则开展日常销售及客户关系管理工作。

“1”是指每月一个为老年客户专设的主题。这个主题可以是广电网络企业内部可以满足的，比如老年影视节目推荐；也可以是合作伙伴提供的，比如结合智慧医疗提供的养生讲座，与银行联手提供的理财讲座等。这样坚持下来，一年就有12个主题，这些主题都体现了广电运营商对老年客户的关爱，具有很强的社会影响力。

“3”是指专为老年客户提供的三项业务：老年客户故障处理时限提前，老年客户办理业务上门，老年客户业务最低折扣优惠。这些业务的设立，其重点就是从老年客户的特点出发，考虑他的不方便，考虑他的消费心理，从而打消他办理业务的顾虑。

“6”是指在网点可专为老年客户开设一个专窗，提供一杯降三高的专饮，为老年人开展一项专属体验（比如量血压等），打造一份专属产品（比如夕阳红及戏曲频道等），在网点专订一份老年报，在固定时间专门为老年客户开设一个活动等。

其实，无论是“136”还是“248”，数字代表的都是为了特定的客户群体而精心设计的各项销售及客户关系管理举措。在产品同质化严重的今天，通过服务来使产品差异化，针对不同的客户群体提供个性化、差异化的产品及服务，持续提升网点产能，将是应对市场竞争的不二法门。

附　录

附录 1　易道咨询产品目录

一、素质提升类培训（全员）

1-1 全员职业化团队特训营

1-2 从优秀到卓越——职业化塑造训练营

1-3 职场达人的礼仪修炼

1-4 由营销到赢销——营销礼仪特训营

二、营销技能提升类培训（全员）

2-1 客户（营销）经理特训营

2-2 集团客户经理职业化提升训练营

三、网点转型系列培训（营业网点及管理层）

3-1 营业网点转型培训——项目启动培训

3-2 营业网点转型培训——营业厅服务规范与服务技巧提升

3-3 营业网点转型培训——网点恶意投诉处理技巧

3-4 营业网点转型培训——营业网点服务营销技巧

3-5 营业网点转型培训——从绩效管理到效能提升

四、中层管理技能提升类培训（中层及核心骨干）

4-1 基层主管特训营

4-2 打造高绩效团队

4-3 跨部门沟通与团队协作

4-4 问题分析与解决

4-5 公众表达特训营

4-6 高效能人士的七个习惯

五、企业培训体系类培训（内训师及人力资源部）

5-1 内训师特训营（初中高阶）

5-2 企业培训体系建设与落地实施

六、企业文化类培训（全员）

6-1 企业文化突破特训营

6-2 班组文化建设特训营

七、高层管理技能提升类培训（中高层）

7-1 基于互联网思维的全网营销体系构建

7-2 中高层全面管理技能提升

7-3 卓越领导力与执行力提升

7-4 做一名优秀的管理教练

八、高效能网点建设咨询项目

九、运营商市场效能提升咨询项目

十、全网全员营销实战营咨询项目

以上培训及咨询项目，均可依据企业实际情况定制。

附录2 运营商市场效能提升项目建议书

一、项目收益

（1）全面提升全员的职业素养、增加团队凝聚力。

（2）全面提升业务及职能部门的职业技能，组建基于网格的综合营销团队。

（3）形成规范、专业的业务部门（客服中心、运维中心、营业网点）服务及营销操作流程及标准，为业绩提升提供工具支撑。

（4）形成规范专业的综合营销团队评估标准，为业绩评估提供精准的数据支撑。

（5）提升团队竞争力、客户黏着力，进而扩大增值业务占比，实现保用户、保存量的基本目标及业绩的增长。

二、项目设计

本项目采取“分层级分岗位”“先培训后实战”“先单兵种训练后全兵团实战”“先固化再优化”的模式实施项目。

所谓“分层级分岗位”即指针对不同层级（项目主要分为管理层级及基层操作层级）设计不同培训辅导项目内容。其中管理层级全年暂定的项目内容为管理理论、计划控制、高效沟通、辅导下属技能提升四个课题；基层操作层级分为客服中心、营业网点、运维中心、集团客户中心等四个岗位，结合员工的实际状况及业务市场的特点实施职业素养提升、岗位操作技能强化等培训辅导项目。

所谓“先培训后实战”即指项目实施采用先通过讲授、案例实操、互动研讨、视频赏析等方式培训理念、方法、技能，再结合实际工作，每一培训项目实施完成后采取“人人过关及实战”的方式来检验培训辅导的效果，将职业习惯固化，将好的经验复制。

所谓“先单兵种训练后全兵团实战”是指先分岗位单兵种训练，并采用培训加实战的方式固化操作流程。当各兵种能力提升后，再结合市场网格组建综合营销团队，实现全兵团作战能力的提升。

所谓“先固化再优化”既指先培训固化操作流程，再根据实际工作情况优化；又指在培训辅导实施过程中，建立企业内部的培训体系，培养内训师，并辅导内训师将培训辅导的内容结合日常管理固化再优化（培训体系及内训师培养项目未在本建议书中体现）。

三、项目内容

<table>
<tr><th colspan="2">项目对象</th><th>项目名称及编号</th><th>项目内容</th><th>项目时间及方式</th><th>项目收益</th></tr>
<tr><td colspan="2" rowspan="4">管理层</td><td>管理要为经营服务（MTP001）</td><td>通过梳理百年管理理论的演变，从五个层面重新认识管理，从而树立管理要为经营服务的理念，并实现由传统管理者向高效管理者的角色转变</td><td>半天
课堂讲授、视频赏析、案例互动、角色扮演</td><td>从理念上明确管理要为经营服务，进而在各自的工作岗位上为市场、为业务创造一切可能，做好业务及服务的支撑</td></tr>
<tr><td>从计划到落地（MTP002）</td><td>通过目标种类的讲解、目标制订的SMART原则指导、精准目标的对话技巧的训练、按时间及岗位维度制订行动方案的实操，实现个人及团队的工作目标从计划到落地</td><td>半天</td><td>从理念上掌握目标要体现为行动目标才有实战意义；从方法上掌握帮助团队制订行动目标、行动方案的具体技巧</td></tr>
<tr><td>跨部门沟通技巧（MTP003）</td><td>通过沟通定义、种类、方式的讲解，“听说读写”四项基本沟通工具的训练及“看电影学沟通”的视频赏析，掌握跨部门沟通的技巧，跨越部门的“墙”</td><td>半天</td><td>从理念上打破部门之间的利益“墙”；从方法上掌握跨部门沟通的技巧，改变屁股指挥脑袋的局部思维，树立统一思维</td></tr>
<tr><td>复制优秀的你（MTP004）</td><td>通过从人力资源角度分析管理者的职能及角色、掌握实现由单兵作战到兵团作战的转变势必要高效地训练下属，通过视频赏析、案例互动等方式掌握在职培训的技巧，复制优秀的你</td><td>半天</td><td>从理念上实现由关注事向关注人的转变；从方法上掌握在职培训的TSFC训练法</td></tr>
<tr><td>基层操作层</td><td>客服中心</td><td>用声音创造价值（KF001）</td><td>①观念转变：由成本中心向利润中心转换；由客户思维向用户思维转型
②夯实基础：职业形象塑造；客服中心各工作岗位职责解读
③流程优化：客服中心各工作岗位操作流程及评估标准优化
④工具提炼：营销、客户关系维护、异议处理等话术及操作标准提炼
⑤一对一过关：流程标准及工具一对一过关
⑥实战检验：套餐销售、休眠机激活等项目实战</td><td>课堂讲授、视频赏析、案例互动、角色扮演、实战PK。
项目时间为三天。第一、第二天上午调研及准备，下午及晚上培训及辅导；第三天上午结合业务实战PK</td><td>让客服中心的员工理念上实现由“被动”到“主动”的转变；方法上掌握标准的服务流程及优化技巧，并对各类型的话术能熟练运用；最终在一对一过关及实战中固化、优化工作技能，取得好的业绩</td></tr>
</table>

续表

项目对象		项目名称及编号	项目内容	项目时间及方式	项目收益
	营业网点	从优质服务到产能提升——营业网点效能提升特训营（WD001）	①观念转变：由客户思维向用户思维转型 ②夯实基础：职业形象塑造；营业网点各工作岗位职责解读 ③流程优化：营业网点各工作岗位操作流程及评估标准优化；现场营销氛围的营造 ④工具提炼：营销、客户关系维护、异议处理等话术及操作标准提炼 ⑤一对一过关：流程标准及工具一对一过关 ⑥实战检验：套餐销售、休眠机激活等项目实战	课堂讲授、视频赏析、案例互动、角色扮演、实战PK。 项目时间为三天。第一、第二天上午调研及准备，下午及晚上培训及辅导；第三天上午结合业务实战PK	让客服中心的员工理念上实现由“被动”到“主动”的转变；塑造良好的职业形象，方法上掌握标准的服务流程及现场营销的技巧，并对各类型的话术能熟练运用；最终在一对一过关及实战中固化、优化工作技能，取得好的业绩
基层操作层	运维中心	常维护、常贡献——运维中心效能提升特训营（YW001）	①观念转变：从运维的“三少”与业务的“三多”矛盾入手，由成本中心向利润中心转换；由客户思维向用户思维转型 ②夯实基础：职业形象塑造；运维中心各工作岗位职责解读 ③流程优化：运维中心各工作岗位操作流程及评估标准优化 ④工具提炼：营销、客户关系维护、异议处理等话术及操作标准提炼 ⑤一对一过关：流程标准及工具一对一过关 ⑥实战检验：套餐销售、休眠机激活等项目实战		让运维中心的员工理念上实现由“被动”到“主动”的转变；方法上掌握标准的服务流程及优化技巧，并对各类型的话术能熟练运用；最终在一对一过关及实战中固化、优化工作技能，取得好的业绩
	集团客户中心	项目出效益——集客中心效能提升特训营（JK001）	①观念转变：由客户思维向用户思维转型 ②夯实基础：职业形象塑造；商务礼仪及沟通技巧特训 ③流程优化：大客户销售流程的梳理；信息的收集及SPIN销售步骤 ④工具提炼：客户解决方案的撰写技巧及产品销售话术 ⑤一对一过关：流程标准及工具一对一过关 ⑥实战检验：视频分析及撰写客户解决方案测试	课堂讲授，视频赏析，案例互动，角色扮演，实战PK。 项目时间为三天。第一、第二天上午调研及准备，下午及晚上培训及辅导；第三天上午视频分析及撰写客户解决方案测试	让集客中心的员工理念上实现由“被动”到“主动”的转变，由客户思维向用户思维的转变；方法上掌握大客户销售技巧及SPIN销售步骤，具备撰写客户解决方案的能力，并通过测试及视频分析来固化职业技能

续表

<table>
<tr><th>项目
对象</th><th>项目名称
及编号</th><th>项目内容</th><th>项目时间及方式</th><th>项目收益</th></tr>
<tr><td>综合营销团队实战 PK（ZH001，ZH002，ZH003）</td><td colspan="4">团队组成：结合公司网格分配，团队由管理层（非业务部门）+ 客服中心 + 运维中心 + 营业网点 + 集客中心的员工组成。团队人数最多八人，最少五人
实战 PK 项目：全年分三次 PK。每次 PK 时间暂定三天。在完成单兵作战能力提升的基础上，结合公司网格分配，成立综合营销团队。PK 项目以“社区营销 + 网点实战 + 运维服务”为主
实战 PK 实施：第一天上午学习 PK 比赛规则、下午准备物质，组建服务及支撑、评委团队
第二天至第三天中午 12 点进行实战 PK。第三天下午评比及点评
（具体综合营销团队评比标准、管理办法及实战 PK 细则另附）</td></tr>
<tr><td>综合营销团队营销工具优化（ZH004）</td><td colspan="4">在前期培训辅导的基础上，进一步对客服中心、运维中心、营业网点、集团客户中心的工具进行优化，集结成册，为以后工作的规范化、标准化服务提供支撑</td></tr>
<tr><td>综合营销团队评估标准优化（ZH005）</td><td colspan="4">在前期综合营销团队实战 PK 的基础上，结合网格管理，从团队组建、日常管理、销售动作、业绩管理等方面对综合营销团队的评估标准进行优化，并形成规范的操作手册，为年终评估提供依据，并为来年继续实施基于网格管理的综合营销团队提供操作标准</td></tr>
</table>

附录 3　全网全员营销实战营项目计划书

一、项目收益

（1）全面提升全员的营销意识，增加团队凝聚力。

（2）全面提升全员关于主营业务基本知识，营销技能人人过关。

（3）全面提升网格化营维合一操作技能，掌握提升小区销量的方法。

（4）将营销实战培训固化并优化，形成操作标准（营维工作规范手册、小区路演规范手册），实现营销业绩倍增。

二、项目介绍

营销实战营项目由“五天项目前调研 + 一天小区路演方案设计 + 两天培训辅导模块 + 一天小区路演指导 + 项目评估”五部分组成。

三、项目对象

公司全体员工（农网、技术、客服营销、集团客户、财务、企管等），每期培训至少安排一名副总参加。

四、项目内容

第一部分：项目前调研

精准的调研，是全网全员营销实战营项目实施的关键步骤。调研内容主要集中在：广电网络企业用户数量及各类用户比例、本地资费、竞争对手情况、小区渠道情况、农网渠道情况等，并与公司高层会谈，确定培训及辅导的目的（具体内容详见调研表，调研情况于实战前五天提交）。

第二部分：小区路演方案设计

根据市场、渠道、产品、人员、竞争对手的基本情况、结合 2016 年营销策划方案，制订小区路演方案，并根据方案完善培训辅导模块的内容，小区路演的主推套餐、竞赛内容、评分标准等，并最终形成小区路演的模板，以便后期完善！

第三部分：培训辅导模块

此部分是实战前进行培训辅导的关键模块，初步设计由九大内容分两天计十五小时实施。

（一）团队组建风采展示

（二）产品服务知识人人过关

（三）小区路演主推套餐介绍

（四）和其他运营商的对比分析

（五）营维人员行为规范操作训练

（六）营维脚本及拒绝处理话术训练

（七）小区路演营销六步曲操作训练

（八）营维服务情景演练及人人达标

（九）小区路演方案拟定

第四部分：小区路演指导

参训学员在接受完两天的培训辅导项目后，组建了团队，针对小区进行了摸底调查，制订了小区路演的方案。依据事先确定的小区自 9:00 ～ 20:00 实施小区路演。项目小组在各小区路演场地进行现场辅导！

第五部分：项目评估

小区路演当天 23:00 前，统计各项业绩及各组得分，针对项目进行评估，评出业绩最佳团队及个人，并将营销经验及案例汇编成册！

五、培训辅导部分项目内容介绍

项目名称	项目内容	项目时间	项目方式	备注
团队组建及风采展示	①团队组建 ②营销实战营规则学习	1 小时	破冰 头脑风暴	
产品及服务知识	①三网融合业务知识 ②高清与标清的区别 ③高清节目的亮点 ④双向互动节目 ⑤电视回看功能 ⑥宽带功能 ⑦ WIFI 电视	1 小时	专家讲授 头脑风暴 行动学习 小组 PK	①培训现场要求配备网络，要有机顶盒、电视机及实操场地； ②现场 2 人计分（1 人计个人分，1 人计团队分）； ③现场 2 人进行微信直播； ④培训现场要求公司领导及客服中心主任、副总、实操部总监担任评委
小区路演主推套餐	①标清老用户的应对 ②单向高清老用户的应对 ③新开户的应对 ④小锅盖的应对	0.5 小时		
和其他运营商的对比	①产品及服务层面的对比 ②套餐价格层面的对比	0.5 小时		
营维人员行为规范	①营维人员仪表要求 ②营维人员上门服务注意事项 ③上门服务的准备工作 ④营维人员施工要求	2 小时		

续表

<table>
<tr><th>项目名称</th><th>项目内容</th><th>项目时间</th><th>项目方式</th><th>备注</th></tr>
<tr><td>营维人员行为规范</td><td>①营维人员仪表要求
②营维人员上门服务注意事项
③上门服务的准备工作
④营维人员施工要求</td><td>2 小时</td><td rowspan="4">专家讲授
视频教学
情景演练
小组 PK</td><td rowspan="5">①培训现场要求配备网络，要有机顶盒、电视机及实操场地；
②现场 2 人计分（1 人计个人分，1 人计团队分）；
③现场 2 人进行微信直播；
④培训现场要求公司领导及客服中心主任、副总、实操部总监担任评委</td></tr>
<tr><td>营维脚本及拒绝处理话术</td><td>①营维脚本
②用户拒绝处理话术</td><td>1 小时</td></tr>
<tr><td>小区路演营销六步曲</td><td>①上门准备
②提供服务
③从服务过渡到营销
④演示体验推介（电视直播、高清、回看、时移互动、宽带）
⑤被用户拒绝的七种处理技巧
⑥结束服务及回访</td><td>2 小时</td></tr>
<tr><td>营维服务演练及人人达标</td><td>①“迈开腿，张开嘴”营维服务演练
②人人达标——营维六步曲标准考核</td><td>1 小时</td></tr>
<tr><td>小区路演方案拟定</td><td>①小区路演的氛围营造
②小区路演营销效能提升的具体措施
③小区路演经验分享
④小区路演方案拟定及前期准备</td><td>3 小时</td><td>专家讲授
头脑风暴</td></tr>
</table>

六、项目操作周期

项目名称	第一～五天	第六～七天	第八天（建议周五）	第九天（建议周六）	第十天
项目前调研					
小区路演方案设计					
培训辅导模块					
小区路演实施/指导					
项目评估					

附录 4　高效能网点建设项目建议书

（总 序）

项目进程	现场督导＋高效能网点培训＋内部学习 & 公司推广＋检查评估＋神秘人回访
对　　象	全员
达成目标	• 建立晨会的标准流程及效果评估 • 网点标准服务礼仪规范化，以提升网点服务形象 • 服务流程标准化及针对性优化及改善 • 做好营业网点现场环境 6S 管理 • 建立客户服务满意度管理 • 柜员掌握临柜服务五步法，如何进行协作及交叉销售 • 大堂经理掌握引导分流话术，如何识别客户及如何处理抱怨 • 网点负责人提升网点管理的技能和方法 • 提升员工职业形象和素养
项目标准	《网点产能提升之道》（2016 年企业管理出版社出版）
实施方式	封闭式培训、现场辅导、走访、检查、点评
提供标准文件	•《网点辅导报告》（电子版） • 网点柜员标准化服务手册 • 柜员服务督导表 • 员工满意度调查报告 • 客户满意度调查报告 • 临柜服务五步法标准 • 大堂经理标准化服务手册 • 大堂经理服务督导表 • 网点服务竞争力指数评估表
执行方式	见项目执行方案

第一阶段：现场督导

一、项目目标

- 建立晨会的标准流程及效果评估；
- 网点标准服务礼仪规范化，以提升网点服务形象；
- 建立标准化视觉营销系统；
- 建立班前班后检查标准化、巡视标准化、服务规范指导标准化制度与流程及工具；
- 服务流程标准化及针对性优化及改善；
- 做好营业网点现场环境 6S 管理；
- 建立客户服务满意度管理；
- 柜员掌握临柜服务五步法，如何进行协作及交叉销售；
- 大堂经理掌握引导分流话术，如何识别客户及如何处理抱怨。

二、督导工作流程及内容

1. 网点现场观察，摸底调研，找出服务“短板”和突破口

通过现场检测，找出网点服务与营销中存在的问题，作为突破口，为大力整改提供数据和事实依据。

（1）前期沟通：对网点管理层和员工进行访谈，了解存在的问题，达成改进目标的共识，为督导项目的开展进行思想和理念的动员。

（2）暗访调研摸底的范围主要如下：

- 员工服务行为是否制订了的相关标准？
- 员工服务行为的标准化、规范化的形成存在的最大障碍（问题）是什么？
- 如何通过一个突破口作为提升改善的切入点？
- 服务环境管理标准是否达标？
- 服务质量的控制管理是否有效？

（3）完成调研的主要工作方式如下：

- 设计调研观察表格；
- 现场观察法：记录和发现存在的问题；
- 采用拍摄的方式，资料可以运用在培训课程上面，作为有针对性的案例。

2. 督导工作内容，如下表所示

时间安排	工作项目	参与者
营业前30分钟	**一、营业环境规范的督导工作内容**	大堂经理/网点负责人
	①网点外环境（门口、台阶、墙面、橱窗）干净整洁，宣传画张贴整齐	
	②门牌标识、网点招牌、营业时间公告牌、灯箱干净整洁	
	③营业厅内各立面（包括门、窗、地板、墙壁等）保持清洁	
	④厅内灯具、饰物、展示柜（拉网展架等）保持清洁	
	⑤厅内办公家具、饮水机、空调等服务设施保持清洁	
	⑥客户使用服务设施（桌椅、笔、点钞器等）正常使用，摆放有序	
	⑦柜员操作台面整洁、办公用品摆放整齐，无私人物品（水杯除外）	
	⑧折页架、展示架、指示牌摆放有序、醒目，宣传单页摆放完整	
	⑨网点内设置填单台，并设有单据模板，空白凭证充足，摆放有序	
	⑩网点内硬件设施运转正常，无杂物堆放或胡乱张贴	
	二、仪容仪表规范的督导	所有员工
	①统一着装，整齐，整洁	
	②统一佩戴胸牌或摆放工号牌	
	③男士扎领带、女士扎领结（带）	
	④仪表仪容端庄、整洁，女士着淡妆、男士不留长发，手部清洁	
	⑤员工举止文雅，站姿坐姿端正	
	⑥保安、保洁员着装规范、整齐（如有岗位设置）	
	⑦员工情绪进入工作状态	
	三、晨会的督导	网点负责人
	①晨会的流程	
	②晨会的效果评估	
营业中60分钟	**一、大堂经理工作的督导**	大堂经理
	①迎接客户/识别客户	
	②分流客户	
	③现场秩序维护	
	④回答客户咨询	
	⑤工作日记的记录	
	⑥付费节目及增值业务的推介	
营业中30分钟	**二、柜员工作规范的督导**	现金柜台员工
	①按照流程进行快速工作（督导效率的提升）	
	②接待/过程控制/送别的三个流程	
	③识别销售机会/交叉销售推介付费节目及增值业务	
	④主动分流（教育）客户	

续表

时间安排	工 作 项 目	参与者
营业中 60 分钟	三、客户经理工作规范的督导	客户经理
	①客户经理的标准化接待流程的督导	
	②客户经理与客户交流时应该关注的细节	
	③客户离开时的送别技巧与细节	
	④客户经理能够快速为客户提供咨询服务	
	⑤指导客户经理如何巧妙地问客户问题，了解需求后向客户推荐产品	
	⑥有效率地介绍付费节目及增值业务	
营业结束 30 分钟	①工作日记	网点主任
	②主任值班日记	大堂经理
	③客户经理工作总结 / 大堂经理工作总结	客户经理
	④检查细节	所有员工

三、现场督导实施

采用讲师直接进驻网点跟班训练的方式，根据实际观察发现的问题，以情景演练、现场指导、后续跟进等形式进行针对性的现场导入，并对各业务岗位、环节制订统一、详细、明确的标准，从而实现网点规范化服务的标准化固定和服务质量的全方位提升。

（一）督导形式及内容介绍

（1）根据辖区网点分布、规模大小、重点客户特征或业绩状况选择数个营业网点进行现场督导跟进。

（2）每个网点计划督导 5 天：

➢ 1 天启动（观察诊断、启动动员）；

➢ 3 天标准化培训（半天诊断督导 + 晚上针对性培训）；

➢ 1 天现场巩固。

（3）督导模式如下：

7:30 ～ 11:30 现场督导，14:00 ～ 16:30 和 18:30 ～ 21:00 针对性纠错、培训。

（4）督导内容如下：

以现场观察、拍照、摄像等方式，找到问题，提出针对性改进建议、温馨提示、调整性训练，对现场管理人员及柜面员工进行辅导、培训。

（5）督导团队配备如下：

4 ～ 5 人，由主讲讲师 1 人及助教 1 ～ 2 人，网点负责人 2 人全程协助。

（二）督导成果提交

- 《网点辅导报告》（电子版）；
- 网点柜员标准化服务手册、柜员服务督导表；
- 员工满意度调查报告、客户满意度调查报告；
- 临柜服务五步法标准；
- 大堂经理标准化服务手册、大堂经理服务督导表；
- 网点服务竞争力指数评估表；
- 培养 1 ～ 2 名网点辅导人员，为其他网点规范化服务做指导。

四、现场督导日程安排表

时间	第一天	第二天	第三天	第四天	第五天
7:45 ～ 8:00	观察晨会召开情况	晨会辅导（对象：全体员工）	晨会辅导，观察晨会改善情况（对象：全体员工）	晨会辅导，观察晨会改善情况（对象：全体员工）	晨会辅导，员工分享，表扬与激励
8:00 ～ 8:15	观察营业前的准备	营业前的准备辅导（对象：网点全体员工）	营业前的准备辅导，观察改善情况	营业前的准备辅导，观察改善情况	营业前的准备辅导，观察改善情况
8:15 ～ 9:15	观察网点环境建设情况，记录需要改善的问题（笔记、录像、拍照）	环境管理辅导（对象：网点负责人、大堂经理）	辅导现场管理专题“如何接待重要客户与重要领导”“如何处理人际关系”	辅导现场管理专题“如何做客户满意度调查”“如何与员工进行绩效面谈”“如何进行问题分析与改善”	指导推进项目巩固工作，提交系列现场管理工具，研究解决客户排队问题
9:15 ～ 10:30	柜员服务规范化情况，记录存在的问题（笔记、录像、拍照）	辅导柜员运用服务五步法的规范	辅导大堂经理服务与营销	同上	
10:30 ～ 12:00	观察大堂经理服务规范化情况，记录存在的问题（笔记、录像、拍照）	观察员工服务形象需要改善点，网点负责人辅导	辅导柜员运用服务五步法的规范，改善后的录像	走动辅导	同上（另一网点）

续表

时间	第一天	第二天	第三天	第四天	第五天
14:00～15:00	观察柜员和大堂经理服务规范化情况，记录存在的问题（笔记、录像、拍照）	辅导柜员运用服务五步法的规范	走动辅导	辅导现场管理专题“如何做客户满意度调查”“如何与员工进行绩效面谈”“如何进行问题分析与改善”	向领导做项目总结汇报，并提出针对性的网点改进建议
15:00～16:30	现场客户满意度调查（问卷、访问）	网点负责人现场管理服务辅导	辅导柜员运用服务五步法的规范，改善后的录像	同上	
16:30～17:30	汇总	汇总	汇总	汇总	
19:00～20:30	①项目启动动员 ②培训：“网点标准化管理” 点评网点服务情况及改善方向；服务角色定位；标准服务语言和服务肢体语言训练	培训：回顾总结当天网点现场管理改善情况；学习临柜五步法，学习引导分流话术、如何识别客户、如何处理抱怨	培训：回顾总结当天网点现场管理改善情况；大堂经理（网点负责人）服务与营销，优质服务与沟通技巧	培训：回顾总结当天网点现场管理改善情况；“服务标准化建设”解答员工提出的工作中的难点问题；如何做一名职业化员工	项目总结会

第二阶段：高效能网点培训（略）

第三阶段：内部学习 & 公司推广

讲师及助教直接深入所有网点进行现场指点，整改不足之处，辅导和激励网点负责人及临柜人员，推行标准化网点建设，晚上采用集中培训的方式，白天走访辅导的网点所有的员工一起学习，汇总当天好的及不好的现状，统一思想，提出整改建议，从而实现网点规范化服务的标准化固定和服务质量的全方位提升。

督导形式及内容介绍如下。

（1）公司根据辖区网点分布、重点客户特征或业绩状况的情况进行现场督导推广。

（2）×× 个网点计划督导 × 天（2～3 个网点 / 天）。

（3）督导模式如下：7:30～11:30 现场督导，14:00～17:30 现场督导，19:30～20:30 针对性纠错、培训。

（4）督导内容如下：以现场观察、拍照、摄像等方式，找到不足之处，老师现场提出改进建议，进行整改，对现场管理人员及柜面员工进行现场辅导、激励、培训。

（5）督导团队配备如下：4人，由主讲讲师1人及助教2人，项目小组成员1人全程协助。

第四阶段：检查评估

网点督导检查评估日程安排表

日期	具体时间	工作内容	参加人员	地点
前一天	19:45 开始	召开网点标准化建设评估小组预备会	公司项目主管领导、项目推进小组成员、相关部门推荐的评委各2人	会议室
第一天	8:00 ～ 16:30	分两条线路对公司××个网点标准化建设情况和所有的柜员服务标准化情况进行评价	网点标准化建设评估小组成员	各网点
第二天	8:00 ～ 16:30	分两条线路对公司××个网点标准化建设情况和所有的柜员服务标准化情况进行评价	网点标准化建设评估小组成员	各网点
第三天	8:00 ～ 11:30	分两条线路对公司××个网点标准化建设情况和所有的柜员服务标准化情况进行评价	网点标准化建设评估小组成员	各网点
	14:00 ～ 15:30	网点标准化建设评估小组成员总结会	网点标准化建设评估小组成员	会议室
	19:45 开始	总结誓师大会	公司项目主管领导、项目推进小组成员、网点负责人、现场管理人员、员工代表（获奖员工、全行排名后10名员工）	会议室

第五阶段：神秘人回访（略）

高效能网点建设项目执行方案

进程	项目	参加对象	内容	实施人	日程安排
第一阶段	**辅导两个标杆网点5天** 白天：现场辅导 晚上：针对性培训	辅导的营业网点全体员工	标杆网点标准化建设 • 网点现场6S管理的标准化建设 • 网点柜面服务礼仪与技巧的标准化建设 • 网点负责人日常管理技能的标准化建设 • 网点大堂经理营销的标准化建设	讲师及全程助教	第一个月
第二阶段	**集中培训1天** “营业厅现场管理实务”	网点负责人 大堂经理 相关部门负责人	• 学习晨会的标准流程及效果评估 • 学习网点标准服务礼仪规范化 • 学习服务流程标准化及针对性优化及改善 • 如何建立标准化视觉营销系统 • 如何做好营业网点现场环境6S管理 • 如何建立客户服务满意度管理 • 掌握引导分流话术，如何识别客户及如何处理抱怨，学习临柜服务五步法	讲师及全程助教	
第三阶段	**内部推广学习** （成立项目学习小组）	所有网点	制作手册，制作标准化服务手册	人力资源部 营销中心	第二个月
第四阶段	**全公司推广辅导** 方式：走访、检查 整改、培训	两个标杆网点之外的所有网点	全面辅导：对所有网点进行全面的走访和指导并提出整改意见单。每两天走访的网点晚上进行集中培训两个晚上	讲师及全程助教	第二个月
第五阶段	**回头看** 检查，评估，打分	所有网点	应用神秘客户调查表，对公司所有网点和所有临柜人员进行评分，并按照得分排名，评出优秀网点、个人和最差网点、个人	讲师及全程助教	第三个月
第六阶段	**神秘人制度**	所有网点	全部项目结束一个月后，神秘回访所有网点，应用神秘客户调查表进行打分	神秘人	每月一次

后记

从开始动念，到最后完稿，前前后后，这本书用了近三年的时间才完成。

写这本书的过程蛮有意思。因为工作的缘故，很难有持续几天的时间可以安静地坐下来。整个过程总是写写、停停。但这其实也正好有一个机会，可以在为企业提供培训及咨询服务的过程中，去检验书中的一些方法及工具，看看它的效果。于是，也就有了不断否定、不断肯定；不断反复、不断修正；不断做加法，又不断做减法的写作过程。直到此刻，我依然觉得有些章节需要再强化、再完善。

回看四大运营商及其他行业在 2016 年初提出的经营战略，依旧可以发现“转型·升级·提速”这三个关键词是被提及并引用得最多的。

以运营商为例，**三大通信运营商的技术及业务演化体现了：语音—语音 + 数据—语音 + 数据 + 视频的路径，广电运营商遵循：视频—视频 + 数据—视频 + 数据 + 语音的路径，看似有不同的时间节点，实质是“三网融合”“殊途同归”。**

但毫无疑问的是：市场竞争已进入到白热化的焦作状态！

转型：转型的方向与目标？转型的主体？转型需要的产品及营销策划？转型需要的激励政策？转型需要的人员配置？……

升级：升级的方向与目标？升级的投入与产出？升级的实施路径？升级的关键保障？升级的时间节奏？……

“转型·升级”问题的展开，落实到这个瞬息万变的移动互联网时代，最终都得归集到“提速”这一关键动作，因为，“快速迭代”本来就是这个时代的符号。

易道咨询是一家专注于职业素养及市场效能提升的专业培训咨询服务机构。数十年的专业服务，我们发现很多企业的市场服务营销工作，具体到操作层面，存在“七重七轻”的现象。即：重单兵作战，轻兵团作战；重结果评估，轻过程管理；重具体实施，轻营销策划；重目标分解，轻执行跟进；重业务拓展，轻情感维护；重销售业绩，轻工具研发；重传统渠道，轻全网渠道。

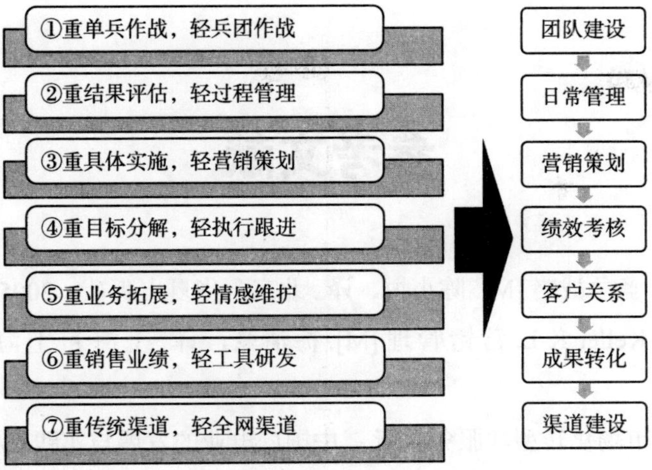

要解决上述“七重七轻”的问题，易道咨询认为必须秉承“**以用户为中心、以成果为导向、以绩效为基础**”的原则，重点解决：团队建设、日常管理、营销策划、绩效考核、客户关系、成果转化、渠道建设等七个问题。

而这些问题，聚焦到网点的经营管理来讲，则是要实现由侧重业务办理转型至服务管理，由侧重服务管理转型至规范管理，由侧重规范管理转型至绩效管理，由侧重绩效管理转型至效能管理的网点转型，踏上产能提升之道。这也就构成了本书的脉络。

美国麻省理工学院的尼葛洛庞帝教授曾说过：“未来理解电视的关键，是不再把电视当电视看待。”对待网点的产能提升，则同样应该是“**跳出网点看网点、围绕网点建渠道、围绕渠道做开发、围绕开发提产能**”，这样反倒是会发现网点产能提升之道并不遥远！

当然，本书提出的观点、方法、工具同样适用于运营商、金融、邮政、烟草等其他行业网点的转型发展及产能提升。

道可道，非常道！

易道咨询　王旭

2016年8月8日于厦门

参考文献

［1］ Porter M. 竞争战略 [M]. 陈小悦，译 . 北京：华夏出版社，2005.

［2］ Kotler P, Keller K L. 营销管理 [M]. 梅清豪，译 . 上海：上海人民出版社，2006.

［3］ 薛留忠 . 市场化转型和服务创新：中国广电业的发展与实践 [M]. 南京：东南大学出版社，2009.

［4］ 斯蒂芬 · 柯维 . 高效能人士的七个习惯 [M]. 北京：中国青年出版社，2004.

［5］ 李峰，葛静 . 炒店 [M]. 北京：中国财富出版社，2014.

［6］ 张婷，吴先锋 . 利用服务质量差距模型提高电信企业服务营销质量 [J]. 价值工程，2005，24（7）.

［7］ 吴海赟 . 三网融合下长沙国安网络公司有线电视客户细分研究 [D]. 长沙：中南大学，2012.

［8］ 韩振科，彭更祥 . 提升网点产能的客户结构优化之道 [J]. 中国邮政，2014（9）.

［9］ 张宝良，吴直长 . 网点日常管理的精细化 [J]. 中国邮政，2013（9）.

［10］ 周瑞峰 . 电信运营商营销渠道体系建设对广电有线企业的启示 [J]. 有线电视技术，2012，19（11）.

［11］ 李园园 .ZX 银行郑州分行营业网点转型方案设计 [D]. 郑州：郑州大学，2014.

［12］ 吴浩 . 成都电信新城分局网格化营销模式研究 [D]. 成都：电子科技大学，2014.

［13］ 王姝，姜沁 . 通信行业营业厅台席优化设计的措施 [J]. 中国新通信，2013（17）.

［14］ 牛德斌，陈东曙 . 广电网络进行网格化营销管理初探 [J]. 有线电视技术，2013，20（02）.

［15］ 涂强，花泉，袁轶慧，等 . 网格化营销支撑系统助力打造广电新型营销体系 [J]. 广播与电视技术，2013，40（11）.

［16］ 严芳 . 广电网络公司微信营销新模式 [J]. 中国有线电视，2015（07）.